# 农产品电商运营

主　编　芮彩凤　陈明亮

副主编　金嵘嵘　胡文琦

电子工业出版社·

**Publishing House of Electronics Industry**

北京·BEIJING

# 内 容 简 介

随着互联网的快速发展，农产品电商已成为推动农业现代化发展的重要力量。本书立足于我国农产品电商的发展现状与发展趋势，同时兼顾东南亚地区农产品电商的蓬勃发展势头与经验，以"理实一体"的教学理念为指导，采用项目驱动式教学模式。本书的内容涵盖农产品电商运营认知、农产品电商基础运营、农产品网店装修、农产品平台营销、农产品社交媒体营销、农产品客户服务、农产品物流与运输7个项目，详细阐述了我国农产品电商运营及东南亚地区跨境农产品电商运营中应知应会的基本理论与实践策略，深度剖析了农产品电商运营的实用方法与技巧。同时，每个项目都紧密结合实际案例，力求做到将理论与实践相结合，在模拟的真实职业情境中促进学生职业技能的培养，从而促进学生的全面发展。

本书以系统化、实战化的教学内容为载体，响应国家对农业数字化转型和电商人才培养的战略需求，推动农产品流通模式创新与农村经济发展。本书的内容全面、案例丰富且图文并茂，既可以作为职业教育院校电子商务、市场营销、农业经济管理等相关专业的教材，又可以作为农产品电商从业人员、农村创业人员、从事与农产品跨境电商运营相关工作人员的参考用书，还可以作为相关培训班的培训教材。

**图书在版编目（CIP）数据**

农产品电商运营 / 芮彩凤，陈明亮主编. -- 北京：电子工业出版社，2025. 6. -- ISBN 978-7-121-50671-0

Ⅰ. F724.72

中国国家版本馆 CIP 数据核字第 2025PK4459 号

责任编辑：陈　虹

印　　刷：河北虎彩印刷有限公司

装　　订：河北虎彩印刷有限公司

出版发行：电子工业出版社

　　　　　北京市海淀区万寿路 173 信箱　　邮编 100036

开　　本：880×1230　　1/16　　印张：15　　字数：336 千字

版　　次：2025 年 6 月第 1 版

印　　次：2025 年 6 月第 1 次印刷

定　　价：45.00 元

凡所购买电子工业出版社图书有缺损问题，请向购买书店调换。若书店售缺，请与本社发行部联系。
联系及邮购电话：（010）88254888，88258888。

质量投诉请发邮件至 zlts@phei.com.cn，盗版侵权举报请发邮件至 dbqq@phei.com.cn。

本书咨询联系方式：chitty@phei.com.cn。

# 前　言

在全球电子商务迅猛发展的背景下，我国农产品电商市场展现出巨大的潜力与广阔的前景。随着乡村振兴战略的深入推进，如何利用电商平台提升农产品销售效率、拓宽销售渠道，以助力农民增收，成为现代农业发展的重要课题。企业专家、一线骨干教师、学科带头人等从我国和东南亚地区农产品电商的发展现状与发展趋势出发，以培养具备专业素养与实战能力的复合型农产品电商运营人才为目标，共同研讨和开发了本书。本书在编写上呈现以下鲜明的特色。

**1．内容全面：系统构建农产品电商知识体系**

本书在内容设计上力求全面且系统，全方位覆盖农产品电商运营的各个环节与关键要素。从农产品电商模式、法律政策环境解析、电商市场趋势洞察，到电商平台选择与搭建、网店日常运营与推广、客户服务与售后管理，再到农产品物流配送、农村电商生态建设等，本书均进行了深入浅出的讲解。这种全面的内容布局，旨在帮助学生系统构建农产品电商知识体系，让学生无论是在理论理解上，还是在实践操作上，都能获得系统化的学习体验。

**2．理实一体：将理论知识与实践应用深度融合，实现知行合一**

本书坚持"理实一体"的教学理念，强调理论知识与实践应用的深度融合。本书以"知识储备＋引导训练＋自主演练"的模式引导各教学任务的展开，让学生先通过"词组学习""知识储备"模块掌握基本理论；然后在细致的"引导训练"演示、解读中逐步掌握操作技能；最后通过"自主演练"的模拟情景任务，实现操作技能的检测与提升。这种演示操作、巩固提升的循序渐进式的学习路径，符合人的认知特性，能够极大地帮助学生将抽象的理论知识转化为具体的实践策略和操作步骤，提升学生的理论素养与实践能力，从而实现知行合一的学习效果。

**3．体例创新：编排方式新颖，激发学习兴趣**

本书在体例设计上大胆创新，打破传统教材的线性结构，采用模块化、任务驱动的教学模式。每个项目都以实际农产品电商运营任务为引领，引导学生在完成任务的过程中逐步掌握相关知识与技能。此外，本书还引入互动问答、项目导图、技巧提醒等多元化的学习元素来增强本书的趣味性和互动性，以激发学生的主动探究精神，从而提高学生的学习效率。

### 4．前瞻视野：紧跟行业前沿，引领行业发展

本书密切关注农产品电商行业的最新动态，对我国和东南亚地区农产品电商的发展现状、发展趋势、政策环境、新兴技术等均进行了深入探讨，解析其对农产品销售、流通、推广等环节的影响及可能带来的变革。同时，本书对农村电商扶贫、农产品品牌建设、绿色可持续发展等热点议题进行前瞻性剖析，以引导学生站在行业发展的前沿，把握未来农产品电商运营的趋势与机遇，培养创新思维与战略眼光。

本书由浙江省平阳县职业教育中心的芮彩凤、陈明亮担任主编，具体编写分工如下：芮彩凤负责编写项目一，陈师负责编写项目二，李蕾蕾负责编写项目三，胡文琦负责编写项目四，金嵘嵘负责编写项目五，王玲负责编写项目六，郑弦、陈明亮负责编写项目七。在编写过程中，编者参考了一些专家和学者的研究成果，并形成了参考文献，编者在此对他们表示感谢！

本书得到了北京博导前程科技有限公司及相关院校的精心指导和大力支持，编者在此对各位专家、师生表示衷心的感谢！

由于农村电商行业的发展日新月异，书中难免存在疏漏之处，恳请广大读者和专家批评指正，提供宝贵的意见。

编者

# 目 录

# 项目一

## 农产品电商运营认知

### ——连接世界农田与餐桌的绿色桥梁

我国与东南亚地区的农产品电商市场近年来均呈现蓬勃发展的态势。随着互联网技术的普及和跨境贸易的便利化，双方的农产品电商市场均实现了快速增长。我国凭借强大的供应链和物流体系，为东南亚地区的农产品提供了广阔的销售平台，而东南亚地区则以其丰富的农产品资源和较低的生产成本吸引着我国的消费者。双方在电商领域的合作不断深化，为区域农产品贸易注入新的活力，也为当地的农民带来了实实在在的经济收益。

 **目标导航**

**知识目标**

1. 熟悉我国与东南亚地区农产品电商的发展历程。

2. 熟悉我国与东南亚地区农产品电商的发展趋势。

3. 了解与农产品电商相关的政策与法律。

4. 了解农产品电商消费者的购买动机，以及农产品电商消费者购买行为的主要影响因素。

5. 明确农产品电商消费者的购买习惯在哪些方面存在差异。

6. 明确农产品电商企业岗位职责与任职要求。

7. 了解农产品电商人才的培养措施。

**能力目标**

1. 能根据政府相关的工作规划预测农产品电商的发展趋势。

2. 能根据国家官方网站发布的内容查询到与农产品电商相关的政策。

3. 能根据商家与消费者的聊天内容分析得出消费者的购买动机。

4．能利用市面上的招聘软件查找农产品电商企业岗位职责与任职要求。

**素养目标**

1．在农产品电商运营过程中，不断探索和创新电商模式和营销策略，以适应市场的变化和满足消费者的需求。

2．在农产品电商运营过程中，关注国家政策动态（特别是与农业、电商相关的政策），充分了解政策导向，把握政策机遇，合理利用政策资源，为农产品电商企业的运营和发展提供有力的支持。

3．在农产品电商运营过程中，积极履行社会责任，关注农产品电商企业的可持续发展，同时强化环境保护、资源节约和安全生产等意识。

## 项目导图

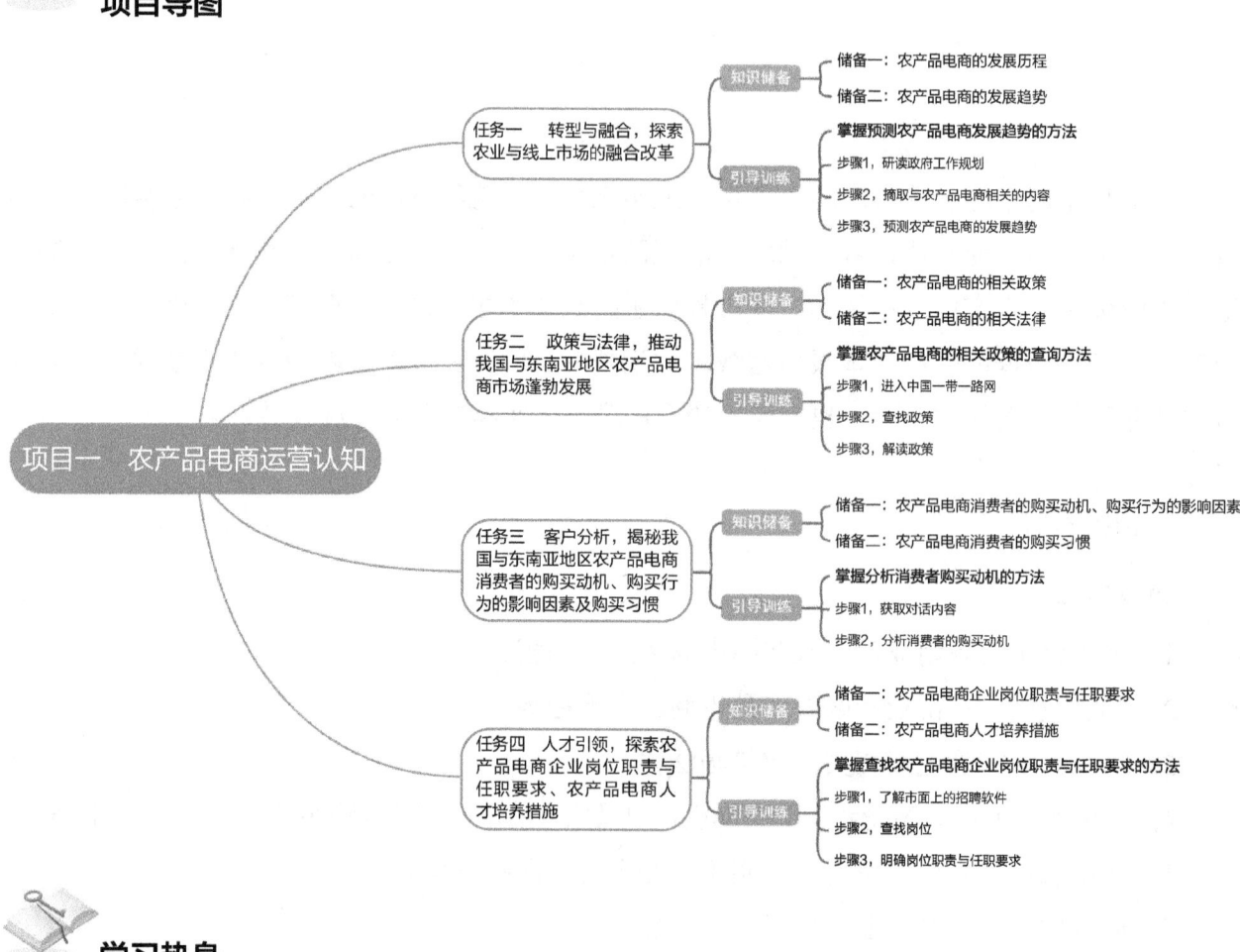

## 学习热身

在农产品电商运营的过程中，农产品电商企业需要了解农产品电商的发展历程与发展趋势，明确与农产品电商企业岗位的设置与要求，了解农产品电商人才培养措施。

小张是某农产品电商企业的人力资源专员，负责为该企业招聘农产品电商运营的相关工作人员。一段时间过去了，招聘结果并不理想。于是，小张虚心地向人力资源主管请教，想知道自己哪里没做好导致了这种情况。人力资源主管在获悉小张的问题后便开始帮他进行分析。

你的问题我看到了，根据你发布在招聘软件上的招聘信息，我认为招聘结果不理想的原因是你没有把岗位职责和任职要求写清楚。

领导，撰写岗位职责和任职要求有哪些注意事项呢？

明确职责范围、突出关键技能和能力、具体化任职要求，以及使用简洁明了的语言。

好的，领导，看来我需要重新整理一下，以便撰写出更合适的招聘信息。

嗯嗯。另外，在撰写岗位职责和任职要求时，你应该强调员工的文化价值观，如团队合作、诚信、创新等。这有助于我们招聘到符合企业文化价值观的员工。

嗯嗯，谢谢领导！我这就去完善。

 **想一想：** 如果你是小张，在和领导沟通时，会询问哪些问题？

词组学习

---

**1. B2C 模式**

B2C（Business to Consumer）模式主要是指企业直接向消费者提供产品或服务的模式。

---

3

在 B2C 市场中，企业通常会建立自己的在线商店或电商平台，以便直接与消费者进行交易。

### 2. C2C 模式

C2C（Consumer to Consumer）模式主要是指在消费者之间进行交易的模式。在 C2C 市场中，电商平台通常会提供一个虚拟的市场，供消费者进行交易。

### 3. O2O 模式

O2O（Online to Offline）模式主要是指将线上的产品或服务与线下的实体店相结合的模式。在 O2O 市场中，企业通常会建立线上平台或移动应用程序，以便消费者在线上浏览和选择产品或服务，在线下实体店进行消费。

## 任务一　转型与融合，探索农业与线上市场的融合改革

### 知识储备

### 储备一：农产品电商的发展历程

**问题：** 我国与东南亚地区农产品电商的发展分别经历了哪些主要阶段？在这些阶段中，两地的农产品电商在发展模式、技术应用和政策支持等方面有哪些异同？

#### （一）我国农产品电商：成长之路与蜕变之旅

我国农产品电商的发展经历了以下 4 个阶段。

第一阶段：起始期（1998—2004 年）。在这个阶段，农产品电商以粮食和棉花的大宗交易为主，主要作为现货交易的一种补充形式。

第二阶段：形成期（2005—2011 年）。在这个阶段，农产品电商以生鲜农产品的网上交易为标志，不再局限于大宗交易，而是与人们的日常生活更加紧密相连。

第三阶段：壮大期（2012—2014 年）。在这个阶段，农产品电商的创新模式不断涌现。B2C、C2C、O2O 等各种电商模式被广泛应用于农产品领域。同时，先进的信息技术，如互联网、物联网、大数据、云计算和区块链等在农产品电商中得到了广泛应用。农产品电商备受资本关注，频繁的融资和兼并重组活动成为常态。

第四阶段：发展期（2015 年至今）。在这个阶段，农产品电商的发展得到了政策的大力支持。我国颁布了《国务院关于积极推进"互联网+"行动的指导意见》《国务院办公厅关于促进农村电子商务加快发展的指导意见》《国务院办公厅关于深入实施"互联网+流通"行动计划的意见》等一系列政策文件，为农产品电商的快速发展提供了有力的保障，吸引了更多消费者通过网络购买特色农产品。

### （二）东南亚地区农产品电商：风起云涌的变革篇章

东南亚地区农产品电商的发展经历了以下5个阶段。

初期阶段（2010年前）。在这个阶段，东南亚地区农产品电商市场相对较小且不够成熟，传统的农产品交易主要依赖于传统的农贸市场和中间商。

兴起阶段（2010—2014年）。在这个阶段，一些初创企业开始推出专门的农产品电商平台，为农民和消费者提供在线交易与配送服务。这些农产品电商平台通过直接连接农民和消费者，消除了中间环节，提高了农产品的流通效率。

市场扩张阶段（2015—2017年）。在这个阶段，东南亚地区农产品电商市场快速扩张。一些电商巨头，如Lazada、Shopee等开始进入该领域，并投入大量资源进行市场推广和用户获取。这些电商巨头通过提供更多的产品选择和便捷的配送服务，吸引了越来越多的消费者。

垂直整合阶段（2018—2020年）。在这个阶段，一些农产品电商平台开始进行垂直整合，即在供应链上下游进行延伸。它们与农民合作，提供农业技术支持、种植指导和质量管理，以确保农产品的品质和安全。同时，它们与物流服务商合作，建立自己的配送网络，提供更快速、可靠的配送服务。

创新发展阶段（2021年至今）。在这个阶段，一些农产品电商平台引入了人工智能和大数据分析技术，通过数据挖掘和智能推荐算法，为消费者提供个性化的购物体验。同时，一些农产品电商平台推出了农产品溯源系统，让消费者能够追溯农产品的生产过程和质量信息，以增强消费者对农产品的信任。

这些发展阶段推动了农产品电商的成熟和壮大，为农产品提供了更广阔的市场和销售渠道，也让消费者能够更方便地购买到优质的农产品。随着技术的不断进步和市场的不断变化，东南亚地区的农产品电商呈现出巨大的发展潜力。

---

**【想一想】**

　　我国农产品电商和东南亚地区农产品电商的发展历程有哪些相似之处和不同之处？请分析原因。

**【思考指引】**

　　可从技术驱动发展、市场扩张与资本助力、政策支持的加强、消费者需求的变化等方面分析二者的相似之处；可从发展起点与发展速度、市场规模与结构、文化背景与消费习惯、物流体系与供应链建设等方面分析二者的不同之处；可从经济发展水平的差异、技术普及与应用程度、政策支持与监管环境、文化与社会因素等方面分析原因。

---

## 储备二：农产品电商的发展趋势

**问题：** 我国与东南亚地区农产品电商的发展趋势在哪些方面表现出相似性，又在哪些方面存在差异性？这些异同对两地农产品电商的发展分别有何影响？

### （一）预见未来：我国农产品电商的崭新风向

**1．品牌化趋势**

随着品牌农业的兴起，农产品品牌化进程加速，以"三品一标"（见图 1-1）为核心的高质量农产品成为市场主流。这些农产品不仅满足了消费者对美好品质生活的追求，还确保了农产品从生产到销售的顺畅，为农民带来了实实在在的收益。

图 1-1　三品一标

**2．规范化趋势**

农产品电商正在逐渐规范化，政府和企业都在加强对农产品电商的监管并制定相关标准，以确保农产品的质量和安全。同时，电商平台加强了商家入驻的审核和管理，以提高农产品的质量和商家的服务水平。

**3．标准化趋势**

农产品标准化是农产品电商发展的重要前提，也是提高农产品的质量和安全性的重要保障。《"十四五"电子商务发展规划》明确指出要提高农产品标准化、多元化、品牌化、可电商化水平，提升农产品附加值。因此，未来我国农产品电商标准将不断完善。

**4．定制化趋势**

传统的"我有什么就卖什么，我卖什么你就消费什么"的销售模式已经过时，取而代之的是以市场需求和消费者需求为导向的供应链模式。在这种模式下，市场需求和消费者需求成为关键，它们使农业生产和加工能更加精准地满足市场需求，从而推动传统农业向现代化农业转变和升级。

**5．数智化趋势**

数智化是农产品电商发展的重要趋势，它通过物联网、人工智能、大数据、云计算、元宇宙等技术，可以更好地分析市场需求、预测价格波动、优化供应链管理等，从而提高效率和降低成本；同时可以为消费者提供更加个性化、便捷化的服务。

### 6．国际化趋势

越来越多的电商平台开始拓展国外市场，引进国外优质的农产品，来满足国内消费者多样化的需求。同时，我国农产品也在逐渐走向国外市场，提高国际竞争力。

### （二）东南亚地区农产品电商：趋势洞察与未来展望

#### 1．移动化趋势

随着智能手机的普及，越来越多的消费者选择使用移动设备进行网购，这一趋势在东南亚地区表现得尤为明显。农产品电商平台已意识到移动端用户体验的重要性，开始注重优化移动端购物流程，以提供更加便捷的移动购物服务。

#### 2．社交化趋势

东南亚地区的农产品电商企业发现了利用社交媒体进行营销和推广的潜力，并积极利用社交媒体来吸引更多用户关注和购买农产品。他们在 Facebook、Instagram 等社交媒体上发布农产品的信息、优惠活动和用户评价，以提高农产品的曝光度和增强农产品的吸引力。此外，一些农产品电商企业还与社交媒体上的 KOL（Key Opinion Leader，关键意见领袖）、博主或明星合作，通过其影响力来推广自己的农产品，以提高用户的信任度和购买意愿。

#### 3．垂直化趋势

东南亚地区的农产品电商企业正针对特定农产品或特定消费群体提供更加专业化和精细化的服务。例如，一些农产品电商企业专门销售有机农产品或特色农产品，以引起消费者的情感共鸣。

#### 4．线上线下融合趋势

东南亚地区的农产品电商企业正在积极探索线上线下融合的商业模式。通过线上平台，消费者可以方便地浏览和购买农产品，而线下实体店则可以为消费者提供实物展示、试用和个性化咨询等服务。消费者可以选择在线上下单后到线下实体店提货，或者选择享受送货上门的便利服务。这种线上线下融合的模式既提高了购物的便利性，又增加了消费者与农产品电商企业之间的互动和信任感。

【想一想】

请结合前述所学，分析我国农产品电商的发展趋势，并探讨这些发展趋势对农业生产和农民收入的影响。

【思考指引】

可从农业生产方式的转变、农民收入水平的提升、农业产业链的升级、农业资源配置的优化等方面阐述我国农产品电商的发展趋势，以及其对农业生产和农民收入的影响。

# 引导训练

## 训练：掌握预测农产品电商发展趋势的方法

步骤 1，研读政府工作规划。上网查找国务院办公厅 2021 年印发的《"十四五"冷链物流发展规划》，以及中央网信办、农业农村部、国家发展改革委、工业和信息化部、国家乡村振兴局 2022 年联合印发的《2022 年数字乡村发展工作要点》，并认真研读这两份文件。

步骤 2，摘取与农产品电商相关的内容。从这两份文件中摘取与农产品电商相关的内容，并填写在表 1-1 中。

表 1-1  与农产品电商相关的内容

| 文件名称 | 内容 |
| --- | --- |
| "十四五"冷链物流发展规划 | 到 2025 年，初步形成衔接产地销地、覆盖城市乡村、联通国内国际的冷链物流网络，基本建成符合我国国情和产业结构特点、适应经济社会发展需要的冷链物流体系，调节农产品跨季节供需、支撑冷链产品跨区域流通的能力和效率显著提高，对国民经济和社会发展的支撑保障作用显著增强 |
| 2022 年数字乡村发展工作要点 | 深化农产品电商发展。深入推进"互联网+"农产品出村进城工程。持续深化"数商兴农"，培育推介农产品网络品牌，开展特色农产品认证资助和推广，以品牌化带动特色产业发展。推进邮政快递服务农特产品出村进城工作，培育快递服务现代农业示范项目，建设农村电商快递协同发展示范区，持续推进交通运输与邮政快递融合发展。深入实施青年农村电商培育工程，组建"青耘中国"直播助农联盟，广泛开展"青耘中国"直播助农活动。持续发展"巾帼电商"，培育扶持妇女优势特色产业 |

步骤 3，预测农产品电商的发展趋势。根据两份文件中与农产品相关的内容预测未来农产品电商的发展趋势，具体如下。

① 品牌化发展。随着消费者对农产品品质和来源的要求越来越高，农产品电商企业将更加注重品牌化发展，通过品牌建设提升农产品的知名度和美誉度，以提高消费者的信任度和忠诚度。

② 冷链物流体系建设。随着冷链物流网络的不断完善，农产品电商企业将能更好地保障农产品的质量和安全，提高流通效率和降低损耗，进一步扩大销售范围和提高市场份额。

③ 线上线下融合发展。农产品电商企业将进一步与线下实体店融合，形成线上线下一体化的销售网络，以提升消费者的体验和购买便利性。

④ 特色产业发展。随着消费者对特色农产品的需求不断增加，农产品电商企业将更加注重特色产业的发展，通过培育和推介特色农产品网络品牌，满足消费者个性化、多样化的需求。

⑤ 农村电商和快递行业协同发展。随着农村电商和快递行业的不断发展，二者之间的

协同效应将更加明显,农村电商快递协同发展示范区的建设将进一步促进农产品电商行业的发展。

⑥ 青年成为农产品电商的主力军。随着青年在农产品电商领域的不断涌现和成长,他们将逐渐成为核心力量,为农产品电商行业的发展注入新的活力和动力。

### 技巧提醒

可以从政府网站上或从政府公报中查找政府的相关资讯,这些资讯都具有很高的权威性。一定要避免访问假冒伪劣网站,以确保获取的信息真实有效。

## 自主演练

请扫描下方的二维码,获取自主演练任务,并利用从"引导训练"中学到的知识,完成自主演练任务。

## 任务二　政策与法律,推动我国与东南亚地区农产品电商市场蓬勃发展

### 知识储备

### 储备一：农产品电商的相关政策

**问题：** 我国农村电商的快速发展得益于政府的哪些支持措施? 在全球化背景下,农产品电商合作面临哪些新机遇?

#### (一)中央一号文件：农村电商发展的领航灯塔

#### 1. 对农村电商提出新要求

2005—2015 年,中央一号文件主要从流通方式、交易方式和平台建设角度对农村电商提出新要求。

#### 1)从流通方式角度要求大力发展电子商务

2005 年、2007 年、2010 年的中央一号文件都提出要大力发展电子商务等现代流通方式。2013 年的中央一号文件提出要"大力培育现代流通方式和新型流通业态,发展农产品网上交易、连锁分销和农民网店"。

**2）从交易方式角度强调发展农产品电子商务**

2012 年的中央一号文件提出要"充分利用现代信息技术手段，发展农产品电子商务等现代交易方式"。

**3）从平台建设角度要求加强农产品电子商务平台建设**

2014 年的中央一号文件提出要"启动农村流通设施和农产品批发市场信息化提升工程，加强农产品电子商务平台建设"。

**2．明确了农村电商的主要工作方向**

从 2015 年以后，中央一号文件加强了对农村电子商务的部署，逐步提出了更高的要求，明确了农村电商的主要工作方向。

**1）加强物流基础设施建设和完善县乡村三级农村物流体系**

2016 年的中央一号文件提出要"加强商贸流通、供销、邮政等系统物流服务网络和设施建设与衔接。加快完善县乡村物流体系。实施'快递下乡'工程"。2018 年的中央一号文件提出要"重点解决农产品销售中的突出问题，加强农产品产后分级、包装、营销，建设现代化农产品冷链仓储物流体系，打造农产品销售公共服务平台，支持供销、邮政及各类企业把服务网点延伸到乡村，健全农产品产销稳定衔接机制，大力建设具有广泛性的促进农村电子商务发展的基础设施，鼓励支持各类市场主体创新发展基于互联网的新型农业产业模式，深入实施电子商务进农村综合示范，加快推进农村流通现代化"。2021 年的中央一号文件提出要"加快完善县乡村三级农村物流体系，改造提升农村寄递物流基础设施，深入推进电子商务进农村和农产品出村进城，推动城乡生产与消费有效对接"。

**2）开展电子商务进农村综合示范**

2015 年的中央一号文件提出要"开展电子商务进农村综合示范"。2016 年的中央一号文件提出要"深入开展电子商务进农村综合示范"。2017 年和 2018 年的中央一号文件都提出要"深入实施电子商务进农村综合示范"。2019 年的中央一号文件提出要"深入推进'互联网+农业'，扩大农业物联网示范应用。推进重要农产品全产业链大数据建设，加强国家数字农业农村系统建设。继续开展电子商务进农村综合示范，实施'互联网+'农产品出村进城工程"。

**3）健全农村电商服务体系**

2016 年的中央一号文件提出要"建立健全适应农村电商发展的农产品质量分级、采后处理、包装配送等标准体系"；要"鼓励大型电商平台企业开展农村电商服务，支持地方和行业健全农村电商服务体系"；要"促进农村电子商务加快发展，形成线上线下融合、农产品进城与农资和消费品下乡双向流通格局"。2018 年的中央一号文件提出要"重点解决农产品销售中的突出问题，加强农产品产后分级、包装、营销，建设现代化农产品冷链仓储物流体系，打造农产品销售公共服务平台，支持供销、邮政及各类企业把服务网点延伸到乡村，健全农产品产销稳定衔接机制，大力建设具有广泛性的促进农村电子商务发展的基础设施，鼓励支持各类市场主体创新发展基于互联网的新型农业产业模式，深入实施电子商务进农村综合示范，加快推进农村流通现代化"。2020 年的中央一号文件提出要"有效开发农村市场，扩大电子商务进农村覆盖面，支持供销合作社、邮政快递企业等延伸乡村物流服务网络，加强村级电商服务站点建设，推动农产品进城、工业品下乡双向流通"。2021 年的中央一号文件提出要"加快完善县乡村三级农村物流体系，改造提升农村寄递物流基础设施，深入推进电子商务进农村和农产品出村进城，推动城乡生产与消费有效对接"。

**4）支持涉农电商载体建设和新模式发展**

2015 年的中央一号文件提出要"支持电商、物流、商贸、金融等企业参与涉农电子商务平台建设"。2016 年的中央一号文件提出要"鼓励大型电商平台企业开展农村电商服务，支持地方和行业健全农村电商服务体系"。2017 年的中央一号文件提出要"支持农产品电商平台和乡村电商服务站点建设"，要"促进新型农业经营主体、加工流通企业与电商企业全面对接融合，推动线上线下互动发展"，还要"鼓励地方规范发展电商产业园，聚集品牌推广、物流集散、人才培养、技术支持、质量安全等功能服务"。

**3. 提出发展农村电商的新举措——数商兴农**

2022 年的中央一号文件增大了农村电商的篇幅，集中体现在第四部分"聚焦产业促进乡村发展"第十六条"持续推进农村一二三产业融合发展"、第十八条"加强县域商业体系建设"和第五部分"扎实稳妥推进乡村建设"第二十四条"大力推进数字乡村建设"上。2022 年的中央一号文件首次提出要"促进农副产品直播带货规范健康发展"。

2023 年的中央一号文件强调要"深入实施'数商兴农'和'互联网+'农产品出村进城工程，鼓励发展农产品电商直采、定制生产等模式，建设农副产品直播电商基地。提升净菜、中央厨房等产业标准化和规范化水平。培育发展预制菜产业"。

2024 年的中央一号文件继续强调要"实施农村电商高质量发展工程，推进县域电商直播基地建设，发展乡村土特产网络销售"。

**（二）"一带一路"倡议：农产品电商的跨国合作新机遇**

在农产品电商方面，"一带一路"沿线各国政府和企业加强合作，推动跨境电商基础设施的建设，促进农产品贸易的发展。2023 年 10 月 18 日，第三届"一带一路"国际合作高峰论坛在北京举行。秉持"共商、共建、共享"原则，"一带一路"高质量建设在东南亚地区取得了丰硕的成果，不少企业不断加快拓展中国市场，"一带一路"共建国家和地区也更好地融入了全球供应链、产业链、价值链，打开了更广阔的发展空间。

随着"一带一路"的持续推进，跨境农产品电商企业得到了长远的发展。例如，新加坡水果企业都乐目前售卖的从"一带一路"共建国家引入中国的水果超 100 种，其中不乏智利车厘子、秘鲁蓝莓等畅销产品。借助"一带一路"的红利，都乐能够更快捷地将国外高品质的果蔬送到国内消费者的餐桌上。

### （三）《区域全面经济伙伴关系协定》签署：农产品电商的全球化新篇章

在《区域全面经济伙伴关系协定》中，中国对东盟各成员国采用了一致的降税政策，保持了双边自贸协定项下的较高市场开放度，农产品自由化水平达到 92.8%。

东盟各成员国均承诺对中国出口农产品实施减税政策，在不同程度上促进贸易自由度提升。《区域全面经济伙伴关系协定》在电商、通关便利化等议题方面做出了高水平承诺，使得货物通关时间大幅缩短、通关时间透明度提高、通关成本降低，这对出口大量生鲜农产品的东盟成员国的贸易增长有极大的帮助。以泰国为例，在《区域全面经济伙伴关系协定》生效后，中国和泰国将力争使易腐食品、快运货物在 6 小时内完成通关。

【想一想】
　　在"一带一路"倡议下，如何加强农产品电商合作，促进"一带一路"共建国家的农业经济发展？
【思考指引】
　　可从政策引导与机制建设、基础设施与技术支持、农产品品牌与质量建设、市场开拓与贸易便利化、风险管理与合作保障等方面进行阐述。

## 储备二：农产品电商的相关法律

**问题**：请阐述我国哪些法律对农产品电商的发展起到了推动作用，并简述东南亚地区在农产品电商法律方面有哪些特点和需要注意的事项。

在我国，与农产品电商相关的法律主要有《中华人民共和国电子商务法》《中华人民共和国食品安全法》《中华人民共和国消费者权益保护法》《中华人民共和国商标法》《中华人民共和国网络安全法》《中华人民共和国税收征收管理法》等。这些法律对农产品电商的发展起到了重要的推动作用。

其中，《中华人民共和国电子商务法》为农产品电商提供了基本的法律框架和保障。该法规定了电商平台的运营要求、交易规则、消费者权益保护等内容，保障了农产品电商交易的合法性和公平性。

《中华人民共和国食品安全法》对农产品的质量安全提出了明确要求，规定了农产品生产、加工、销售等环节的质量安全标准，为农产品电商的健康发展提供了法律保障。

《中华人民共和国消费者权益保护法》保护消费者的合法权益，规定了电商平台的义务，并对农产品电商的交易行为进行了相应的规范。

《中华人民共和国商标法》保护农产品电商的知识产权，推动农产品品牌化进程，有助于提高农产品附加值和市场竞争力。

《中华人民共和国网络安全法》保障了农产品电商交易的信息安全，防止网络欺诈、信息泄露等问题的发生。

《中华人民共和国税收征收管理法》规范了农产品电商的税收征管，为政府对农产品电商的监管提供了法律依据。

与我国类似，东南亚地区的各个国家在农产品电商方面也有自己的法律。需要注意的是，不同东南亚地区的国家的法律可能存在一些差异。此外，东南亚地区的法律也可能随着时间的推移而发生变化，因此农产品电商企业及时了解最新的法律动态是非常有必要的。

【想一想】

你认为在农产品电商领域还有哪些方面需要加强法律的支持和监管？请说明你的观点。

【思考指引】

可从农产品质量安全监管、消费者权益保护、农产品知识产权保护、农产品电商税收征管、农产品电商数据安全与隐私保护等方面进行阐述。

## 引导训练

### 训练：掌握农产品电商的相关政策的查询方法

想要了解农产品电商的相关政策，就需要到对应的国家官方网站上进行查找。下面以在中国一带一路网查找与东南亚地区农产品电商相关的政策为例介绍农产品电商的相关政策的查询方法，其具体步骤如下。

步骤1，进入中国一带一路网。在浏览器中搜索"中国一带一路网"（见图1-2），单击有"官方"字样的链接，即可进入网站首页。

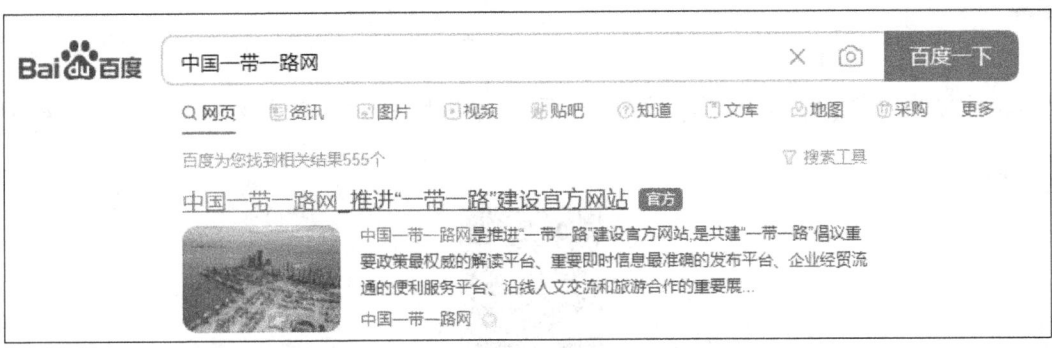

图1-2　在浏览器中搜索"中国一带一路网"

步骤 2，查找政策。在左侧列表中选择"政策"选项，在进入页面的搜索框中输入关键词"东南亚 农产品"（见图 1-3），单击"搜索"按钮。

图 1-3　输入关键词

步骤 3，解读政策。选择搜索结果中的"中华人民共和国政府和泰王国政府联合新闻公报（全文）"，通过阅读其中的内容，即可了解与东南亚地区农产品电商相关的政策。

 **技巧提醒**

在中国一带一路网中查找与"一带一路"相关的政策文件时，可以单击"全部"下拉按钮，筛选出"双多边文件""商务指南""政策规划"等不同类型的政策文件，如图 1-4 所示。

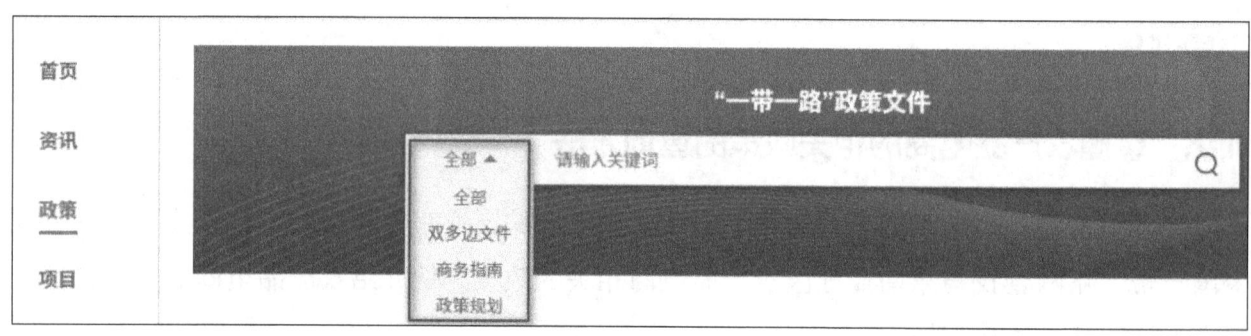

图 1-4　筛选不同类型的政策文件

## 自主演练

请扫描下方的二维码，获取自主演练任务，并利用从"引导训练"中学到的知识完成自主演练任务。

## 任务三 客户分析，揭秘我国与东南亚地区农产品电商消费者的购买动机、购买行为的影响因素及购买习惯

### 知识储备

#### 储备一：农产品电商消费者的购买动机、购买行为的影响因素

**问题：** 请阐述农产品电商消费者的主要购买动机，并详细分析影响农产品电商消费者购买行为的主要因素，同时比较我国与东南亚地区在农产品电商物流配送体系方面的差异。

#### （一）农产品电商消费者的购买动机深度剖析

无论是我国的农产品电商消费者还是东南亚地区的农产品电商消费者，其购买农产品的动机都是相同的，具体来说有如下几种。

**1. 求新动机**

随着生活水平的提高，消费者对农产品的品质和口感有了更高的要求。他们渴望尝试新鲜、有特色、优质的农产品，以满足营养和味蕾需求。农产品电商平台提供了丰富的农产品，消费者可以通过浏览和比较不同农产品的产地、品种、生长环境等信息，选择更符合自己需求的新品。

**2. 求廉动机**

价格是消费者在购物时考虑的重要因素之一。在农产品电商平台购物时，消费者往往会选择价格更低的农产品。同时，农产品平台会推出各种优惠活动，如打折、满减、赠送礼品等来吸引消费者进行购买。此外，消费者还会关注农产品的性价比，即农产品的品质与价格之间的匹配度，以选择物有所值的农产品。

**3. 便捷动机**

现代消费者的生活节奏较快，他们更倾向于选择方便、快捷的购物方式。农产品电商平台为消费者提供了全天候的在线购物体验，可以让消费者的购物不受时间和地点的限制。消费者可以随时随地浏览和购买农产品，并有可能享受送货上门的服务。此外，农产品电商平台的智能推荐、个性化搜索等功能也大大提升了消费者的购物效率和购物体验。

**4. 环保动机**

随着社会对环保问题的日益关注，消费者的环保意识逐渐增强。许多消费者在购买农产品时，希望选择那些对环境友好的农产品。他们关注农产品的生产过程是否采用了可持续农业方法、是否减少了化肥和农药的使用、是否采用了资源节约型的生产方式。对于符

合环保标准、采用可持续农业方法的农产品，他们愿意去购买，用自己的实际行动支持环保事业。

### （二）农产品电商消费者的购买行为的影响因素大揭秘

#### 1. 产品因素

##### 1）产品质量

消费者在购买农产品时，首要考虑的是产品质量，具体包括产品的新鲜度、口感、营养价值等因素。优质的产品能够赢得消费者的信任，促进购买行为。例如，提及国产优质杨梅，高楼杨梅（见图1-5）必然会被提起，原因就是高楼杨梅因其肉细、汁多、味甜而久负盛名。

##### 2）产品差异化

在竞争激烈的农产品电商市场中，产品差异化是吸引消费者的关键。具有独特品种、产地、生长环境等特点的农产品往往更能引起消费者的兴趣。例如，具有露兜树香味的泰国香米（见图1-6）就是一种独特的大米，很多消费者都是因为它的味道而选择购买它的。

图1-5　高楼杨梅

图1-6　泰国香米

##### 3）包装和标签

精美的包装和清晰的标签可以提高农产品的附加值，激发消费者的购买欲望。同时，包装和标签上的信息有助于消费者了解农产品的特点和品质。

#### 2. 价格因素

价格是消费者在购物时考虑的重要因素之一。在农产品电商平台上，价格竞争尤为激烈。合理的定价策略能够吸引消费者，提高农产品的竞争力。此外，农产品电商平台上的各种优惠活动也会对消费者的购买行为产生影响。

#### 3. 物流配送因素

##### 1）配送速度

快速的配送服务能够保证农产品的新鲜度和品质，提升消费者的购物体验。因此，消费者对配送速度有较高的期望和要求。

**2）配送费用**

配送费用是消费者在购物时需要考虑的因素之一。合理的配送费用可以降低消费者的购物成本，提高消费者的购买意愿。

**3）配送服务**

优质的配送服务能够提升消费者的满意度和忠诚度。配送服务具体包括配送员的态度和准时率、是否提供签收验货服务等。

### 4．售后服务因素

完善的售后服务是提升消费者购物体验的重要因素。对农产品而言，退换货政策、质量问题的解决方式等都是消费者关注的重点。

### 5．消费者个体因素

**1）年龄**

不同年龄段的消费者对农产品电商的接受程度和使用习惯存在差异。年轻人更倾向于通过农产品电商平台购买农产品。

**2）受教育程度**

受教育程度较高的消费者对农产品的品质和安全有更高的要求，也更善于利用农产品电商平台进行购物。

**3）收入水平**

收入水平较高的消费者在购买农产品时更注重品质和口感，而收入水平较低的消费者则相对更关注农产品的价格。

## 储备二：农产品电商消费者的购买习惯

**问题：** 请分析农产品电商消费者主要通过哪些渠道获取农产品的信息，并探讨不同地区的农产品电商消费者在信息获取渠道上是否存在差异，同时描述农产品电商消费者的购买频率和主要购买渠道的特点。

不同地区的农产品电商消费者的购买习惯在以下几个方面存在差异。

### 1．信息获取渠道

无论是我国的农产品电商消费者，还是东南亚地区的农产品电商消费者，在农产品电商平台上都是主要通过以下几种方式来获取农产品信息的。

**1）平台推荐**

电商平台（如淘宝、Lazada 等）通过分析消费者的购买历史和浏览记录，能够精准地为其推荐个性化的农产品。当消费者登录电商平台时，他们会看到电商平台根据其喜好和需求推荐的产品列表。

2）搜索功能

许多消费者会通过在搜索框中输入关键词来查找自己感兴趣的农产品。无论是按品种、产地、品质，还是按其他特性进行搜索，搜索功能都能快速地帮助消费者找到目标产品。搜索结果通常会列出相关的产品列表，消费者可以进一步筛选和比较，以找到最适合自己的产品。例如，在 Lazada 上进行农产品搜索如图 1-7 所示。

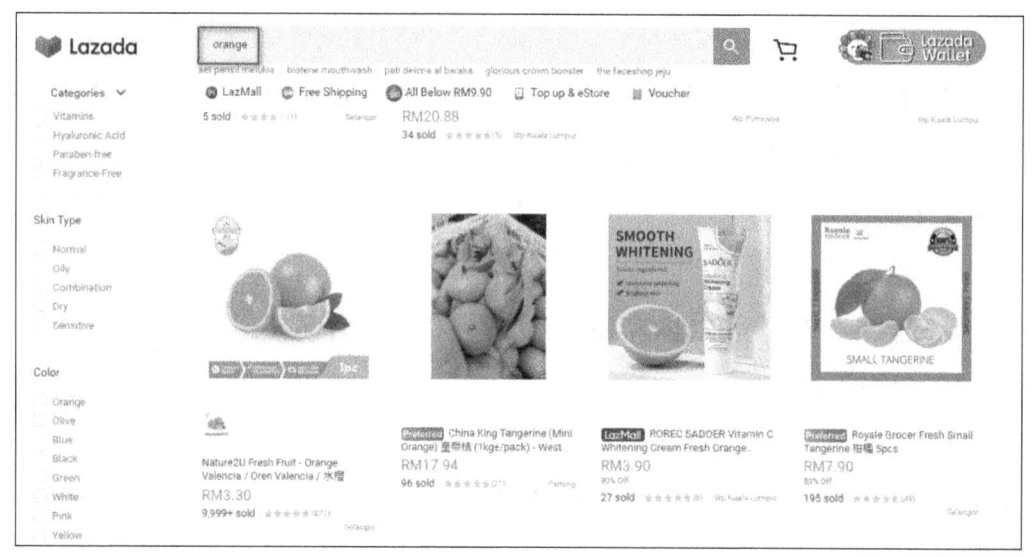

图 1-7　在 Lazada 上进行农产品搜索

3）社交媒体

社交媒体是消费者获取农产品信息的渠道之一。我国的农产品电商消费者主要通过微信、微博等社交媒体获取关于农产品的信息，东南亚地区的农产品电商消费者则主要通过 Instagram、TikTok、Facebook 等社交媒体获取关于农产品的信息。这些社交媒体上有大量的用户分享农产品的相关资讯、购买经验、口碑并进行相关推荐，消费者可以通过关注相关账号、加入相关群组或参与话题讨论来获取更多的农产品信息。

4）消费者评价

电商平台通常会提供消费者评价功能，让消费者给出自己的评价。有些消费者在购买前会去查看这些评价，以了解农产品的品质、口感、包装等方面的反馈信息，从而更好地做出购买决策，避免潜在的风险。

2. 购买频率

农产品电商消费者的购买频率与其个人需求和消费习惯有关，但受到农产品的新鲜度和保质期的影响。一般来说，消费者对新鲜农产品的购买频率相对较高，可能会选择每周或每两周购买一次；而对保质期较长的农产品，消费者的购买频率可能会降低。

### 3．购买渠道

#### 1）电商平台

京东、淘宝等大型电商平台拥有广泛的用户基础和完善的交易体系，可以为消费者提供便捷、安全的在线购买环境。消费者可以在任何时间、任何地点登录这些平台，浏览各种农产品，并完成购买。东南亚地区的农产品电商消费者则更倾向于通过当地的电商平台（如Lazada等）购买农产品。

#### 2）农产品专业网站

我国的农产品专业网站有一亩田、惠农网等，国外的农产品专业网站有 Local Harvest、FreshPlaza 等，这些网站都专注于农产品销售，通常拥有自己的种植基地或直接与农产品生产者合作，能够提供新鲜、优质的农产品。

#### 3）O2O 模式

消费者可以在线上平台选择附近的农产品销售商，在线下完成交易。这种 O2O 模式结合了线上和线下的优势，既方便了消费者的购买，又提高了农产品的流通效率。

> 【想一想】
> 　　请结合前述所学，思考随着农产品电商的不断发展，电商平台和农产品销售商如何才能更好地满足消费者的需求和期望，以提升消费者的购物体验和忠诚度。
>
> 【思考指引】
> 　　可以从深入了解消费者的需求和期望、优化平台推荐与搜索功能、加强农产品质量安全监管、提升平台用户体验与服务质量、利用社交媒体与口碑营销、创新营销策略与促销活动、关注跨境电商与国际化趋势等方面具体阐述电商平台和农产品销售商如何在实际操作中满足消费者的需求和期望，以提升消费者的购物体验和忠诚度；同时，可以结合具体案例或实践经验进行说明，从而使自己的答案更有说服力。

## 引导训练

### 训练：掌握分析消费者购买动机的方法

通常，通过分析商家与消费者的对话内容，可以大致了解消费者的购买动机。下面以 Lazada 上的一个商家（主营农产品）与其店铺内一名消费者的对话内容为例分析该消费者的购买动机，其具体步骤如下。

步骤 1，获取对话内容。

商家与消费者的对话内容如表 1-2 所示。

表 1-2　商家与消费者的对话内容

| 角色 | 内容 |
|---|---|
| 商家 | 早上好,尊敬的顾客!我是××农产品的商家,很高兴能与您交流 |
| 消费者 | 你好,我听说中国农产品的质量非常好,而且种类繁多。我对一些特色农产品很感兴趣,如你们那边的茶叶 |
| 商家 | 非常感谢您对我们的农产品的关注。我们的茶叶质量确实属于上乘,而且我们有各种口味和类型的茶叶,从绿茶、红茶到乌龙茶,每一种都有其独特的口感 |
| 消费者 | 很好,我对这些农产品很感兴趣。不过,我想了解一下这些农产品的价格。中国的农产品相对于我们东南亚地区的农产品,价格如何呢 |
| 商家 | 是这样的,我们采取了一系列措施来确保我们的农产品既具有高质量,又价格合理。与东南亚地区的农产品价格相比,我们的农产品价格略低,但品质有保证。我们希望通过提供物有所值的农产品来满足消费者对价格和质量的双重需求 |
| 消费者 | 听起来很不错。除了价格,我还想了解你们的农产品是否引入了新的品种或使用了新的种植技术 |
| 商家 | 我们不断引入新的品种和使用新的种植技术,以确保我们的农产品品质始终处于行业前沿。例如,我们的茶叶采用了先进的种植和加工技术,确保茶叶的口感和品质达到最佳 |
| 消费者 | 非常好,我对你们的茶叶很感兴趣,我会考虑购买一些尝试一下 |
| 商家 | 非常感谢!我们相信您一定会喜欢上我们的茶叶。如果您还有其他问题或需要进一步咨询,请随时联系我们。期待您的订单 |

步骤 2,分析消费者的购买动机。

根据消费者想要了解农产品的价格,可以分析得出消费者的购买动机中有求廉动机。

根据消费者想要了解农产品是否引入了新的品种或使用了新的种植技术,可以分析得出消费者的购买动机中有求新动机。

## 自主演练

请扫描下方的二维码,获取自主演练任务,并利用从"引导训练"中学到的知识,完成自主演练任务。

## 任务四　人才引领,探索农产品电商企业岗位职责与任职要求、农产品电商人才培养措施

## 知识储备

### 储备一:农产品电商企业岗位职责与任职要求

**问题:**请详细描述农产品电商企业岗位职责与任职要求,并探讨这些任职要求如何有

助于提升农产品电商企业的整体运营效率和市场竞争力。

农产品电商企业岗位职责与任职要求如下。

### （一）农产品电商岗位全览：职责一览无遗

农产品电商企业的常见岗位有电商运营、电商策划、电商客服、电商美工、采购专员、供应链管理专员、质检员、文案专员、市场营销专员、数据工程师等。

#### 1. 电商运营

该岗位的工作人员负责电商平台的全局管理，包括平台布局、产品上/下架、营销活动设置等，以提升平台流量和用户活跃度。

#### 2. 电商策划

该岗位的工作人员负责农产品电商企业的策略规划和执行工作，包括进行市场调研、进行目标客户分析、制定营销策略等，以确保销售目标的实现。

#### 3. 电商客服

该岗位的工作人员负责与消费者进行日常沟通、解答消费者的疑问、处理消费者的投诉、提供售后服务，以提升消费者的满意度。

#### 4. 电商美工

该岗位的工作人员负责电商平台的产品图片处理、广告图设计、店铺装修等工作，以提升产品展示效果。

#### 5. 采购专员

该岗位的工作人员负责与供应商对接，完成采购流程，以确保产品质量和供应稳定。

#### 6. 供应链管理专员

该岗位的工作人员负责整个供应链的管理工作，包括库存控制、物流安排等，以确保产品的及时供应。

#### 7. 质检员

该岗位的工作人员负责对农产品进行质量检测，以确保产品质量符合相关标准。

#### 8. 文案专员

该岗位的工作人员负责撰写各种营销文案和产品描述，以吸引和引导消费者。

#### 9. 市场营销专员

该岗位的工作人员负责品牌宣传和市场推广工作，包括制定营销策略、策划营销活动等。

#### 10. 数据工程师

该岗位的工作人员负责数据分析和管理工作，以提供数据支持，帮助农产品电商企业优化运营工作。

## （二）农产品电商企业岗位揭秘：任职要求

农产品电商企业岗位的任职要求如表 1-3 所示。

表 1-3 农产品电商企业岗位的任职要求

| 岗位 | 任职要求 |
| --- | --- |
| 电商运营 | （1）熟练掌握电商平台（如淘宝、Lazada、Shopee 等）的运营规则和操作流程。<br>（2）具备数据分析能力，能够根据数据调整运营策略。<br>（3）具备良好的组织和管理能力，以确保电商平台能够高效运营 |
| 电商策划 | （1）熟悉农产品市场和消费者的需求，具备良好的市场洞察力。<br>（2）能够独立或团队协作完成营销策略和计划的制定。<br>（3）具备创新思维，能够提出富有创意的营销方案 |
| 电商客服 | （1）具备良好的沟通技巧和服务意识，能够快速响应消费者的问题。<br>（2）熟悉电商平台的交易流程和售后服务流程。<br>（3）善于处理投诉和纠纷，以提升消费者的满意度 |
| 电商美工 | （1）熟练掌握图片处理和设计软件（如 Photoshop、Illustrator 等）。<br>（2）具备创意和审美能力，能够根据产品特点和市场需求进行图片设计。<br>（3）具备良好的沟通和协作能力，以确保设计出符合整体运营策略的产品图片、活动推广图片。<br>（4）对农产品和市场有一定的敏感度，能够根据市场趋势调整设计风格 |
| 采购专员 | （1）熟悉农产品市场和供应商资源，具备良好的谈判能力。<br>（2）了解采购流程和供应链管理知识，能够与供应商建立长期合作关系。<br>（3）具备成本意识和质量意识，以确保采购的产品符合农产品电商企业的要求 |
| 供应链管理专员 | （1）熟悉供应链管理流程和物流配送体系。<br>（2）对农产品的储存和运输管理有丰富的经验，能确保农产品的新鲜度和质量。<br>（3）具备库存管理能力，能够根据销售数据及时调整库存量 |
| 质检员 | （1）熟悉农产品的质量标准和检验流程。<br>（2）具备专业的质检知识和技能，能够对农产品进行全面、准确的检测。<br>（3）严格遵守质量标准，对不合格的农产品进行处理和报告 |
| 文案专员 | （1）具备良好的文字表达能力和创意思维。<br>（2）熟悉农产品的特性和市场需求，能够撰写吸引人的文案。<br>（3）熟悉品牌和市场定位，能够与电商美工岗位的工作人员合作完成电商运营、推广中的图文整体呈现 |
| 市场营销专员 | （1）熟悉市场调研、品牌推广、渠道营销等业务流程。<br>（2）能够熟练运用数据分析工具进行数据处理与分析，并能从数据中洞察市场趋势、消费者需求，为营销决策提供有力的支撑。<br>（3）具备良好的文案设计与撰写能力，可制作吸引人的宣传资料、广告文案，提升品牌传播效果 |
| 数据工程师 | （1）熟练掌握数据分析工具和技术，如 Excel、Python 等，能够对电商平台的数据进行深入的分析和处理。<br>（2）具备数据库管理和数据安全保护的能力，了解数据分析和数据挖掘的技术与方法，能够利用数据分析工具进行趋势预测和提供业务优化建议。<br>（3）熟悉数据库的建立和管理，以及数据安全保护的相关法律法规 |

## 储备二：农产品电商人才培养措施

**问题：** 请阐述农产品电商行业协会在人才培养中的作用，并探讨如何有效地推进校企协同育人机制，以更好地培养适应农产品电商发展需求的专业人才。

### （一）农产品电商行业协会：农产品电商发展的促进者

农产品电商行业协会在农产品电商人才培养中可以发挥以下作用。

#### 1．资源整合和对接

农产品电商行业协会凭借其广泛的会员基础和较大的行业影响力，能够有效地整合各类资源。通过整合各类资源，农产品电商行业协会可以为人才培养提供丰富和多元化的支持。例如，农产品电商行业协会与高校合作开展实习、实训项目，为学生提供实践机会；与培训机构合作开展专业培训，并颁发行业认可的证书等。

#### 2．信息共享和技术指导

农产品电商行业协会可以为农产品电商从业人员提供信息和技术指导。通过组织专题研讨会、培训、讲座等活动，农产品电商行业协会可以邀请行业专家和成功企业家分享他们的经验与技术，为农产品电商从业人员提供宝贵的指导和建议。

#### 3．培训规划和标准制定

在农产品电商人才培养机制中，农产品电商行业协会可以发挥其专业性和权威性，参与制定培训规划和标准。基于对行业需求的深入了解和对未来发展趋势的准确判断，农产品电商行业协会可以确定培训内容、课程设置及评估标准。此外，农产品电商行业协会还可以组织专家委员会与相关机构合作制定职业技能等级认定标准，从而推动人才培养与职业发展的有效衔接。

#### 4．职业交流和合作平台

农产品电商行业协会可以组织各类职业交流和合作活动，如行业论坛、展览会、招聘会等，为农产品电商从业人员提供交流和合作的机会。这样可以促进行业内外的交流和合作，激发创新思维和合作意识，推动农产品电商行业的发展。

### （二）校企协同育人机制：农产品电商人才培养新机制

在培养农产品电商人才的过程中，我国和东南亚地区都需要大力推进校企协同育人机制，具体可采取以下方式。

#### 1．深化校企合作

高校应与企业建立紧密的合作关系，共同制订人才培养方案，确保教学内容与实际需求相匹配。通过校企合作，学生可以在实践中了解电商运营的实际操作，提升专业技能；企业则可以提前锁定人才。

### 2．创新教学模式

高校应结合企业的实际需求，创新教学模式。例如，高校可以采用"现代学徒制"等模式，让学生在学校和企业交替学习，以便更好地掌握实际操作技能。此外，高校还可以引入企业导师制度，让学生在学习过程中得到企业导师的指导。

### 3．共建实训基地

高校和企业可以共同建立实训基地，为学生提供实践机会。实训基地可以模拟真实的农产品电商环境，让学生在实际操作中提升技能。同时，实训基地可以作为企业人才的培训基地，以提升企业人才的技能水平。

### 4．加强师资队伍建设

高校应加强与农产品电商相关课程的师资队伍建设，引进拥有实践经验的教师，同时鼓励教师到企业挂职锻炼，以提升教师的实际操作能力。此外，高校还可以邀请企业专家担任兼职教师，以丰富教学内容，为学生提供实际操作指导。

### 5．推动实践教学

高校应重视实践教学在农产品电商人才培养中的作用，鼓励学生参与实践活动。例如，高校可以组织学生参加农产品电商创业大赛、开展农产品电商实践项目等，让学生在实践中提升技能、积累经验。

### 6．制定人才培养的评价体系

高校应与企业合作制定人才培养的评价体系，确保人才培养的质量。人才培养的评价体系应包括理论考试和实践考核两个部分：理论考试主要考查学生对与农产品电商相关知识的掌握程度，实践考核则主要考查学生的实际操作能力。

【想一想】

　　请结合前述所学，思考如何进一步促进职业院校与企业的合作，以更好地培养农产品电商人才。

【思考指引】

　　可从深化合作模式与机制创新、优化课程设置与教学内容、共建共享实训和实习基地、加强师资交流与培训、开展联合科研与技术创新、完善人才评价与激励机制等方面进行阐述。

## 引导训练

### 训练：掌握查找农产品电商企业岗位职责与任职要求的方法

计划从事与农产品电商相关的工作的人员在进行求职前，需要了解该行业不同岗位对应的岗位职责与任职要求，从而判断自己是否适合从事该工作。查找国内的农产品电商企业岗位职责与任职要求的具体步骤如下。

步骤1，了解市面上的招聘软件。

目前，市面上用户体量较大的招聘软件有 BOSS 直聘、智联招聘、拉勾招聘、猎聘、前程无忧、58 同城、脉脉等。

步骤2，查找岗位。

下面以智联招聘为例进行岗位查找。例如，在智联招聘中搜索"电商运营"，就会找到与电商运营相关的岗位，如电商运营助理、电商运营部经理等，如图1-8所示。

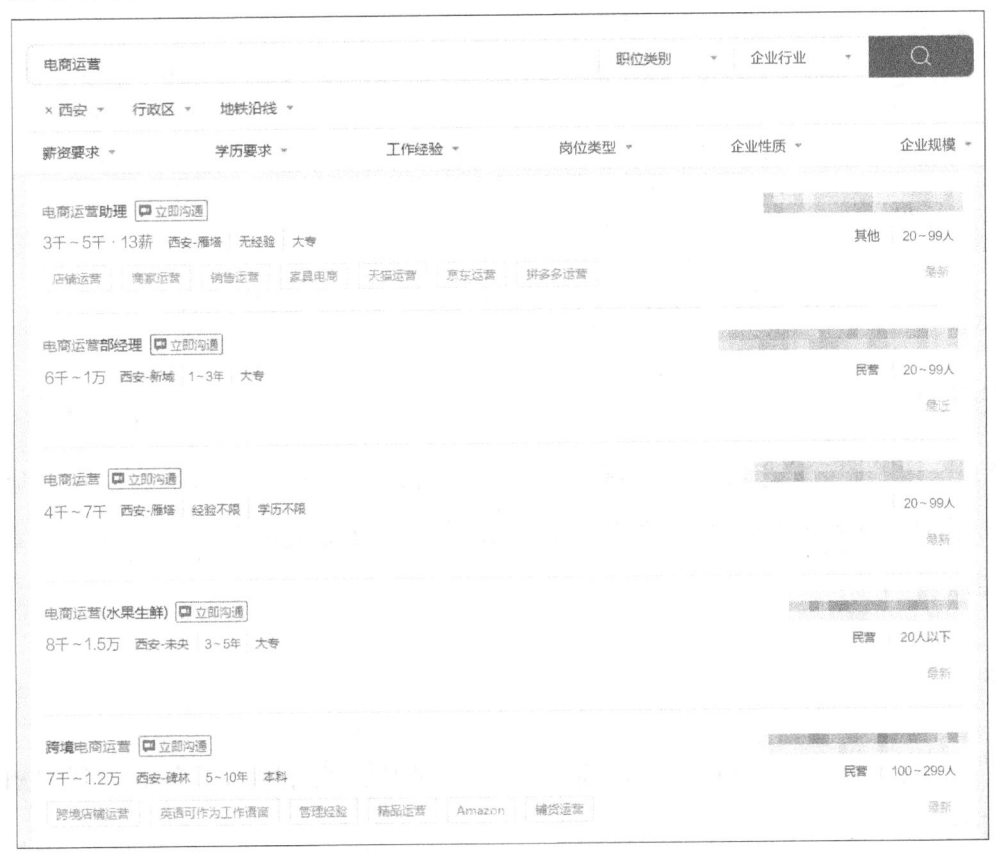

图1-8　"电商运营"的搜索结果

步骤3，明确岗位职责与任职要求。

选择一个与农产品电商相关的岗位，如电商运营（水果生鲜），查看其职位描述，即可明确该岗位的岗位职责与任职要求，如图1-9所示。

电商运营(水果生鲜)

⊙ 更新于 今天

**8 千 ~ 1.5 万** ∠ 行业薪资对比

西安－未央区　3～5年　大专　全职　招1人

☆ 收藏

**职位描述**

岗位职责

1. 负责制定店铺整体规划及目标；

2. 负责店铺日常运营、推广，店铺活动策划及数据分析；

3. 负责打造店铺爆款，重点产品优化提升，商品结构搭建、优化，商品上下架；

4. 深入研究行业玩法，快速迭代，定期关注行业动向进行分析和洞察，优化选品及电商运营策略；

5. 制订和实施商品计划，分析数据、发现问题、解决问题，保障每月销售目标达成；

6. 店铺营销工具研究，优化店铺及商品排名，提出应用方案，提高流量、点击率、浏览量、转化率等。

任职要求：

1. 专科及专科以上学历。电子商务、市场营销专业优先，有 2 年以上水果生鲜类产品运营经验者优先；

2. 有较强的网站活动策划能力和内容文案策划能力，熟悉网站运营的各个环节，懂市场营销及消费者心理，擅长网站体验把控；

3. 熟悉电商运营环境、平台交易规则、推广、网站广告资源；

4. 独立思考、分析、解决问题能力强，有较强的数据分析能力。

图 1-9　电商运营（水果生鲜）的岗位职责与任职要求

 **技巧提醒**

在招聘软件中搜索到与农产品电商相关的岗位后，可以在上方的筛选栏中对地区、薪资要求、学历要求、工作经验、岗位类型、企业性质、企业规模等进行设置，这样更容易查找到与自己匹配的岗位。

## 自主演练

请扫描下方的二维码，获取自主演练任务，并利用从"引导训练"中学到的知识，完成自主演练任务。

## 国际视野

请扫描下方的二维码，获取本项目国际视野的相关内容。

## 重点聚焦

请扫描下方的二维码，获取本项目对标竞赛与考证需求的内容。这是学生需要重点理解与掌握的内容。

## 课后小考

请扫描下方的二维码，获取题目并作答。

# 项目二

## 农产品电商基础运营

### ——突破国界的选品与网店开设管理策略

农产品电商作为当下的热门领域，在国内外都具有重要的地位。利用互联网和数字技术，农产品电商领域为生产者与消费者搭建了直接沟通的桥梁，打破了传统销售模式的局限。这不仅简化了购物流程、提高了交易效率，还使消费者能够追溯产品的每一个环节，确保了产品的真实性与安全性。

### 目标导航

**知识目标**

1. 熟悉数字化选品方法。

2. 了解我国网店和东南亚地区跨境网店选择与开设的方法。

3. 掌握我国网店和东南亚地区跨境网店产品发布的流程。

4. 掌握农产品订单交易流程。

5. 了解订单询盘的概念和类型。

**能力目标**

1. 能够借助数字化选品工具，为网店选择合适的产品。

2. 能够根据我国电商平台的特性，按照我国电商平台的要求完成注册、资质审核和店铺开设。

3. 能够根据东南亚地区跨境电商平台的特性，选择合适的跨境电商平台，并完成相应的网店开设。

4. 能够根据各电商平台的要求，完成产品发布。

5．能够根据农产品订单的交易内容，完成农产品订单交易流程。

**素养目标**

1．具备数字化选品的思维与能力，能够根据市场需求和数据分析为网店选择合适的产品。

2．具备诚信经营意识，注重品牌建设和口碑管理，能够在网店运营过程中树立诚信、负责任的电商形象。

3．了解与农产品电商运营相关的法律法规和政策，能够遵守相关规定进行合规运营。

**项目导图**

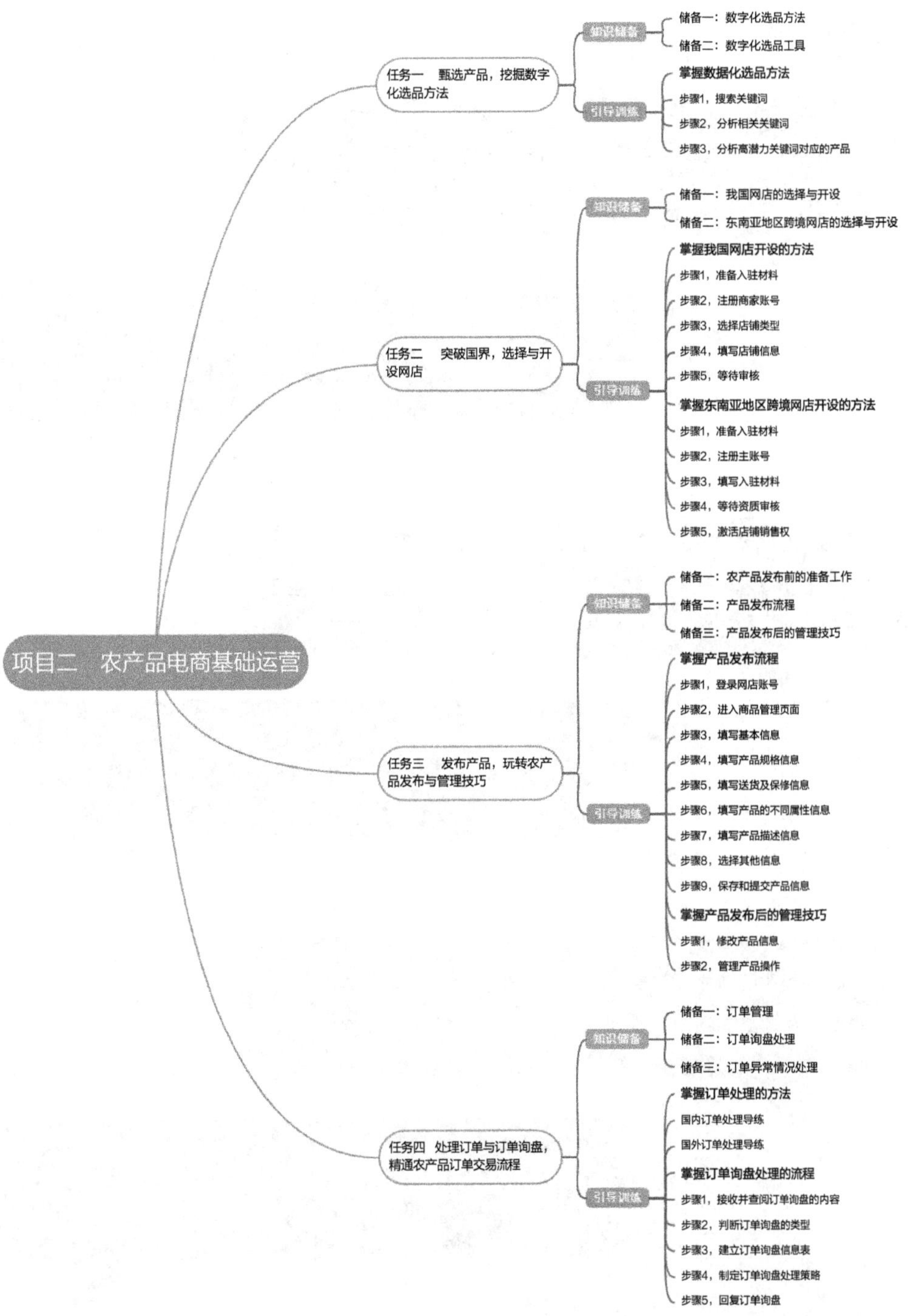

```
项目二 农产品电商基础运营
├─ 任务一 甄选产品，挖掘数字化选品方法
│   ├─ 知识储备
│   │   ├─ 储备一：数字化选品方法
│   │   └─ 储备二：数字化选品工具
│   └─ 引导训练
│       ├─ 掌握数据化选品方法
│       ├─ 步骤1，搜索关键词
│       ├─ 步骤2，分析相关关键词
│       └─ 步骤3，分析高潜力关键词对应的产品
├─ 任务二 突破国界，选择与开设网店
│   ├─ 知识储备
│   │   ├─ 储备一：我国网店的选择与开设
│   │   └─ 储备二：东南亚地区跨境网店的选择与开设
│   └─ 引导训练
│       ├─ 掌握我国网店开设的方法
│       ├─ 步骤1，准备入驻材料
│       ├─ 步骤2，注册商家账号
│       ├─ 步骤3，选择店铺类型
│       ├─ 步骤4，填写店铺信息
│       ├─ 步骤5，等待审核
│       ├─ 掌握东南亚地区跨境网店开设的方法
│       ├─ 步骤1，准备入驻材料
│       ├─ 步骤2，注册主账号
│       ├─ 步骤3，填写入驻材料
│       ├─ 步骤4，等待资质审核
│       └─ 步骤5，激活店铺销售权
├─ 任务三 发布产品，玩转农产品发布与管理技巧
│   ├─ 知识储备
│   │   ├─ 储备一：农产品发布前的准备工作
│   │   ├─ 储备二：产品发布流程
│   │   └─ 储备三：产品发布后的管理技巧
│   └─ 引导训练
│       ├─ 掌握产品发布流程
│       ├─ 步骤1，登录网店账号
│       ├─ 步骤2，进入商品管理页面
│       ├─ 步骤3，填写基本信息
│       ├─ 步骤4，填写产品规格信息
│       ├─ 步骤5，填写送货及保修信息
│       ├─ 步骤6，填写产品的不同属性信息
│       ├─ 步骤7，填写产品描述信息
│       ├─ 步骤8，选择其他信息
│       ├─ 步骤9，保存和提交产品信息
│       ├─ 掌握产品发布后的管理技巧
│       ├─ 步骤1，修改产品信息
│       └─ 步骤2，管理产品操作
└─ 任务四 处理订单与订单询盘，精通农产品订单交易流程
    ├─ 知识储备
    │   ├─ 储备一：订单管理
    │   ├─ 储备二：订单询盘处理
    │   └─ 储备三：订单异常情况处理
    └─ 引导训练
        ├─ 掌握订单处理的方法
        ├─ 国内订单处理导练
        ├─ 国外订单处理导练
        ├─ 掌握订单询盘处理的流程
        ├─ 步骤1，接收并查阅订单询盘的内容
        ├─ 步骤2，判断订单询盘的类型
        ├─ 步骤3，建立订单询盘信息表
        ├─ 步骤4，制定订单询盘处理策略
        └─ 步骤5，回复订单询盘
```

 **学习热身**

电商基础运营是指利用互联网技术，通过电商平台进行产品销售的一系列过程。它主要涉及产品的选择、网店的选择与开设、产品的发布与管理、产品订单交易管理等方面的内容。

林林是某公司新入职的电商运营人员，主要负责该公司的农产品电商基础运营工作。该公司近期想在国内和东南亚地区的电商平台上分别开设一个网店并进行产品销售。刚接手这份工作的林林非常迷茫，不知道该如何开展工作，于是虚心地向运营主管请教，想知道自己应该如何进行选品、网店开设、产品发布及订单管理。运营主管在获悉林林的问题后开始帮他进行分析。

 你的问题我看到了，不要担心。首先，你需要了解电商基础运营工作的内容。

是的，领导，我知道电商基础运营工作的内容主要涉及选品、网店开设、产品发布、订单管理等。

 看来你了解得很清楚，电商基础运营工作主要就是围绕这几个方面展开的，你需要在实际的运营中熟练掌握各电商平台的规则和要求，才能确保网店运营得顺利。

好的，领导，看来我需要熟知各电商平台的运营规则和要求，以便更好地运营网店。

 是的。此外，你还需要掌握数字化选品方法，以及在运营中掌握产品及订单管理的一些技巧。

好的，谢谢领导！我这就去学习。

**想一想：** 如果你是林林，在和领导沟通时，会询问哪些问题？

**词组学习**

> **1. 数字化选品**
>
> 数字化选品（Data Based Product Selection）是指利用大数据应用技术分析消费者的需求及行为，从而实现优化选品策略、提高选品准确率及效率的过程。
>
> **2. 订单询盘**
>
> 订单询盘（Order Inquiry）是指买方或卖方为了购买或销售某产品，向对方询问有关交易条件的表示。

# 任务一　甄选产品，挖掘数字化选品方法

## 知识储备

## 储备一：数字化选品方法

**问题：** 数字化选品是电商基础运营中的一项关键策略，其核心在于利用数据分析和市场洞察来指导选品。那么，在电商基础运营中，商家应如何利用数字化手段，进行高效的产品筛选，以便挑选出优质且能满足消费者需求的产品呢？

### （一）关键词选品：精准捕捉市场脉动

利用关键词选品是指通过分析关键词的搜索量、点击率、转化率等数据，来选择具有市场需求和潜力的产品。商家可以利用电商平台提供的关键词工具，如淘宝的生意参谋等，来查看关键词的热度、竞争程度等信息。通过对关键词进行分析，商家可以判断产品的市场需求和潜在消费群体，从而有针对性地进行选品。

### （二）以品选品：发现差异化商机

以品选品是指通过分析产品的信息，来选择具有竞争力的产品。商家可以利用电商平台上的产品列表，来查看竞品的信息，包括竞品的描述、价格、销量等。通过分析竞品的特点、价格策略等，商家可以找出市场空白和差异化商机，从而选择更具有竞争力的产品。

### （三）以人选品：精准定位目标需求

以人选品是指通过分析消费者的行为和偏好，来选择更符合其需求的产品。商家可以利

用电商平台提供的消费者行为数据，如消费者的浏览历史、购买记录等，来深入了解消费者的需求和偏好。通过分析消费者行为数据，商家可以定位目标客户，选择能满足其需求的产品，从而提高转化率和销售额。

### （四）社交媒体选品：捕捉流行趋势

社交媒体选品是指通过社交媒体上的用户互动和讨论，来发现具有市场需求和潜力的产品。商家可以利用社交媒体，如微博、微信等，关注热门话题和用户讨论，了解用户的需求和关注点。通过社交媒体上的用户互动和讨论，商家能够发现潜在市场机会和产品方向，从而有针对性地进行选品。

> 【想一想】
>
> 假设你是一个电商平台上的新手商家，你将如何综合运用上述 4 种数字化选品方法来为自己选择合适的产品？
>
> 【思考指引】
>
> 可以从市场导向角度分析关键词；从竞品洞察角度分析竞品；从消费者需求理解角度分析消费者行为；从流行趋势跟随角度，通过社交媒体了解当下的热点和消费者关注的焦点。

## 储备二：数字化选品工具

**问题：** 数字化选品工具是电商基础运营中用于高效选品的关键助手，它们能帮助商家精准洞察市场动态和消费者需求。那么，数字化选品工具在电商领域中有哪些重要作用？它们是如何帮助商家进行精准选品和制定有效营销策略的？

### （一）我国的数字化选品工具：精准洞察市场动态，助力商家高效选品

#### 1. 生意参谋

生意参谋是淘宝官方推出的一种功能强大的数据分析工具，专为淘宝商家、天猫商家设计，帮助其进行精细化运营和数字化选品。通过生意参谋，商家可以获取包括产品、店铺、行业等多个维度的数据分析报告。数据分析报告的内容包括但不限于市场行情、关键词搜索热度、产品排行榜、竞品分析、消费者画像、店铺流量来源分析等。这对于商家进行选品决策时识别市场需求、洞察行业趋势、优化产品标题及描述、评估潜在产品的竞争态势等具有重要作用。生意参谋的市场分析功能如图 2-1 所示。

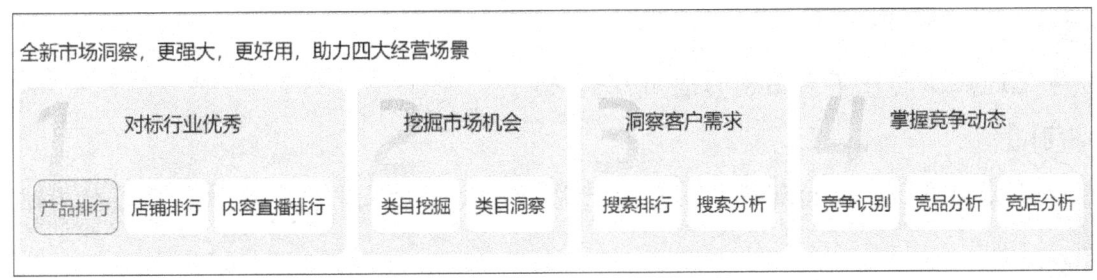

图 2-1 生意参谋的市场分析功能

### 2．多多商智

类似淘宝的生意参谋，拼多多为其平台上的商家提供了名为"多多商智"的数据分析工具。该工具集产品销售数据、类目分析、竞品监控、消费者行为分析等多种功能于一身，帮助商家深入了解平台上的市场动态、消费者喜好及自身店铺运营情况。通过多多商智，商家不仅可以挖掘爆款潜力产品，制定科学化的选品策略，还能依据数据反馈不断调整和优化自己的产品列表，从而提升店铺竞争力。

### （二）东南亚地区跨境电商选品利器：引领市场潮流，抢占先机，掌握商机

#### 1．Google Trends

Google Trends 是 Google 推出的基于搜索数据的分析工具。它通过对 Google 搜索引擎中每天数十亿条搜索数据进行深入分析，揭示某个关键词或话题在不同时期的搜索频率及相关统计数据。通过 Google Trends，商家可以及时了解市场需求和趋势，从而为制定选品策略提供依据。

#### 2．卖家精灵

卖家精灵是一款专为亚马逊商家设计的工具类 SaaS（Software as a Service，软件即服务）软件。依托于大数据和人工智能技术，它可以为商家提供全面的市场分析、关键词优化、竞品调研等功能，旨在帮助商家发现蓝海市场并打造有潜力的产品。通过卖家精灵，商家可以更准确地分析市场趋势、竞品情况，以及潜在的关键词优化机会，从而为选品决策提供有力的支持。

#### 3．Keyword Spy

Keyword Spy 是一种在线工具，主要用于跟踪和检测竞争对手在搜索引擎中的关键词竞价信息。通过 Keyword Spy，商家可以获取竞争对手的关键词竞价策略和文案，从而深入了解其市场定位和营销策略。这对于制定差异化的选品策略和营销策略具有重要的参考价值。

#### 4．社交媒体上的 Hashtags

社交媒体如 Instagram、Twitter 等为跨境电商商家提供了大量关于消费者兴趣和流行趋势的信息。通过关注社交媒体上的 Hashtags（标签），商家可以快速了解当前的热销产品和流行趋势，从而发现潜在的市场需求，进而为自己制定营销策略提供依据。

【想一想】

数字化选品工具在不同国家的适用性如何？

【思考指引】

可以从目标市场的电商环境、消费者行为、文化背景及平台差异等方面进行阐述。

## 引导训练

### 训练：掌握数字化选品方法

下面以淘宝平台的生意参谋为例进行以品选品，其具体步骤如下。

步骤1，搜索关键词。在生意参谋中选择"市场"→"搜索排行"选项，查看消费者搜索词/趋势词/核心词/修饰词的热搜排行和飙升排行，了解类目下的消费者需求趋势，如图2-2所示。

图2-2 搜索排行

步骤2，分析相关关键词。在查看关键词分析的概况后，可通过"市场"→"搜索分析"→"相关分析"来查看相关热搜词和相关蓝海词的搜索人气、点击率、支付转化率、支付买家数、竞争度、天猫商品点击占比等数据，通过这些数据筛选高潜力关键词，如图2-3所示。

### 技巧提醒

一般筛选的数据指标如下。

① 搜索人气：表示该关键词在一段时间内的搜索量。高搜索人气意味着该关键词的市场需求大。

② 点击率：表示消费者在搜索后点击该关键词的比例。高点击率说明消费者对该关键词的关联内容感兴趣。

③ 支付转化率：表示消费者在点击后实际购买的比例。高支付转化率通常意味着消费者对产品具有较高的购买意愿。

④ 天猫商品点击占比：表示在搜索该关键词时，消费者点击网店的比例。该数据指标有助于商家了解市场竞争情况。

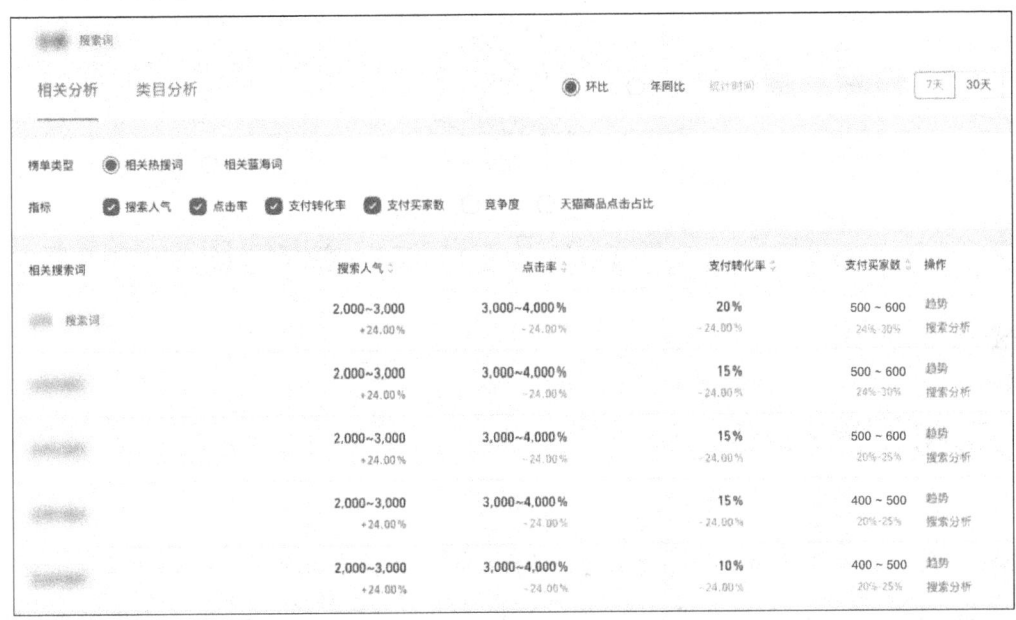

图 2-3　筛选高潜力关键词

步骤 3，分析高潜力关键词对应的产品。针对筛选出的高潜力关键词，要进一步分析其对应的产品。例如，在淘宝上搜索"平阳黄汤茶"这个关键词，可以了解这个关键词对应的产品的价格、销量、评价等信息，同时可以观察这些产品的款式、功能、材质等卖点（见图 2-4），以便在选品时能够找到差异化的竞争优势。

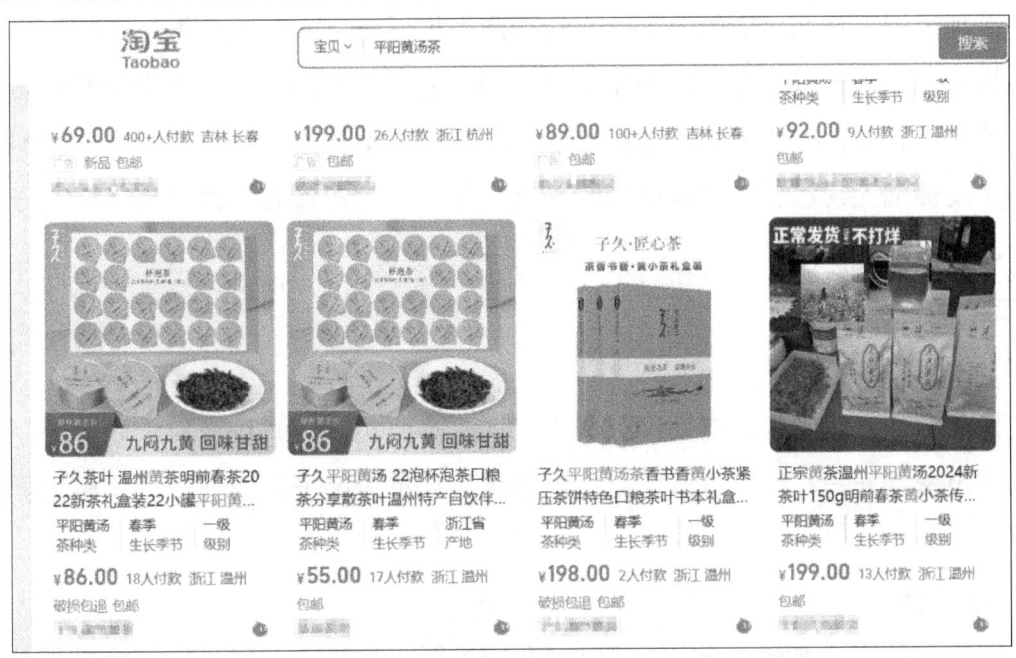

图 2-4　关键词"平阳黄汤茶"对应的产品搜索结果

## 自主演练

请扫描下方的二维码，获取自主演练任务，并利用从"引导训练"中学到的知识，完成自主演练任务。

# 任务二　突破国界，选择与开设网店

## 知识储备

### 储备一：我国网店的选择与开设

**问题：** 在电商基础运营中，选择合适的电商平台并成功开设网店是创业者迈向成功的关键一步。我国当前的主流电商平台众多，其中淘宝和拼多多以其独特的优势脱颖而出。那么，淘宝和拼多多各自具有哪些独特的优势呢？商家应如何根据自身需求和资源选择适合的电商平台开设网店呢？

#### （一）淘宝：电商巨擘，创业者的低成本首选平台

**1．淘宝简介**

淘宝是阿里巴巴集团旗下的一个综合性电商零售平台。作为我国最大的 C2C 电商平台之一，淘宝提供了一个开放、包容的网络市场环境，允许个人和企业在平台上开设店铺，并提供了丰富的产品种类，从日常生活用品到高端奢侈品都有涵盖，可以满足不同消费者的需求。淘宝提供了便捷的交易流程、完善的物流和支付服务，为消费者和商家提供了良好的购物和销售体验。

**2．淘宝的优势**

1）启动成本低

淘宝提供免费开店服务，初期投入成本低，不需要实体店面租金、装修费用，以及日常运营中的水电费等开销。商家可以依据市场需求和订单情况进行进货，避免积压货物导致的资金占用。

2）市场广阔

由于网络不受地域限制，商家能够触及全国乃至全球范围内的互联网用户，因此潜在客

户群体庞大。随着网购消费习惯的普及和深入人心，电商市场规模不断增长，这为网店提供了广阔的销售渠道。

3）经营方式灵活、便捷

商家可以根据市场变化快速调整产品线和营销策略，实现灵活经营。同时，淘宝提供了一系列增值服务，包括：旺铺计划，它能够有效地美化店铺形象，提升品牌形象；图片空间，它为商家提供了充足的存储空间，方便商家上传和管理产品图片；会员关系管理，它可以协助商家维护良好的客户关系，提升客户忠诚度和复购率。通过这些增值服务的支持，商家能够高效地经营店铺，从而提升整体竞争力。

4）配套服务与支持体系完善

淘宝有成熟的支付系统（支付宝）、物流合作网络、售后服务流程、多种推广和广告资源，可以为商家的经营提供全面的保障。同时，淘宝的活动丰富，如"双11""6·18"等大型促销活动可以帮助新店迅速提升知名度和销量。

5）有法律和政策保障

淘宝店铺受相关法律和政策保护，淘宝制定的各项规则可以维护买卖双方的权益。

### 3. 淘宝店铺的类型及开店所需的材料

淘宝店铺主要分为个人店、个体工商店及企业店，开设不同类型的淘宝店铺所需的材料不同，具体如表2-1所示。

表2-1　淘宝店铺的类型、定义及开店所需的材料

| 店铺的类型 | 店铺的定义 | 开店所需的材料 |
| --- | --- | --- |
| 个人店 | 以个人身份证为主体信息进行入驻的店铺 | （1）个人身份证人像面、国徽面的原件照。<br>（2）已经过实名认证的个人支付宝账号 |
| 个体工商店 | 以个人身份证或个体工商营业执照为主体信息进行入驻的店铺 | （1）个人身份证人像面、国徽面的原件照。<br>（2）已经过实名认证的个人支付宝账号或已经过实名认证的企业支付宝账号。<br>（3）属于入驻人本人的个体工商户营业执照 |
| 企业店 | 以企业营业执照为主体信息进行入驻的店铺 | （1）企业营业执照（类型处显示为××公司/企业/农民专用合作社等）。<br>（2）已经过实名认证的企业支付宝账号。<br>（3）法定代表人身份证人像面、国徽面的原件照。<br>（4）店铺经营人身份证人像面、国徽面的原件照（若法人本人可以操作扫脸认证，则可不准备） |

### （二）拼多多：社交电商新贵，拼团购物引领潮流

#### 1. 拼多多简介

拼多多是我国主要的电商平台之一，成立于2015年。拼多多以独特的社交电商模式和拼

团购物模式而闻名，用户可以在拼多多上发起拼团活动或参与他人发起的拼团活动，以获得更低的产品价格。拼多多在三、四线城市及农村市场有着广泛的用户基础，现已成为我国电商领域的重量级选手。

**2. 拼多多的优势**

1）入驻门槛低

相对其他电商平台来说，在拼多多上开设店铺所需的前期成本较低，入驻手续较为简单。无论是个人还是小微企业，只需要准备相关资质材料并通过审核即可开设店铺。拼多多对初创企业、个体户等小型商家十分友好。

2）用户群体庞大

拼多多拥有海量的活跃用户，尤其吸引年轻人与中老年人群。商家可以通过这个平台迅速提高其产品的曝光率，并借助拼团购物模式提升销量。

3）多店铺运营政策宽松

在拼多多上，商家可以用一张身份证开设多个店铺（每个店铺都需绑定独立的手机号），这为手握多种资源的商家提供了同时经营多个店铺的机会，有助于商家实现销售额最大化。

4）规则相对简洁但严格

虽然拼多多的规则比淘宝等电商平台的规则少，但其执行力度大，商家一旦违规，就会受到严重的处罚。在遵守规则的前提下，商家能享受到更自由的经营环境。随着拼多多的发展，其规则在不断完善之中。

5）拼团购物模式独特

拼多多主打拼团购物的模式，通过团购优惠促销，促使消费者主动邀请好友一起来购买。这种模式能够帮助商家快速积累销量，让客单价不高的产品也能通过较高的销量来提高盈利水平。

6）佣金相对较低

相对其他电商平台来说，拼多多的佣金较低，可以减轻商家的成本压力，从而帮商家提高利润率。

7）品类丰富，覆盖面广

拼多多涵盖了众多产品品类，商家可以根据市场需求上线合适的产品，并利用拼多多的影响力，让自己的产品覆盖全国范围内的消费者，以获得更多的销售机会。

**3. 拼多多店铺的类型及所需的资质**

拼多多店铺主要有个人店和企业店，其中个人店主要有个人、个体工商户两种类型；企业店主要有普通店、专营店、专卖店、旗舰店4种类型，它们所需的资质如表2-2所示。

表 2-2　拼多多店铺的类型及所需的资质

| 店铺的类型 | | 所需的资质 | 详细描述 |
|---|---|---|---|
| 个人店 | 个人 | 身份证 | （1）身份证：必须是中国大陆身份证，距离有效期截止时间应大于 1 个月，证件图片应清晰，图片上传时不要倒置。 |
| | 个体工商户 | 身份证<br>个体工商户营业执照 | （2）个人工商户营业执照：需要上传原件，属于入驻人的个体工商户营业执照，企业类型为个体户性质，距离有效期截止时间应大于 1 个月，证件图片应清晰 |
| 企业店 | 普通店 | 管理人身份证、法人身份证、企业"三证" | （1）企业"三证"：目前，根据国家相关政策，企业"三证"（企业营业执照、组织机构代码和税务登记证）已合并为单一证照，即营业执照，因此只需提供最新版的营业执照即可。 |
| | 专营店 | 主体资质：管理人身份证、法人身份证、企业"三证"。<br>品牌资质：商标注册证、一级独占授权书 | （2）商标注册证：商标注册证是品牌合法性的重要证明。已注册的商标呈现为 R 状态，而正在申请注册中的商标呈现为 TM 状态，但申请时间需满 6 个月。此外，商标注册证的有效期应至少剩余 1 个月，且上 |
| | 专卖店 | 主体资质：管理人身份证、法人身份证、企业"三证"。<br>品牌资质：商标注册证、授权书 | 传的证件图片应清晰、方向正确，以确保平台的审核顺利进行。 |
| | 旗舰店 | 主体资质：管理人身份证、法人身份证、企业"三证"。<br>品牌资质：商标注册证、授权书 | （3）授权书：若商标注册证或受理书上的注册人/申请人并非店铺的实际入驻主体，则入驻主体需要提供商标权利人的授权书。授权书应明确说明授权范围、期限及授权级别，且授权层级不得超过 4 级。若商标注册证或受理书上的注册人/申请人是店铺的入驻主体，则无须提供额外的授权书 |

【想一想】

作为一位电商创业者，你正在考虑在淘宝和拼多多之间选择一个平台开设网店。请结合自身的资源和需求，说明你会选择哪个平台，并给出理由。

【思考指引】

可从自身所具备的优势、资源及开设网店的需求，以及平台的优势等方面进行阐述。

## 储备二：东南亚地区跨境网店的选择与开设

**问题：** 有意开拓东南亚市场的中国商家在选择要入驻的跨境电商平台时，应如何根据 Lazada 和 Shopee 的平台特点、优势及入驻条件，做出最适合自身发展的平台选择决策？在做决策时，商家需要关注哪些关键要素？

**（一）Lazada：东南亚电商领航者，商家入驻的首选**

### 1. Lazada 简介

Lazada 成立于 2012 年，总部位于新加坡，现已成为东南亚地区领先的在线购物平台；主要经营 3C 产品、家居用品、玩具、时尚服饰、运动器材等多种产品，覆盖印度尼西亚、马来西亚、菲律宾、新加坡、泰国、越南 6 个国家。

Lazada 的优势具体体现在以下几个方面。

（1）Lazada 拥有成熟的运营模式及技术，阿里巴巴为 Lazada 提供了模式及技术的坚实后盾。

（2）Lazada 拥有完善的保障体系。Lazada 不会随意对商家进行罚款，也不会随意接受消费者退货，可以最大限度地保障商家的权益。

（3）Lazada 在东南亚地区建立了最大的"货到付款"服务网络，为消费者提供了便捷的支付方式。

（4）Lazada 在东南亚地区已建成超过 3000 个自提点，确保快递可以送达每一个角落，为消费者提供了便捷的取货方式。

（5）Lazada 的发展势头迅猛，其整体订单数持续高速增长，显示出巨大的市场潜力。

（6）在开店前，Lazada 不向商家收取任何费用，包括月费和上架费，降低了商家的入驻成本。

（7）Lazada 对产品质量有严格的控制，确保为消费者提供优质的产品。

### 2. Lazada 的入驻条件[①]

对中国的商家来说，入驻 Lazada 需要满足一定的基础条件：首先，商家需要拥有在中国注册的合法企业营业执照，具备合法经营资质；其次，商家的产品必须符合中国的出口要求及目标市场的进口要求；最后，商家需要具备一定的跨境电商经验，以应对平台运营的挑战。

除了基础条件，还有一些加分项能够提高商家的入驻成功率：首先，拥有专职人员运营店铺能够确保店铺的持续运营和服务优质；其次，运营自有品牌或成为品牌一级代理商能够提高产品的独特性和竞争力；最后，具有货源优势能够确保产品的稳定供应和提供产品质量保证。

在准备入驻 Lazada 时，商家需要提供以下材料。

（1）登记表格：商家需要在登记表格中填写企业和申请人的中文及英文名字，并用英文填写地址。

（2）New MP Seller Account Information 表格：这是 Lazada 要求的商家账户信息表格，商家需要按照 Lazada 提供的模板进行填写。

---

① 本书中关于平台入驻条件的描述与平台的规则和说法一致，后文同。

（3）申请企业的营业执照：商家需要提供加盖企业公章的营业执照复印件，确保企业信息与入驻材料一致。

（4）申请人或法人的身份证复印件：商家需要提供申请人或法人的身份证复印件，并确保信息清晰可辨。

（5）与注册企业名一致的 Payoneer 企业账户：作为跨境电商平台，Lazada 要求商家拥有与注册企业名称一致的 Payoneer 企业账户，以方便资金结算和提现。

### （二）Shopee：跨境出海新航道，东南亚及拉美一站通

#### 1．Shopee 简介

Shopee 是东南亚地区的一个领航跨境电商平台，致力于提供一站式跨境出海方案，为有跨境需求的企业及品牌提供出口到东南亚及拉美市场的机会。目前，Shopee 已累计覆盖新加坡、马来西亚、菲律宾、泰国、越南、巴西、墨西哥、哥伦比亚、智利等十余个市场，同时在中国的深圳、上海和香港设立了跨境业务办公室。

#### 2．Shopee 的入驻条件

商家入驻 Shopee 需要满足以下条件。

##### 1）拥有营业执照

商家需要拥有在中国内地或香港注册的合法企业营业执照或个体工商户营业执照。企业营业执照或个体工商户营业执照必须在有效期内，且不能是已注销的营业执照。根据相关规定，Shopee 会对企业的经营异常情况进行查询。若有异常情况，则商家需要在解决异常情况后再提交入驻申请。如果商家所持的营业执照是新注册的，那么需要等待该营业执照在国家信息公示网上能查询到之后才能提交入驻申请。

##### 2）所经营的产品符合当地的出口要求及目标市场的进口要求

商家所经营的产品必须符合当地的出口要求及目标市场的进口要求。

##### 3）具备一定的跨境电商经验

商家需要具备一定的跨境电商经验，包括欧美、东南亚、拉美等地区的主流跨境电商平台的运营经验。

#### 3．入驻材料准备

商家在入驻 Shopee 前需要提前准备好所需的材料，以便快速完成入驻。商家需要准备的入驻材料分为 4 类，分别是法人材料、基本信息、企业信息及其他验证材料。

##### 1）法人材料

法人材料包括法人身份证正反面照片（用于实名认证）、法人根据提示录制的认证小视频，法人必须是营业执照上的法人，且录制视频时需要按照提示进行，不可进行过度美颜和修图。

2）基本信息

基本信息包括联系人的姓名、企业邮箱、联系人的手机号、过往的主要运营经验。其中，过往的主要运营经验一经选择，便无法更改。因此，商家需要根据自身的真实情况进行选择。过往的主要运营经验的类型如表 2-3 所示。

表 2-3　过往的主要运营经验的类型

| 运营经验的类型 | 具体经验 |
| --- | --- |
| 跨境电商 | 具备跨境电商经验，如具备亚马逊、eBay、Wish、阿里巴巴国际站等跨境电商平台的运营经验 |
| 内贸电商 | 具备国内电商经验，如具备淘宝、京东、拼多多、1688 等国内电商平台的运营经验 |
| 传统外贸 | B2B 接国际订单 |
| 传统内贸 | B2B 接国内订单 |
| 无经验 | 没有任何经验 |

3）企业信息

企业信息主要包括营业执照原件（正副本）照片、营业执照企业名称、营业执照统一企业信用代码及办公地址。在上传营业执照原件(正副本)照片时,商家需提供从未入驻过 Shopee 的营业执照，如果申请入驻过 Shopee 但没通过或由于某些原因而店铺关闭了，那么商家应与招商经理联系；如果是新申请的营业执照，那么商家必须在国家信息公示网上能查询到该营业执照后，才可申请入驻，否则可能会被判定为虚假入驻，材料作废。商家在填写营业执照统一企业信用代码时，必须确保所填信息与营业执照（正本）完全一致，注意区分字母和数字，如字母 O 和数字 0；在填写办公地址时，要填写真实的地址，注意不要选错省、市、行政区。

4）其他验证材料

其他验证材料一般在复审时提交，初审时不必提交。通常，初审材料不清晰才会导致需要复审。其他验证材料包括法人手持营业执照且在 3 天内拍摄的视频，人脸需清晰，不可以佩戴口罩、帽子等遮盖面容的物品，以确保人脸与身份证照片中的头像一致，并可被清楚地辨认出为同一人。

【想一想】

在对比 Lazada 和 Shopee 时，商家应该如何根据自身的业务特点和市场定位，权衡平台的特点和优势？

【思考指引】

可以从产品类别、目标市场、运营成本、平台服务、竞争环境等角度思考，以判断哪个平台更符合其业务发展的需求。

## 引导训练

### 训练一：掌握我国网店开设的方法

下面以拼多多为例介绍我国网店开设的方法，其具体步骤如下。

步骤1，准备入驻材料。不同的店铺类型、主营类目所需的入驻资质不同。为了保证一次性通过审核，在注册账号前，商家需要按照要求提前将入驻材料准备齐全。拼多多商家个人店的入驻资质要求如图2-5所示。根据入驻资质要求，商家可以明确需要准备的入驻材料有哪些。

图2-5　拼多多商家个人店的入驻资质要求

步骤2，注册商家账号。商家先进入拼多多官方网站，再进入商家入驻页面（见图2-6），按照要求填写手机号、设置密码和填写验证码，单击"0元入驻"按钮，即可完成商家账号注册。

图2-6　拼多多商家入驻页面

步骤 3，选择店铺类型。商家进入店铺类型选择页面，根据自身需求选择店铺类型。不同店铺类型需要的入驻资质不同。为方便操作，本次训练选择开设个人店。

步骤 4，填写店铺信息。在选择完店铺类型后，商家需要根据页面提示填写店铺基本信息、开店人基本信息及选填信息等，如图 2-7 所示。

图 2-7　填写店铺信息

## 技巧提醒

- 店铺基本信息包括店铺名称和主营类目。在填写开店人基本信息时，商家需要上传身份证照片，并进行人脸识别。
- 在提交店铺信息后，商家需要进行实名认证，在认证成功后要再次检查店铺信息，在无误确认后提交店铺信息并等待审核。

步骤 5，等待审核。在提交店铺信息后，商家需要耐心等待拼多多后台的审核。审核时间通常是 2 个工作日，无论审核通过与否，拼多多都会通过短信告知商家审核结果。若审核通过，则表示开店成功。

### 训练二：掌握东南亚地区跨境网店开设的方法

下面以 Shopee 为例介绍东南亚地区跨境网店开设的方法，其具体步骤如下。

步骤1，准备入驻材料。与入驻我国电商平台一样，商家在入驻东南亚地区的跨境电商平台前也需要准备好相应的入驻材料。商家可以进入 Shopee 官方网站，通过"入驻指南"→"入驻流程"查看开店材料准备视频（见图2-8），详细了解入驻 Shopee 需要准备的材料。

图 2-8　Shopee 开店材料准备

步骤2，注册主账号。商家进入 Shopee 官方网站，单击右上角或页面中间的"立即入驻"按钮（见图2-9），阅读入驻说明，单击"填写申请表"按钮，进入登录主账号页面（见图2-10），注册主账号。

图 2-9　单击"立即入驻"按钮

图 2-10　登录主账号页面

步骤3，填写入驻材料。商家在完成主账号注册后，登录主账号，单击"立即申请入驻"

按钮，填写入驻材料（包括法人实名认证信息、基本信息、企业信息、店铺信息等基本信息），单击"提交"按钮。

步骤 4，等待资质审核。在提交入驻材料后，进入初审阶段。初审为 5 个工作日，复审为 7 个工作日。商家可以随时进入 Shopee 官方网站，登录主账号，查看审核进度。如果需要补充/修改入驻材料，那么商家应及时进行补充/修改，避免因为长期没有补充/修改入驻材料而导致入驻材料不能被补充/修改。

步骤 5，激活店铺销售权。在入驻材料审核通过，成功绑定收款账号，并确保店铺对应的 Shopee 账号（用同一个营业执照注册的 Shopee 账号）中有足额的商家保证金后，店铺的销售权会被自动激活，店铺即可面向消费者正式营业。

## 自主演练

请扫描下方的二维码，获取自主演练任务，并利用从"引导训练"中学到的知识，完成自主演练任务。

---

## 任务三　发布产品，玩转农产品发布与管理技巧

## 知识储备

### 储备一：农产品发布前的准备工作

**问题：** 在发布农产品前，商家需要进行一系列细致的准备工作。这些工作涵盖了证件与资质的准备、农产品信息的整理及物流配套方案的制订。在农产品发布前的准备工作中，商家需要关注哪些核心要素，以确保农产品信息的准确性和完整性？这些核心要素在农产品发布过程中的重要性如何？

在发布农产品之前，商家需要进行一系列的准备工作，以确保农产品信息的准确性和完整性。

（一）证件齐全，资质完备：筑牢农产品销售基石

**1. 食品经营许可证或备案凭证**

在销售农产品时，商家需要提供相应的食品经营许可证或备案凭证。不同电商平台对农

产品的销售要求有所不同，因此商家需要仔细了解并遵循自己所选电商平台的规定。例如，淘宝要求商家提供食品经营许可证或备案凭证，以确保农产品的安全性和合法性。东南亚地区的跨境电商平台对农产品销售也有相应的资质要求，商家需要了解这些资质要求并满足相关规定。

### 2．产品质量证明

除了食品经营许可证或备案凭证，如果农产品是有机食品、绿色食品等特色产品，那么商家还需要提供相应的认证证书或其他质量保证文件等证明文件。这些证明文件能够为消费者提供可靠的农产品质量证明，提高消费者对农产品的信任度。

### （二）信息详尽，视觉呈现：全方位展示农产品的核心价值

#### 1．产品图片

为了提供高质量的产品展示，商家需要制作清晰、美观的产品图片。产品图片应展示农产品的不同角度和细节，如种植环境、产品包装、仓储与运输等。通过现场拍照或供应商提供等方式，获得丰富的素材，并结合产品特点和文案，进行正面、侧面、细节的展示，这样制作出来的产品图片将有助于提高农产品在电商平台上的点击率和转化率。

#### 2．产品文案

##### 1）基础文案

基础文案应全面、准确地描述农产品，包括其种植环境、储存方式、打包方式、运输条件、功能特点和使用方法等。商家应以清晰、有条理的方式呈现基础文案，同时保持基础文案的真实性和科学性。基础文案的目标是使消费者全面了解农产品，并为其提供做购买决策的依据。

##### 2）活动文案

结合农产品的特点和营销目标，活动文案应突出农产品的卖点，并清晰地介绍活动主题、活动周期和活动规则。这样的文案有助于吸引消费者的注意力，并促使其参与活动、购买产品。

#### 3．视频素材

视频素材能够直观地展示农产品，帮助消费者了解农产品的外观、品质和特点。视频内容可以聚焦于农产品的卖点和使用场景，以及食品安全、仓储与运输等方面的介绍。在制作视频之前，商家需要通过多种方式收集和整理必要的素材，如现场拍摄视频、让供应商提供视频等，并根据视频脚本对视频进行必要的裁剪和特效处理。

#### 4．价格设定

在设定农产品的价格时，商家需要考虑成本、市场需求和竞争情况等因素。同时，为了提高农产品的竞争力，商家可以考虑提供包邮服务、开展满减等促销活动。合理的价格设定

和市场定位有助于提高农产品的销量和利润。

### （三）物流配套方案：保鲜速达，安心到家

#### 1. 保鲜与包装

农产品的新鲜度和完整性对于其质量和口感至关重要。因此，在物流过程中，商家必须采取一系列措施来确保农产品的新鲜度和完整性。其中，选择适当的包装材料和包装方式至关重要。包装材料应具备足够强的保护性能，能够防止农产品在运输过程中受到挤压、发生破损或变质。包装方式应根据农产品的特点和运输条件进行合理设计，以确保农产品在运输过程中能够保持其新鲜度和品质。

此外，对于需要特殊保鲜条件的农产品，如需要冷藏或保鲜的水果和蔬菜，商家应选择与具备相应设备的物流服务商进行合作。这样能够确保农产品在运输过程中始终处于适当的温度和湿度条件下，以保持其新鲜度和品质。

#### 2. 与物流服务商合作

为了确保农产品能够被及时、安全地送到消费者手中，商家与具备良好冷链或快速投递能力的物流服务商建立合作关系是必要的。这些物流服务商通常具备先进的物流设备和专业的配送团队，能够提供高效、可靠的物流服务。

---

**【想一想】**

除了以上介绍的农产品发布前的准备工作，你还知道哪些准备工作？请简要介绍一下。

**【思考指引】**

可从市场调研、产品定位、竞争分析、推广策略、售后服务准备等角度思考并确定农产品发布前的各项准备工作。

---

## 储备二：产品发布流程

**问题：** 在发布产品时，为了提升产品的曝光率和点击率，商家应该如何精准选择产品类目并制作产品标题？

不管是国内的还是国外的电商平台，其产品发布流程都比较简洁。下面着重对产品发布流程中的要点进行归纳。

### （一）产品类目选择：精准定位，类目寻宝

在进行产品类目选择时，如果商家不确定产品所属的类目，那么可以通过浏览电商平台提供的分类导航、使用关键词搜索功能、参考同行的类目选择、咨询电商平台客服等方法进行查找和确定。例如，对于温州鸭舌这个产品，商家可以在淘宝上使用关键词搜索功能，输

入"温州鸭舌"等相关关键词，查看系统推荐的类目或产品搜索结果，从而确定该产品所属的类目，如图 2-11 所示。此外，商家还可以参考同行的类目选择，观察其他商家将温州鸭舌归入哪些类目，以作为自己的参考。如果仍然无法确定，那么商家可以联系淘宝客服进行咨询，以获取专业的建议和指导。

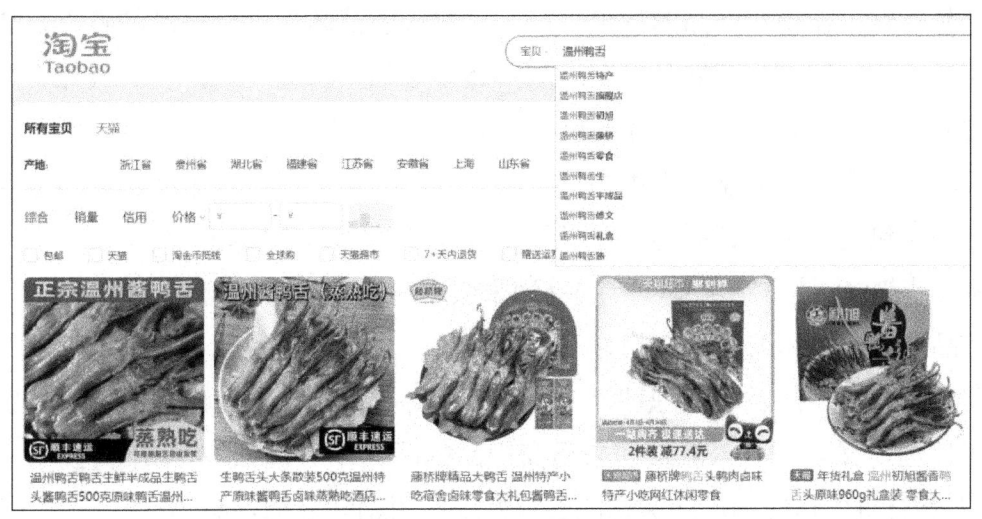

图 2-11　关键词搜索功能

在选择产品类目时，商家需要确保选择的产品类目与产品的实际属性相符。例如，对于温州鸭舌，商家应将其归入与食品或特产相关的产品类目，而不是其他无关的产品类目。选择与产品关联度高的产品类目可以提高产品的曝光率和点击率。同时，商家应遵循淘宝的分类标准和规定，避免因违规操作而导致被淘宝处罚。

## （二）产品标题制作：妙笔生花，标题吸睛

### 1．产品标题制作的方法

在制作产品标题时，商家应确保产品标题符合消费者的搜索习惯。商家可以运用产品标题制作三段法来提升产品的曝光率和点击率。该方法主要包括 3 个部分：核心词、属性词和流量词，具体示例如表 2-4 所示。

表 2-4　产品标题制作三段法示例

| 产品标题制作三段法的内容 | 示例 |
| --- | --- |
| 核心词 | 对平阳黄汤茶来说，核心词是"平阳黄汤" |
| 属性词 | 对平阳黄汤茶来说，属性词可以是茶叶的产地、品种、年份、等级、包装、口感等。加入属性词后的产品标题示例：平阳黄汤茶-浙江名产-醇厚口感/平阳黄汤茶-2024 年新茶-特级 |
| 流量词 | 对平阳黄汤茶来说，流量词可以是"健康茶饮""礼品茶""天然有机""限时优惠"等。加入流量词后的产品标题示例：平阳黄汤茶-浙江名产-醇厚口感-天然有机茶饮-买一送一优惠/平阳黄汤茶-2024 年新茶-特级-天然有机-送礼自用两相宜 |

**2．产品标题制作的注意事项**

（1）产品标题应包括产品关键词。产品标题应包括产品关键词，确保消费者能够通过搜索这些关键词精准地找到商家的产品。例如，对于平阳黄汤茶，商家可以考虑将"黄汤""茶叶"等关键词纳入产品标题中。

（2）产品标题应能展示产品的特点。产品标题应能清晰地展示产品的特点，如颜色、尺寸、规格、材质等。例如，商家可以在产品标题中添加"特级""有机""天然"等形容词来描述茶叶的品质，或者具体说明茶叶的包装和规格，如"精美礼盒装""50克罐装"等。

（3）产品标题应显示商家能提供的特色服务。产品标题可以突出商家的特色服务，如快速发货、定制化包装、免费试喝等，以吸引消费者的注意力。例如，商家可以在产品标题中添加"快速发货""支持定制包装"等关键词来突出商家的服务优势。

（4）产品标题应多用形容词来描述产品。商家可以在产品标题中多使用形容词来描述产品的特点和属性，如"清香""醇厚""口感浓郁"等。同时，商家应尽量写满关键词，既可以多填写属性词，又可以引入流量词来提高产品的曝光率。例如，"平阳黄汤茶-清香怡人-口感醇厚-天然有机"这样的产品标题能够很好地吸引消费者的注意力。

（5）产品标题应符合电商平台的要求。不同的电商平台对产品标题的长度和格式有不同的要求。商家在制作产品标题时，应仔细阅读电商平台的规定，确保产品标题符合电商平台的要求。例如，淘宝对产品标题的长度要求为不能超过60个字符（含空格），而Lazada对产品标题的长度要求为不能超过255个字符（含空格）。

### （三）产品属性选择：优选属性，流量爆棚

在发布产品时，商家应尽量将产品属性填写完整，并尽可能选择最优的产品属性，也就是近期最热门的产品属性，以使流量达到最大化。以在淘宝上发布温州鸭舌为例，温州鸭舌的口味属性包括麻辣、原味、五香等，这时，商家就要去淘宝首页搜索这些属性哪个更受欢迎，并据此做出选择。

### （四）产品详情页制作：图文并茂，详情诱人

对商家来说，优秀的产品详情页不仅能展示产品的特点和优势，还能激发消费者的购买欲望，从而提高转化率。商家在设计产品详情页时，需要注意以下几个方面。

**1．确保产品详情页的设计简洁明了、信息丰富**

过多的图片和文字可能会让消费者感到混乱，而简洁的设计则更容易吸引消费者的注意力。同时，产品详情页要提供详细的产品信息，包括产品的尺寸、材质、使用方法等，以便消费者更好地了解产品。

**2．注重图片的质量和美观度**

高质量、高清晰度的图片能够更好地展示产品的特点和细节，增强消费者的购买信心。

此外，适当使用美化和修饰技巧，如调整色彩、添加边框等，也可以让图片更加吸引人。

### 3．突出产品的卖点

每个产品都有其独特的卖点，如具有价格优势、品质有保证、品牌知名度高等。在产品详情页上突出这些卖点，能够很好地吸引消费者的注意力，从而提高转化率。

### 4．合理使用对比图和消费者评价

对比图可以让消费者直观地了解产品的优势和与其他产品的差异，而消费者评价则可以增强消费者对产品的信任和购买信心。

### 5．注意产品详情页的加载速度

如果产品详情页的加载速度过慢，消费者就可能会因为失去耐心而离开。因此，商家需要优化图片的大小和格式，确保产品详情页能被快速加载。

## 储备三：产品发布后的管理技巧

**问题：** 产品发布后的管理技巧对网店运营来说至关重要，它涵盖了产品管理的多个方面，如产品上/下架、产品信息修改、库存管理，以及一系列优化技巧等。在发布产品后，商家在进行产品管理时应重点关注哪些关键环节？这些关键环节对提升产品销售效果有什么作用？

### （一）产品管理的内容：产品管控，运营无忧

产品管理是网店运营的核心环节。商家在发布产品后，为了保持网店的顺利运转，并与消费者建立稳定、和谐的交易关系，需要持续关注产品的上/下架、信息修改等管理工作。不同电商平台的产品管理内容可能存在差异，但大体上可以归纳为以下几个关键的方面。

#### 1．产品上/下架

上/下架产品是网店运营的基础操作。商家需要根据市场需求、季节变化、促销活动等因素，及时将新品上架或对库存不足、销售情况不佳的产品进行下架处理，以保持产品的新鲜度和吸引力，满足消费者的购物需求。

#### 2．产品信息修改

随着市场环境的变化或产品本身的调整，商家可以通过产品发布页面对产品信息进行修改，如修改产品标题、产品描述、产品规格、产品价格等信息，确保产品信息的准确性和时效性。

#### 3．库存管理

商家需要密切关注产品的库存情况，避免出现缺货或积压现象。对于库存不足的产品，商家应及时进行补货或调整销售策略；对于库存过剩的产品，商家应考虑进行促销活动或调

整定价策略，以减轻库存压力。

### 4．促销管理

商家可以通过电商平台提供的促销工具，如满减、折扣、赠品等，吸引消费者的注意力。同时，商家要配合适当的广告宣传和营销策略，提高产品的曝光率。

### （二）产品管理技巧：巧手管理，销量飙升

#### 1．产品标题与关键词优化

简短而精确且关键词突出的产品标题是引导消费者搜索并找到产品的关键。产品标题应尽量简短，避免冗长和复杂的命名。产品标题中关键词的选取应聚焦于能突出产品特点和优势的词汇，确保消费者在搜索时能够快速找到产品。同时，在产品详情页进一步补充细节描述，可以帮助消费者更全面地了解产品。

#### 2．准确分类产品

准确分类产品对提高消费者的搜索效率和增加产品曝光量来说至关重要。产品分类信息的划分应当精确，确保产品能被归入最合适的类别中，这样消费者在浏览和搜索时才能更轻松地找到产品。

#### 3．产品 SKU 数量优化

适当地增加产品 SKU（库存量单位）数量有助于满足更多消费者的需求，提升店铺的曝光率与流量。尤其对于热销品类，增加产品 SKU 可以进一步提升销售效果。同时，关注电商平台各分类下的产品 SKU 数量分布，有助于商家了解哪些类目的产品在电商平台上有更大的市场需求。

#### 4．产品图片优化

清晰、专业的产品主图能够迅速吸引消费者的注意力。除了确保产品主图的质量，提供多角度、细节丰富的产品图片（如产品 360 度展示图）也是提高转化率的方法之一。研究表明，提供多样化的产品图片能够提高消费者的购买意愿。

#### 5．产品定价优化

产品价格是影响消费者决策的重要因素。在进行产品定价时，进行竞品分析至关重要。研究同类型产品的价格分布有助于制定更有竞争力的定价策略。同时，商家应比较线上与线下的产品价格，了解市场行情，以便制定出合理的定价策略。利用 Lazada 的最低价功能或提供有吸引力的折扣，能够增加产品的吸引力。

#### 6．产品详情页优化

产品详情页优化是产品销售中至关重要的一环。为了提高转化率和提升消费者体验，商家需要深入了解消费者的需求，直击消费者的痛点，并充分分析产品的特点；在此基础上，

精心设计产品卖点，按照消费者的浏览习惯进行规划，确保产品详情页的内容布局合理、信息准确且翔实。商家采用"整体—卖点—细节—详细信息—其他"的思路，能够有效地引导消费者逐步深入了解产品，从而提高其购买决策的效率。通过不断地被优化，产品详情页将更加专业、严谨，从而能够有效提升产品的销售效果。

## 引导训练

### 训练一：掌握产品发布流程

下面以 Lazada 为例介绍产品发布流程。

步骤 1，登录网店账号。进入 Lazada 官方网站，选择商家后台，在商家后台填写账号和密码（见图 2-12），单击"Sign in"按钮。

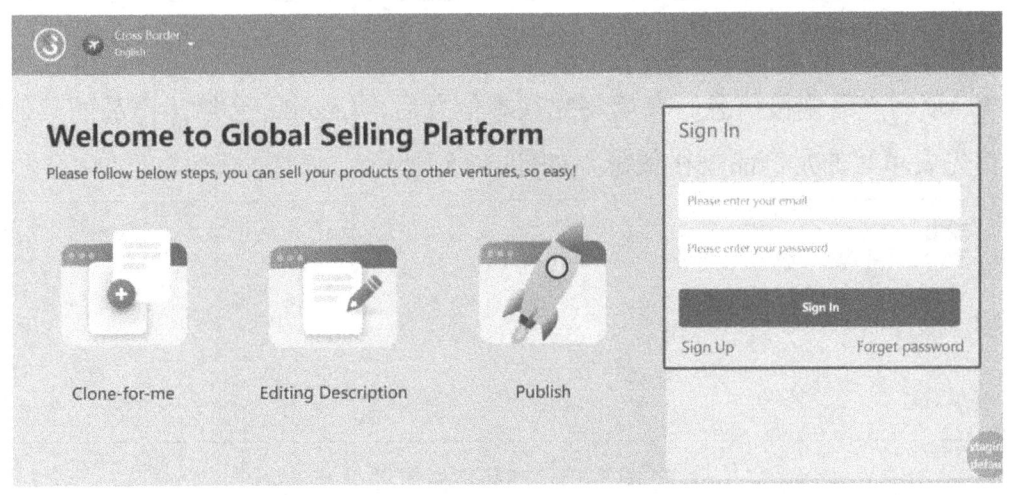

图 2-12　Lazada 商家后台登录页面

步骤 2，进入商品管理页面。在进入商家后台后，选择"商品管理"→"发布跨境商品"选项，进入商品管理页面，如图 2-13 所示。

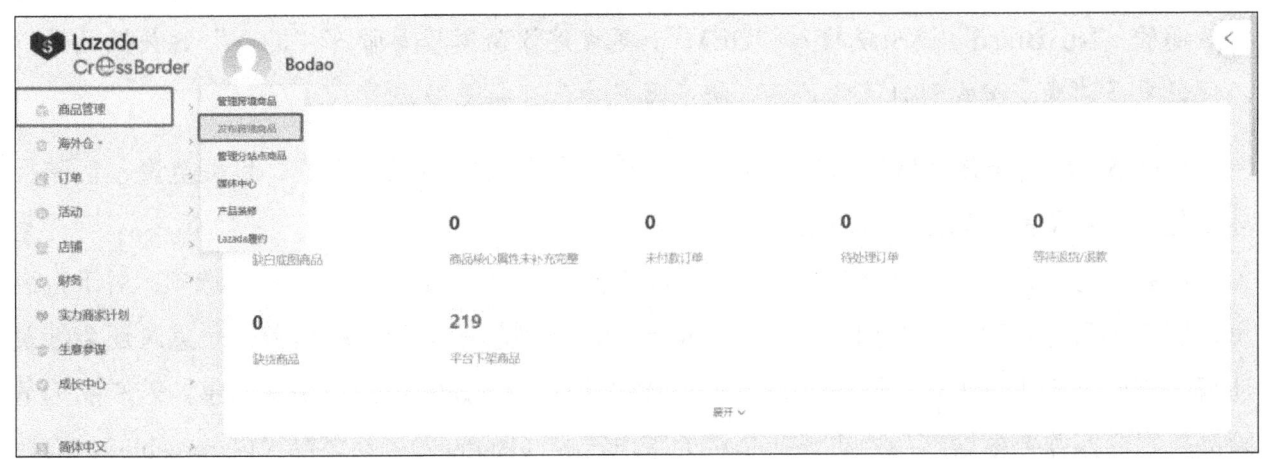

图 2-13　商品管理页面

步骤 3，填写基本信息。在基本信息页面中添加产品图片、填写产品标题、类别等基本信息，如图 2-14 所示。

图 2-14　基本信息页面

步骤 4，填写产品规格信息。在填写完基本信息后，Lazada 会给出产品的其他信息让商家填写，首先要填写的是产品规格信息，如图 2-15 所示。

图 2-15　产品规格信息

 **技巧提醒**

商家在 Lazada 上填写品牌时，如果产品有品牌且在品牌库就填写；如果没有品牌，就选择后面的"No Brand"选项或输入"OEM"。笔者建议商家填写带有"KEY"的关键属性，以便让更多消费者搜索到自己的产品，提高曝光率和获得更多流量。

步骤 5，填写送货及保修信息。送货及保修信息主要包括保修类型、包裹重量、包装尺寸及是否为危险品，如图 2-16 所示。

需要注意的是，对于保修类型，商家可以选择"No Warranty"（无保修）选项；对于包裹重量和包装尺寸，商家需要如实填写，该信息会影响国际运费和末端运费，严重时还会涉及违规，因此商家不可大意，同时，在选择包装尺寸后，Lazada 会给出快递信息；若产品为危险品，则商家需要根据产品特质选择是否为带电产品（Battery）、易燃品（Flammable）、液体（Liquid）；若产品不是危险品，则商家需要选择否（None）。

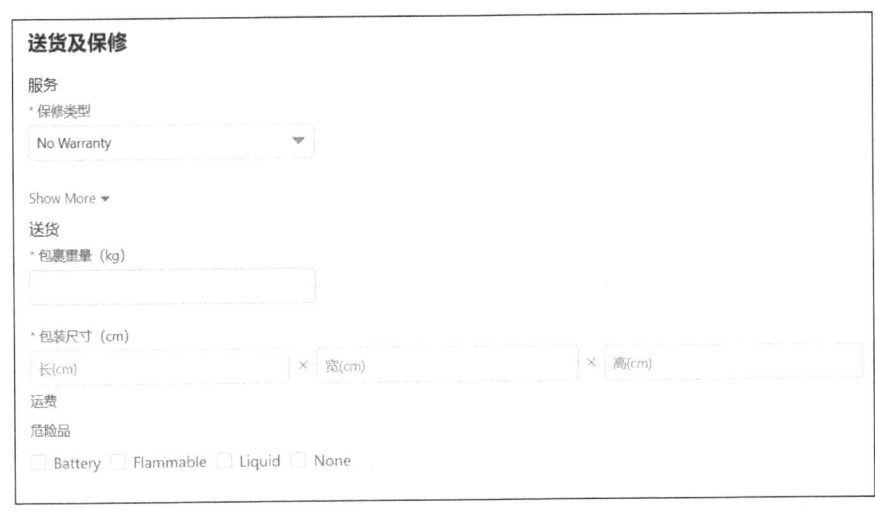

图 2-16　送货及保修信息

步骤 6，填写产品的不同属性信息。不同属性信息主要包括产品的属性、价格和库存，如图 2-17 所示。商家可以根据库存设置 SKU 价格，进行促销活动的设置。

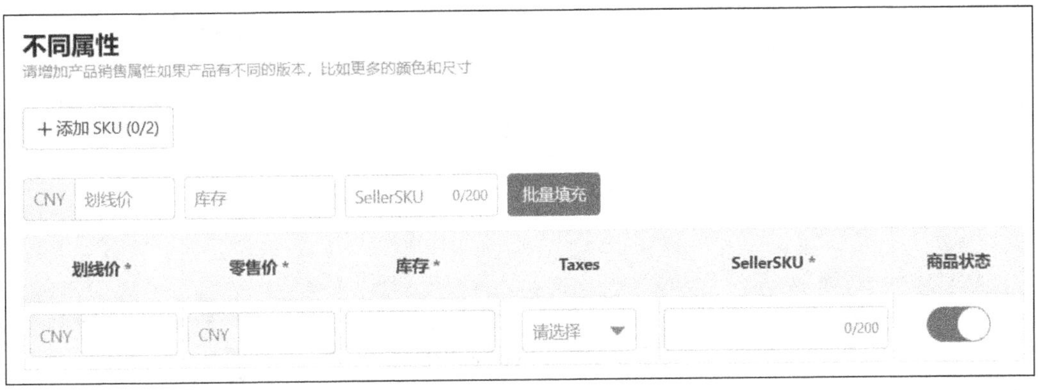

图 2-17　不同属性信息

需要注意的是，当填写多个属性并创建变量时，商家应基于选择的类目填写对应的属性和属性值。

步骤 7，填写产品描述信息。产品描述信息分为详细描述和产品亮点两个部分，如图 2-18 所示。产品描述信息中的卖点必须是客观事实，应突出此产品与同类产品的不同之处。

步骤 8，选择其他信息。选择其他信息主要是选择将内容发布至 Lazada 的哪个站点。Lazada 的站点主要包括新加坡、泰国、越南、菲律宾、印尼及马来西亚站点。

步骤 9，保存和提交产品信息。在将产品信息填写完整后，商家可以将产品信息保存成草稿或立即提交。若商家在编辑过程中需要退出产品信息编辑页面，则可以先将产品信息保存成草稿，当再次进入产品信息编辑页面时，单击"OK"按钮，即可进入未发布的产品信息编辑页面。需要注意的是，Lazada 的保存草稿功能只能使用一次。若产品信息已编辑完成，则单击"提交"按钮即可发布产品。

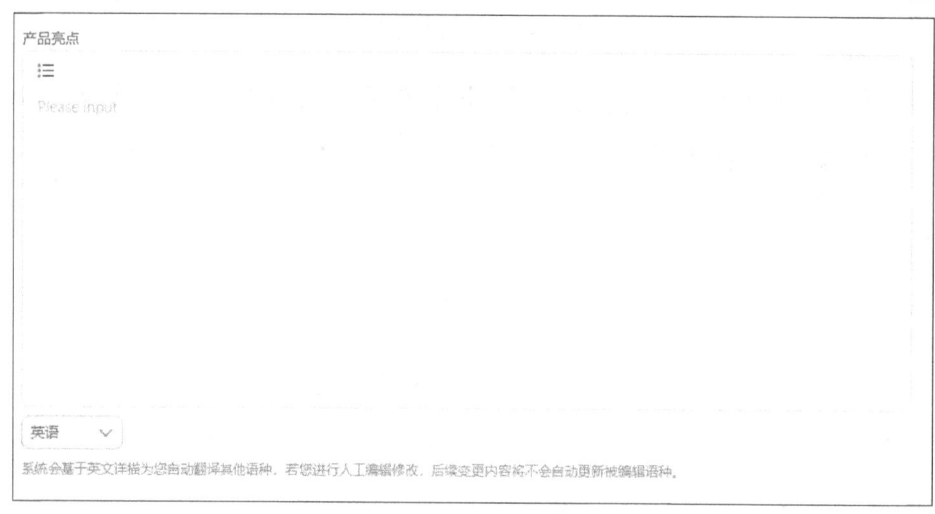

图 2-18  产品描述信息

## 训练二：掌握产品发布后的管理技巧

下面继续以 Lazada 为例讲解产品发布后的管理技巧。

步骤 1，修改产品信息。商家可以选择"商品管理"→"管理跨境商品"选项，在进入的页面中的任何一个产品信息后，单击"编辑"按钮（见图 2-19），进入编辑产品页面（见图 2-20），对产品信息进行修改。在修改完产品信息之后，商家可以再次提交产品信息进行审核。

| 商品名称 | | Seller Sku | 创建时间 ↓↑ | 售卖价格<br>(CNY) ↓↑ | 运费 ⑦ | | 可售库存 | 状态 | | 操作 |
|---|---|---|---|---|---|---|---|---|---|---|
| | | 1234 | 2023年5月18日 18:35 | 79.99 | MYR ···<br>PHP ···<br>SGD 0 | IDR ···<br>THB ···<br>VND ··· | 20 | ● MY  ● ID<br>● PH  ● TH<br>● SG  ● VN | | 编辑<br>Tips: |
| New Solid Color Double row Metal Buckle | | | | | | | | | | |

图 2-19  单击"编辑"按钮

步骤 2，管理产品操作。商家可以选择"商品管理"→"管理跨境商品"选项，在进入的页面中对每个产品进行拷贝、下架、上架、删除等操作，如图 2-21 所示。

图 2-20 编辑产品页面

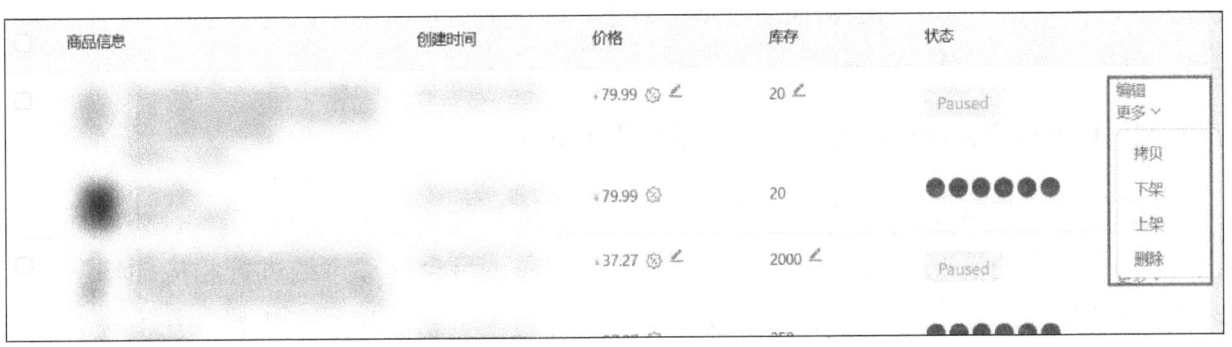

图 2-21 管理产品操作

通过上述步骤，商家可以完成在 Lazada 上的产品发布与管理。尽管 Lazada 的产品批量上传与管理具有系统性和特定格式要求，但其核心与国内电商平台相似，均涉及产品信息的整理、图片上传、属性与详情填写等。在操作时，商家需要遵循各电商平台的发布规则和管理流程，确保产品高效上架并合规运营。

## 自主演练

请扫描下方的二维码，获取自主演练任务，并利用从"引导训练"中学到的知识，完成自主演练任务。

## 任务四　处理订单与订单询盘，精通农产品订单交易流程

### 知识储备

#### 储备一：订单管理

**问题：** 在农产品电商运营的订单管理流程中，商家应当采取哪些管理措施，以确保交易准确无误且顺畅地进行，同时为消费者提供卓越的服务呢？

订单管理在农产品电商运营中扮演着至关重要的角色，其主要内容如下。

**（一）订单信息确认：核对细节，确保交易准确无误**

在消费者从网店下单后，商家应实时监控后台系统，确保及时查看并核实每个新订单的收货人、联系电话和确切的配送地址等基础信息，确认消费者所购产品的各项属性，如品种、规格、数量、单价、总计金额等。

**（二）订单信息修改：及时修正，顺畅交易无阻碍**

在订单信息被双方确认的过程中，若发现存在诸如配送地址填写错误、特殊需求未备注等信息不准确的情况，则商家需要迅速响应，并通过后台管理系统进行相应的修正或备注。这个过程旨在减少因信息不准确造成的发货延误甚至物流纠纷，从而提升消费者的满意度。

**（三）订单发货操作：精准出库，快速发货不等待**

在消费者已完成支付手续且经双方最终核对无误后，商家需要将产品出库并委托物流服务商执行发货操作。在此过程中，商家需确保产品完好、产品包装符合运输要求，并将详细的发货信息录入订单管理系统，以便消费者可以追踪物流动态。

**（四）订单评价与互动：双向评价，交易信任再升级**

在完成交易后，系统会在订单状态显示为"交易成功"时启动评价机制。例如，淘宝的商家可以对消费者进行评价，消费者也可以对商家及其产品进行评价。

**（五）订单退换货处理：售后无忧，退换便捷更安心**

对于因产品质量问题、物流或其他原因引发的退换货请求，商家应当根据电商平台的相关政策，快速、有效地协助消费者完成退货退款或换货流程，确保售后环节高效、有序。

### （六）订单关闭与处理：规范操作，处理异常更省心

若出现订单未能正常履行的情况，如消费者取消购买、超时未付款等，商家应在系统内按照规定流程关闭订单，并妥善处理退款或其他相关事宜。

在整个订单周期内，商家需要持续关注物流进度，与物流服务商紧密配合，及时更新订单的物流状态，保证消费者能够在第一时间获取产品的运输路径、预计到达时间等物流详情，从而有效地减少消费者的等待焦虑，提升消费者的整体购物体验。

【想一想】

除了以上介绍的订单管理的内容，你还知道哪些订单管理的内容？

【思考指引】

可从订单生成、支付处理、物流配送、客户服务与沟通等角度思考，分析这些内容在订单管理中的重要性。

## 储备二：订单询盘处理

**问题：** 订单询盘作为商家与潜在消费者建立联系的重要桥梁，其内容及处理技巧直接关系到业务合作的成功与否。那么，商家在面对大量的订单询盘时，应如何有效区分不同类型的订单询盘呢？

### （一）订单询盘解码：读懂消费者需求，轻松把握商机

商家在收到订单询盘邮件后，需要通过订单询盘邮件中的内容去判断消费者有无真实的购买需求、订单的大小、需求的缓急等。订单询盘的内容包括邮件标题、产品名称、订单量、产品认证、关键功能、交货时间等，如表 2-5 所示。

表2-5　订单询盘的内容

| 内容 | 具体描述 |
| --- | --- |
| 邮件标题 | 邮件标题能够体现出消费者的态度，商家从邮件标题中可以分辨出消费者是群发订单询盘邮件还是把订单询盘邮件单独发给一个商家 |
| 产品名称 | 如果消费者在订单询盘邮件中提到了具体产品的名称、型号、功能、参数、颜色、包装等细节，就说明消费者是十分有诚意的 |
| 订单量 | 如果消费者在订单询盘邮件中问到最小订单量是多少、价格是多少，那么一般来说，该消费者的订单量不大，但有明确的需求 |
| 产品认证 | 如果消费者对产品认证很关心，询问产品是否通过某项认证，就表明消费者对产品的质量和安全性有较高的要求。通常情况下，这类消费者可能是零售商、分销商甚至是超市采购方，订单量应该不错 |

| 内容 | 具体描述 |
| --- | --- |
| 关键功能 | 如果消费者在订单询盘邮件中问到了产品的关键功能，就说明消费者有明确的需求，只是在物色一个合适的商家 |
| 交货时间 | 如果消费者在订单询盘邮件中明确问到交货时间、付款方式等，就说明消费者真心想要购买产品且非常着急 |

### （二）订单询盘智慧：分类处理，巧妙转化潜在消费者

#### 1. 垃圾型询盘

垃圾型询盘是指消费者在订单询盘邮件中要求商家邮寄样品或邀请函、发送投资信息等，对产品和自己的信息却只字不提的订单询盘。

针对垃圾型询盘，商家需要判断对方是否真正具备采购意向和采购需求。如果对方只关心样品或邀请函等其他事务，那么商家基本可以判断他不是真正的消费者。在这种情况下，商家可以尝试回复一次并提供相关的资料或信息，如果对方仍然不提产品和自己的需求，商家就可以考虑放弃与其继续交流。

#### 2. 无目标型询盘

无目标型询盘是指消费者在订单询盘邮件中表示对产品有兴趣，要求商家发报价单，但其采购方向很模糊的订单询盘。

针对无目标型询盘，商家可以提前做好回复的模板，在发送时修改一下昵称即可，不需要特意花费时间。同时，对这类消费者，商家需要抱有一些希望，因为可能有些消费者不太懂得如何去写订单询盘邮件和交流，导致其不能准确表达自己真正的意图。

#### 3. 潜在目标型询盘

潜在目标型询盘是指消费者明确告诉商家他对什么产品感兴趣，要求商家提供报价，除此之外再无其他信息的订单询盘。

潜在目标型询盘的处理技巧：商家应多进行引导式提问与沟通，以了解消费者的信息，可以向消费者索要其 MSN、Skype 账号等。在沟通过程中，商家要体现出专业与耐心，做好打持久战的准备。

定期关怀也是一个不错的处理技巧。针对发出此类询盘的消费者，商家应建立一个档案，把没有成交的消费者信息收集起来，每隔一段时间就发一些促销邮件，告诉他们产品的促销信息。这样一方面可以给消费者留下深刻的印象，另一方面可以用利益来驱动消费者。此外，商家还可以在节假日给消费者发一些祝福贺卡与祝福的话语，以情来打动消费者。商家对消费者的真诚，消费者是可以感受到的，这有利于促进订单成交。

#### 4. 目标明确型询盘

目标明确型询盘的特点：有称呼；明确告诉商家自己对什么产品感兴趣，并要求商家提

供报价，会具体到产品的数量、规格、包装、产地、质量标准、交货时间、相关证书、到货港口等；简单介绍自己企业的背景。

目标明确型询盘的处理技巧：商家需要在第一时间给出回复，最好是在 24 小时内给出回复；针对消费者提出的问题做出准确回答，提供详细的报价；针对消费者的具体要求，提供符合其要求的产品规格、包装、产地、质量标准、交货时间等方面的信息。此外，为了体现专业性，商家还可以提供相关证书和证明产品质量或资质的材料，让消费者全面地了解产品信息，感受到商家服务的专业性，以便增强消费者对商家的信任。

## 储备三：订单异常情况处理

**问题：** 订单处理在农产品电商运营中占据着举足轻重的地位，其中订单异常情况的处理更是考验商家专业能力和服务水平的关键环节。那么，在发生异常情况时，商家应如何采取相应的措施，确保订单顺利执行并维持消费者的满意度？

### （一）订单发货异常：从缺货到漏发、错发，一键解锁处理秘籍

#### 1. 缺货

网店的库存数量更新不及时，会导致消费者下单后，商家在发货时出现实际库存不足，即缺货的情况。为避免这种情况的发生，商家必须确保线上与线下库存信息的实时同步。一旦发现缺货，商家就应立即与消费者取得联系，并依据消费者的意愿进行相应的处理，如进行订单退款或延期发货。

#### 2. 漏发

如果发货人员未能准确依据发货清单备货打包，就会造成漏发或部分漏发现象，最终导致消费者没有收到货或少收到货。此时，商家需要及时与消费者沟通，安抚好消费者的情绪，并快速核查订单信息，查找原因，同时做出补发或退款等处理，避免造成订单差评或流失的情况。

#### 3. 错发

发货人员可能会因产品外包装等的差异性不强而将产品错发，发货人员疏漏、仓储管理混乱也会造成产品错发。针对此种情况，商家在发货时，需要及时安排人员进行复查后再发货，及时清点发货清单、出库清单及库存之间是否存在差异，如有错发，就通过监控等手段找到错发件，及时联系物流服务商追回快件，并安排重新发货。若在消费者反馈后才发现错发，则商家应在安抚消费者情绪的同时，根据产品特性、订单价值、与消费者的沟通情况等做出换货、补发、退款等处理。

### （二）订单配送：极速守护，异常速解

未经加工处理的初级农产品，其存储和保鲜要求各异，因此商家需要格外关注配送环节，以确保农产品的新鲜度和质量。为了确保农产品订单的顺利配送，商家需要及时跟踪并处理配送过程中的异常情况。订单配送异常情况分析及处理方案如表2-6所示。

**表2-6　订单配送异常情况分析及处理方案**

| 异常情况 | 发生原因 | 处理方案 |
|---|---|---|
| 配送延误 | 由于各种原因，如天气恶劣、交通拥堵、物流服务商延误等，订单的配送时间可能会超过预期时间，从而导致消费者无法按时收到产品 | （1）商家应及时与物流服务商沟通，了解配送延误的原因，并协商尽快配送的方法。<br>（2）商家应向消费者发送通知，解释配送延误的原因，并提供新的预计送达时间。<br>（3）若有可能，则商家应提供一些补偿措施，如优惠券、礼品等，以缓解消费者的不满情绪 |
| 配送地址错误 | 消费者在提交订单时填写了错误的配送地址，导致产品无法被准确送达 | （1）一旦发现配送地址错误，商家就要及时与消费者联系，核实正确的配送地址。<br>（2）如果配送地址错误导致产品无法配送，商家就应尽快与物流服务商协商重新进行配送或与消费者协商新的配送方式。<br>（3）如果重新配送的成本较高，那么商家可以向消费者提供部分退款或其他形式的补偿 |
| 物流信息无法跟踪 | 在某些情况下，物流信息可能无法正常更新，导致消费者无法查询实时物流信息 | （1）商家应主动向消费者提供物流服务商的联系方式，以便消费者查询实时物流信息。<br>（2）如果长时间无法查询实时物流信息，那么商家应及时与物流服务商联系，了解问题所在，并告知消费者 |
| 产品破损 | 在配送过程中，产品可能被损坏了，如包装破裂导致产品破损等 | （1）一旦收到破损的产品，消费者就要及时与物流服务商联系，并提供相关证据。<br>（2）商家应与消费者协商解决方案，如补发产品、退款或部分退款等 |
| 拒收 | 消费者在收到产品后拒绝接收，导致订单被退回 | （1）商家应了解消费者拒收的原因，并与消费者协商解决方案。<br>（2）如果消费者要求重新配送，那么商家应确保产品的质量和包装完好，并及时将产品送到消费者手中 |

## 引导训练

### 训练一：掌握订单处理的方法

#### （一）国内订单处理导练

下面以拼多多为例介绍订单处理的方法，其具体步骤如下。

步骤1，查看订单状态。进入拼多多商家后台，选择"发货管理"→"订单查询"选项，

即可查询订单状态，如图 2-22 所示。

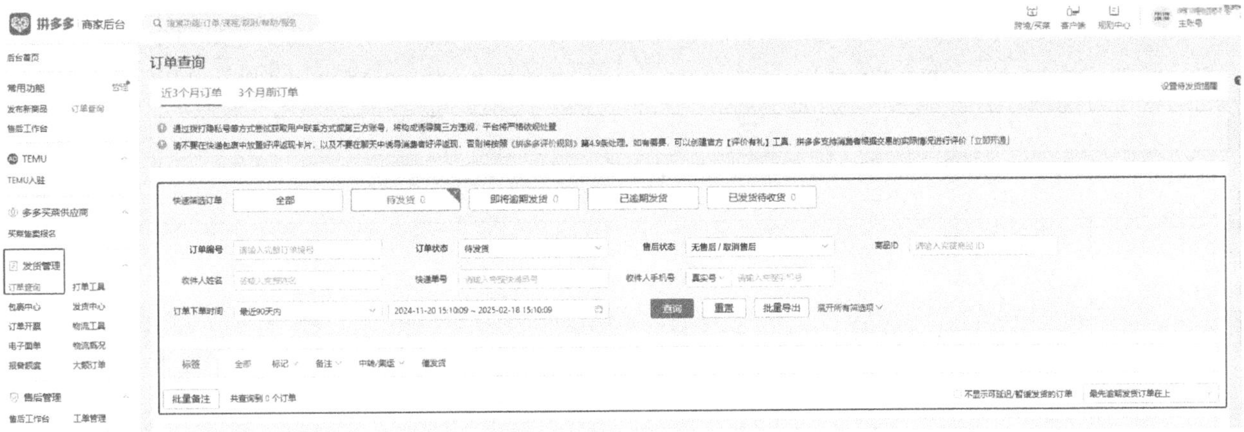

图 2-22　查询订单状态

步骤 2，完成订单催付。在商家后台中选择"买家订单"→"店铺待支付订单"选项，查看店铺待支付订单，可单击"催支付"按钮，完成订单催付。同时，根据消费者的要求，在"个人订单"中单击"备注"按钮，添加备注并保存，如图 2-23 所示。

步骤 3，进行订单改价。根据聊天记录，在"个人订单"中单击"改价"按钮（见图 2-24），完成订单改价操作。

图 2-23　添加备注

图 2-24　单击"改价"按钮

步骤 4，修改订单地址。根据聊天记录，在"个人订单"中单击"地址"按钮（见图 2-25），修改地址并保存，将修改后的地址发送给消费者进行确认。

步骤 5，管理店铺订单。在拼多多商家后台中单击"订单"按钮，可对店铺订单进行管理，如图 2-26 所示。

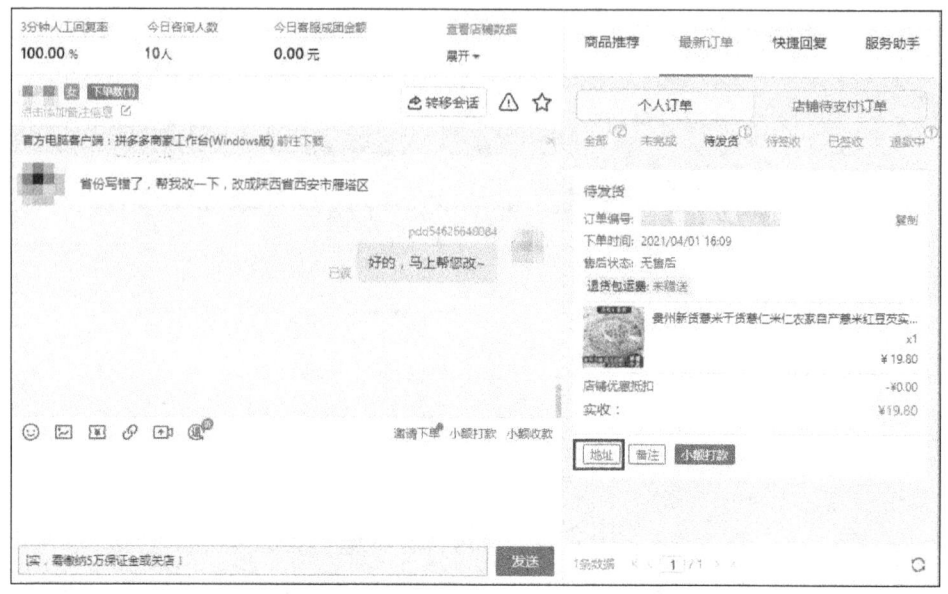

图 2-25　单击"地址"按钮

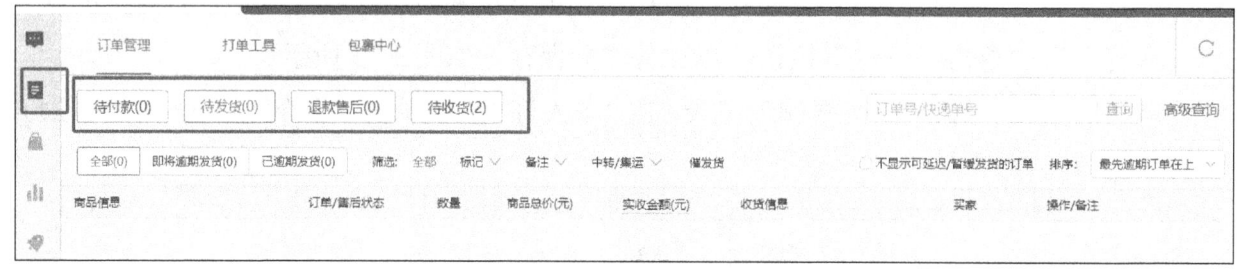

图 2-26　管理店铺订单

## （二）国外订单处理导练

下面以 Lazada 为例介绍订单处理的方法，其具体步骤如下。

步骤 1，处理店铺订单。进入 Lazada 商家后台，选择"订单管理"选项，选择国家（印度尼西亚/马来西亚/越南/新加坡/菲律宾/泰国），查看各个国家的订单情况，如未支付、待发货、运输在途、妥投、妥投失败、取消、退货/退款等，并进行相应处理，如图 2-27 所示。

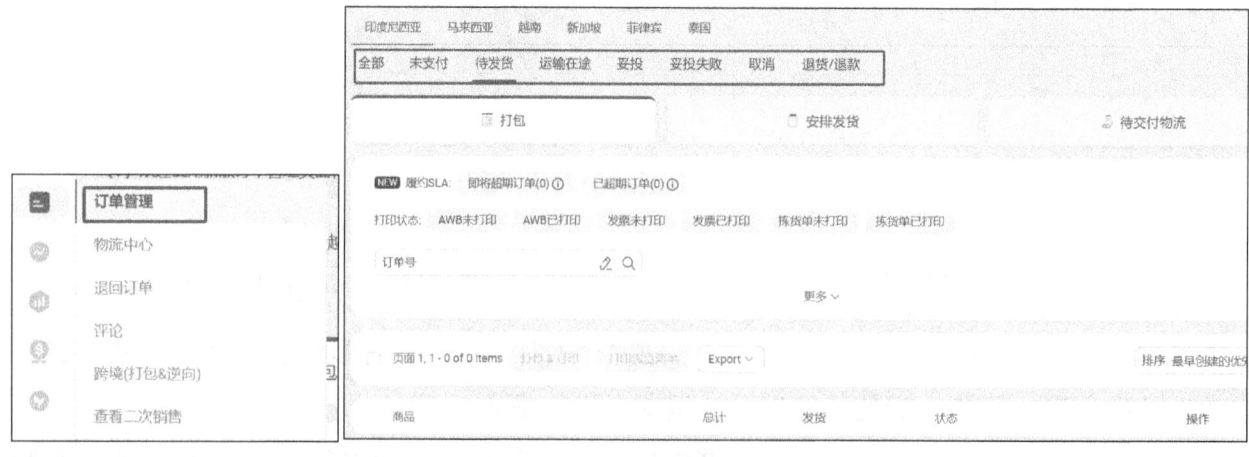

图 2-27　处理店铺订单

**技巧提醒**

目前，Lazada 要求商家统一使用官方指定物流解决方案 LGS（Lazada Global Shipping，Lazada 全球运），商家需将货物贴好标签并送到 Lazada 指定的仓库。在货物抵达目的地的物流中心后，系统会将订单状态更新为"Shipped"。切勿单击"Delivery failed"，否则即使货物准时送达，Lazada 也不会结算货款。

步骤 2，管理订单物流。进入 Lazada 商家后台，选择"物流中心"选项，可查看等待取件、等待发货、未成功投递和客户退货的订单，并对其进行相应处理，如图 2-28 所示。

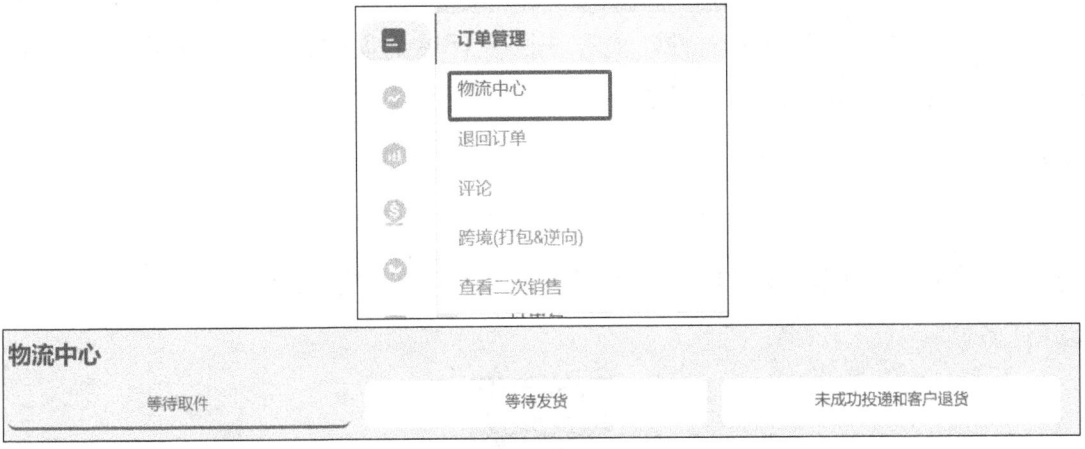

图 2-28　管理订单物流

步骤 3，处理退回订单。进入 Lazada 商家后台，选择"退回订单"选项，可对买家发起退货、货物退回仓库中、仓库验货中、买家退货、验货后销毁、已取消的订单进行处理，如图 2-29 所示。

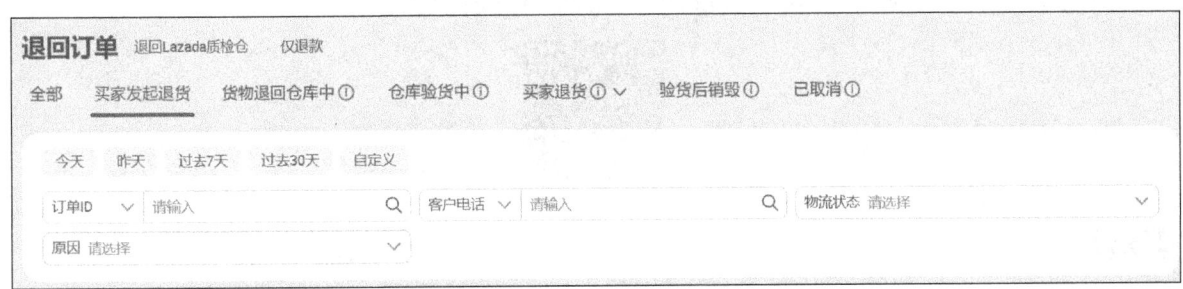

图 2-29　处理退回订单

## 训练二：掌握订单询盘处理的流程

步骤 1，接收并查阅订单询盘的内容。商家在通过电子邮件、电商平台、电话等渠道收到订单询盘后，应详细阅读和理解订单询盘的所有内容，包括但不限于产品的名称、规格、数量、质量要求、交货期、价格条款、付款方式等。

步骤 2，判断订单询盘的类型。商家应根据消费者的需求，分析订单询盘的性质和目的，如是否为一次性采购、是否有长期合作意向、是否为样品试单、是否有定制需求等，并据此对订单询盘进行分类。

步骤 3，建立订单询盘信息表。商家应将每个订单询盘的关键信息录入订单询盘信息表中，包括消费者的基本信息（如企业名称、联系人、联系方式）、订单询盘的日期、所需产品的具体信息、订单询盘的类型等，便于后续管理和追踪。

步骤 4，制定订单询盘处理策略。商家应根据收集到的订单询盘信息，结合自身当前的产品供应情况、库存状况、生产能力和市场定价等因素，制定具体的订单询盘处理策略。

步骤 5，回复订单询盘。商家应基于以上信息和策略，及时、准确、专业地回复订单询盘，确保提供的信息全面且有针对性。商家在回复订单询盘时，不仅要解答消费者的疑问，还要展示出自身的优势并给出服务承诺。

## 自主演练

请扫描下方的二维码，获取自主演练任务，并利用从"引导训练"中学到的知识，完成自主演练任务。

## 国际视野

请扫描下方的二维码，获取本项目国际视野的相关内容。

## 重点聚焦

请扫描下方的二维码，获取本项目对标竞赛与考证需求的内容。这是学生需要重点理解与掌握的内容。

## 课后小考

请扫描下方的二维码，获取题目并作答。

# 项目三

## 农产品网店装修

### ——凸显农产品风格与价值的视觉设计

农产品网店装修不仅关乎买家的购物体验，还是农产品品牌形象的重要体现。良好的农产品网店装修能够吸引买家的眼球，提高农产品的点击率和购买率，从而提升农产品的销量。此外，独具特色的农产品网店装修还能帮助农产品树立品牌形象，提升品牌知名度和美誉度，为农产品的长远发展奠定基础。因此，农产品网店装修具有重要的意义，在农产品电商发展中占有十分重要的地位。

 **目标导航**

### 知识目标

1. 熟悉首页的构成。
2. 了解首页各模块的设计规范。
3. 熟悉产品详情页的构成。
4. 明确产品详情页的策划逻辑。
5. 了解自定义页的类型。
6. 明确自定义页的设计原则。

### 能力目标

1. 能根据首页各模块的设计规范完成首页设计。
2. 能根据产品详情页的策划逻辑完成产品详情页设计。
3. 能根据自定义页的设计原则完成自定义页设计。

**素养目标**

1. 在首页设计过程中，注重设计的创新性和个性化，提升农产品网店的竞争力。

2. 在产品详情页设计过程中，强调绿色、环保、可持续的农业发展理念，推广绿色食品、有机食品等健康消费观念。

3. 在农产品网店装修的整个过程中，遵守相关的法律法规，如《中华人民共和国消费者权益保护法》《中华人民共和国广告法》等，确保农产品网店的合法性和规范性；在设计过程中，避免触犯法律红线，以维护良好的商业形象。

## 项目导图

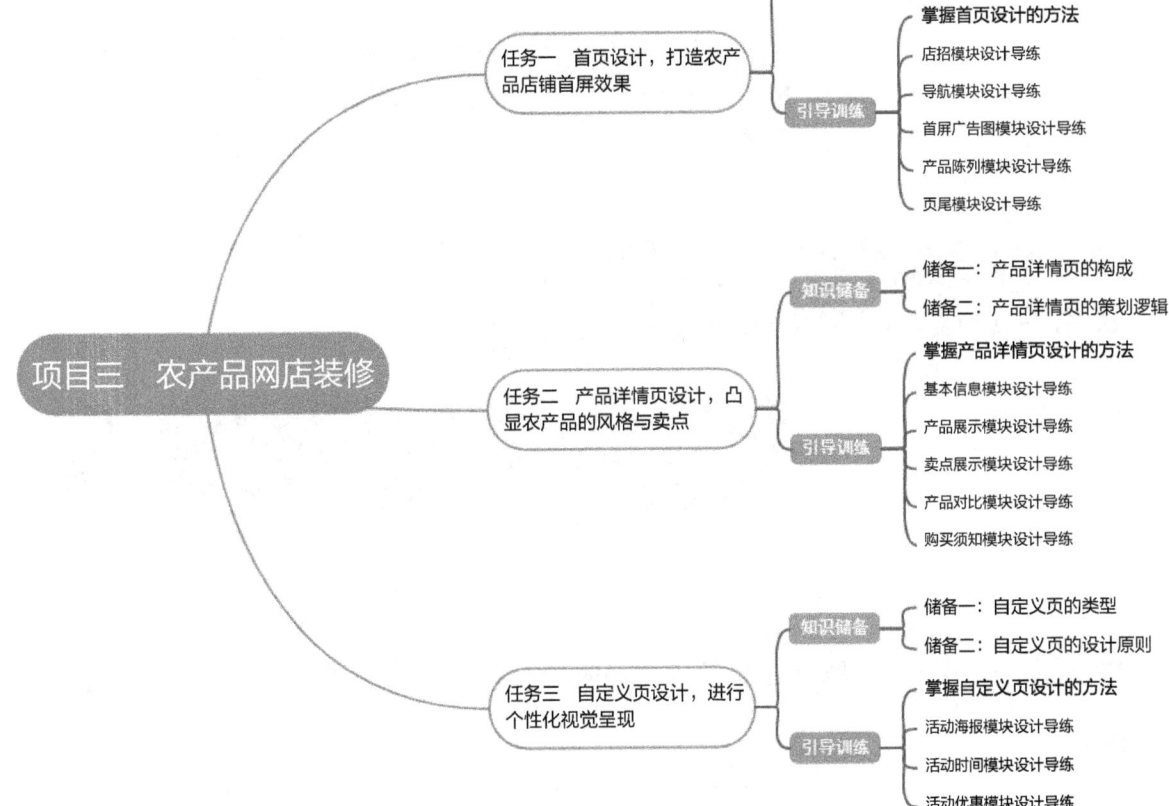

## 学习热身

在设计产品详情页时，卖家不仅要了解产品详情页的构成，还要明确产品详情页的策划逻辑。

> 赵腾是某农产品电商企业设计部门的一名实习生。经上级领导安排，他为店铺内的一个农产品设计了产品详情页。一段时间过去后，赵腾从数据分析人员那里获悉买家从产品详情页跳失的比率很大，便虚心地向设计总监请教，想知道自己哪里没做好导致了这种情

况。设计总监在获悉赵腾的问题后开始帮他进行分析。

你的问题我看到了，从你设计的产品详情页来看，我认为是你的策划逻辑出了问题。

领导，产品详情页的策划逻辑具体是怎样的呢？

产品详情页的策划逻辑具体分为4个步骤，即引起注意、提升兴趣、建立信任和消除疑虑。

好的，领导，看来我需要重新整理一下，重新设计产品详情页。

嗯嗯。另外，在设计产品详情页时，一些基本的模块必须存在，如基本信息模块、产品展示模块、卖点展示模块等。

嗯嗯，谢谢领导！我这就去学习。

**想一想：** 如果你是赵腾，在和领导沟通时，会询问哪些问题？

### 词组学习

**1. 分辨率**

分辨率（Resolution Ratio）是用于描述图像精细程度的量级单位，通常表示为单位长度内像素点的数量。分辨率越高，图像的细节越丰富，图像越清晰。

**2. 色彩模式**

常见的色彩模式（Color Mode）有 RGB、CMYK 等。RGB 是工业界的一种颜色标准，通过红（R）、绿（G）、蓝（B）3 个颜色通道的变化及它们相互之间的叠加来得到各种颜色。CMYK 是专门针对印刷业设定的颜色标准，通过青（C）、洋红（M）、黄（Y）、黑（K）4 种颜色的变化及它们相互之间的叠加来得到各种颜色。

## 任务一 首页设计，打造农产品店铺首屏效果

**知识储备**

### 储备一：首页的构成

**问题：** 首页通常包括哪些主要模块？每个模块的功能和设计要点是什么？如何通过这些模块来提升买家的购物体验和店铺的品牌形象？

首页一般由店招模块、导航模块、首屏广告图模块、产品陈列模块、页尾模块等组成。

#### 1. 店招模块

店招模块是首页的重要组成部分，通常位于页面顶部，用于展示店铺名称、品牌 Logo、品牌广告语及相关功能性内容。店招模块的设计应该简洁明了，能够吸引买家的注意力并表现出店铺的特色和风格。独特的店招模块设计可以提高买家对店铺的辨识度和记忆度，进而提高买家的购买意愿。店招模块示例如图 3-1 所示。

图 3-1 店招模块示例

#### 2. 导航模块

导航模块是首页中至关重要的一个模块，用于引导买家浏览店铺中的产品。导航模块可以帮助买家快速找到自己感兴趣的产品分类或特定产品，从而提升买家的购物体验和转化率。导航模块示例如图 3-2 所示。

| 所有产品 | 首页 | 农家新鲜禽蛋 | 新鲜蔬菜 | 粮米油面 | 新鲜水果 | 放养肉类 | 水库活鱼 | 特色美食 |

| Categories ∨ | Store | Products | Profile | | | | Search In Store | |

图 3-2 导航模块示例

#### 3. 首屏广告图模块

首屏广告图也叫首焦图，即位于首页导航下方的第一张海报。首屏广告图模块可以设置一张图片，也可以设置多张图片进行轮播。卖家可以利用图片+文字的方式引导买家通过单击

图片跳转到指定的链接。通过精心设计的首屏广告图，卖家可以展示新品推荐、促销活动、品牌形象等内容，以吸引买家的注意力并引导买家进一步浏览和购买产品。首屏广告图的设计需要突出主题、简洁明了，同时要注意配合店铺的整体风格和色彩搭配，给买家留下良好的第一印象。首屏广告图模块示例如图 3-3 所示。

图 3-3  首屏广告图模块示例

### 4．产品陈列模块

产品陈列模块是首页展示产品的区域，通常以网格或列表形式展示多个产品的缩略图、名称和价格等信息。产品陈列模块的设计需要考虑产品分类、推荐产品、热销产品等因素，以及合理的排版和布局，从而使买家能够快速浏览和选择自己感兴趣的产品。产品陈列模块示例如图 3-4 所示。

### 5．页尾模块

页尾模块是首页的底部模块，通常用于展示店铺的联系方式、退换货政策、版权声明等信息。好的页尾模块设计可以让买家感受到店铺的专业性和可靠性，提升买家对店铺的信任度和忠诚度。同时，页尾模块设计可以为店铺的品牌形象加分，扩大品牌的影响力，提升品牌的辨识度。页尾模块示例如图 3-5 所示。

密云农家 散养初生蛋 品质保证 真正散养土鹅蛋 和白鹭一起生长的水库鸭子

满300-30元

每份40枚鸡蛋 破损包赔 破损包赔 买11个送1个 水库散养鸭蛋 农家生态 优质健康

农家散养土鸡蛋40枚
RMB:59.6

农家散养新鲜鹅蛋
RMB:8.0/枚

农家散养新鲜鸭蛋
RMB:2.5/枚

组合装
20枚柴鸡蛋+20枚乌鸡蛋

新鲜土鸡蛋20枚+乌鸡蛋20枚
RMB:78

新鲜鸡胸肉2斤
RMB:42

新鲜鸡翅中2斤
RMB:59

elit 1924

Promos

Beehive CHOCOLATE

Elit Truffle Chocolate With Ribbon 165g-225g
RMB36.80

Elit Choco Eggy Yellow / Bordeaux Tin 100g
RMB25.80

Elit Chocolate Truffle 100g-135g
RMB29.80

Elit Milk Chocolate Animal Eirtalaji 200g
RMB25.80

Lotus Biscoff Spread 400g
RMB20.90

Starbucks Coffee Premium Mixes 56g - 96g
RMB12.90

Starbucks Caramel Latte Premium Mixes 80g
RMB12.90

Nestle Kit Kat Celebreak Pack Box 232g
RMB14.90

图 3-4　产品陈列模块示例

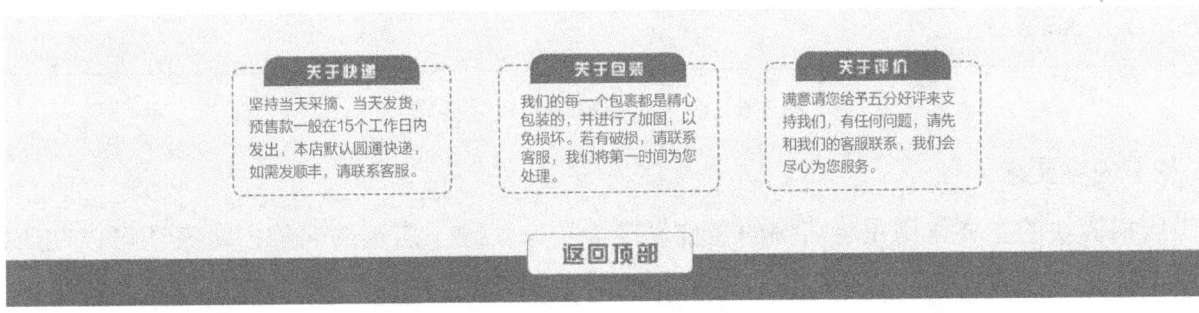

天于快递

坚持当天采摘、当天发货，预售款一般在15个工作日内发出，本店默认圆通快递，如需发顺丰，请联系客服。

天于包裝

我们的每一个包裹都是精心包装的，并进行了加固，以免损坏。若有破损，请联系客服，我们将第一时间为您处理。

天于评价

满意请您给予五分好评来支持我们，有任何问题，请先和我们的客服联系，我们会尽心为您服务。

返回顶部

图 3-5　页尾模块示例

73

【想一想】

在首页中，页尾模块的存在有无必要?

【思考指引】

可从页尾模块的功能性、品牌建设作用等方面阐述页尾模块的重要性，以此来衡量其存在是否有必要。

## 储备二：首页各模块的设计规范

**问题：** 首页设计包括哪些关键模块的设计? 请详细解释每个关键模块的设计规范，包括尺寸要求、内容要求及在不同电商平台上的具体设置方式，并探讨如何通过合理的设计提升买家体验和品牌形象。

### 1. 店招模块的设计规范

#### 1) 尺寸要求

不同电商平台对店招模块的尺寸要求略有不同，如淘宝推荐的店招模块的尺寸是宽度为 950 像素、高度不超过 120 像素，如图 3-6 所示；Lazada 推荐的店招模块的尺寸为 1200 像素 × 128 像素，如图 3-7 所示。

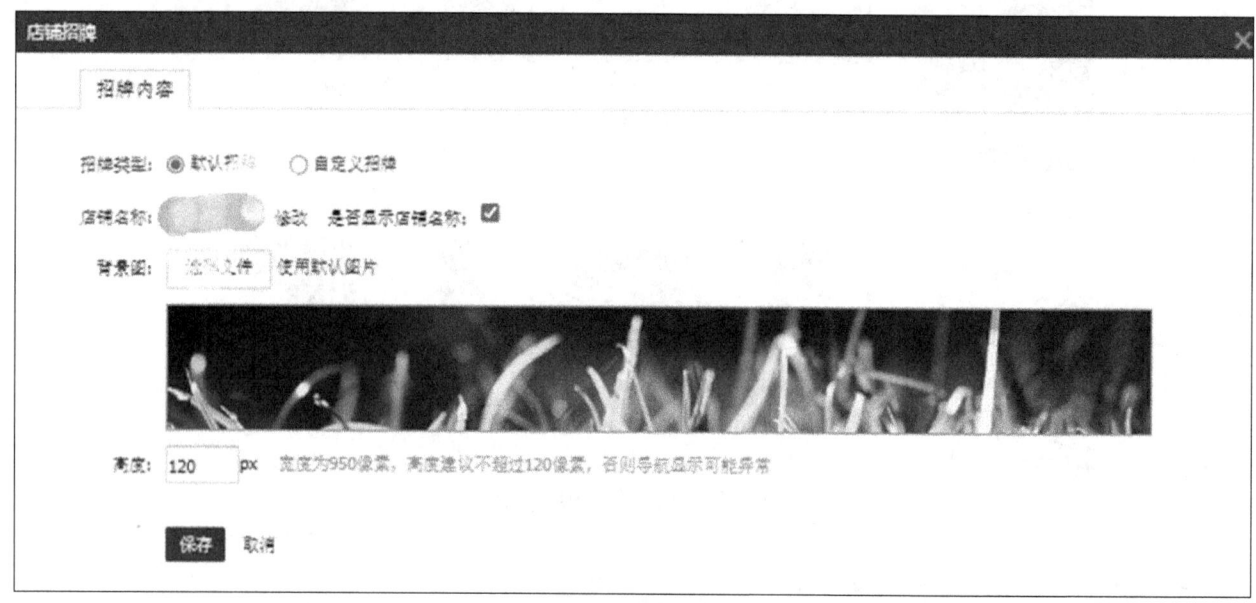

图 3-6 淘宝店招模块的尺寸要求

#### 2) 内容要求

店招模块的主要作用是将店铺的名称呈现给买家。除了店铺的名称，卖家还可以在店招模块中加入品牌宣传语、促销信息、收藏按钮等元素；同时配以店铺的热卖产品图片，以在有限的空间内传递更多有效的信息。这样，买家就可以通过店招模块初步了解店铺的主营类目等信息。然而，并非元素越多越好，店招模块需要突出重点并留白，内容要规范，避免出现错别字等低级错误。

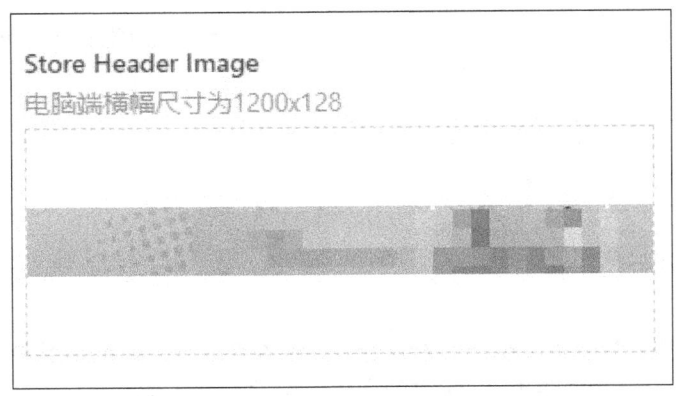

图 3-7　Lazada 对店招模块的尺寸要求

### 2．导航模块的设计规范

以淘宝为例，其对导航模块的尺寸要求是宽度为 950 像素、高度为 30 像素。卖家可以在导航模块中添加宝贝分类，也可以添加自定义页面和自定义链接（见图 3-8）。需要注意的是，店铺的导航模块中最多可设置 12 项一级内容，超过页面尺寸宽度的部分将不展现（建议不超过 7 项）。

图 3-8　导航模块设置

### 3．首屏广告图模块的设计规范

与店招模块一样，首屏广告图模块也有尺寸限制。例如，淘宝的全屏宽图的宽度为 1920 像素，高度不超过 540 像素，如图 3-9 所示；Lazada 的横幅轮播图的推荐尺寸为 1920 像素×600

像素，每张图片最大为 1MB，如图 3-10 所示。

图 3-9　淘宝的全屏宽图的尺寸规范

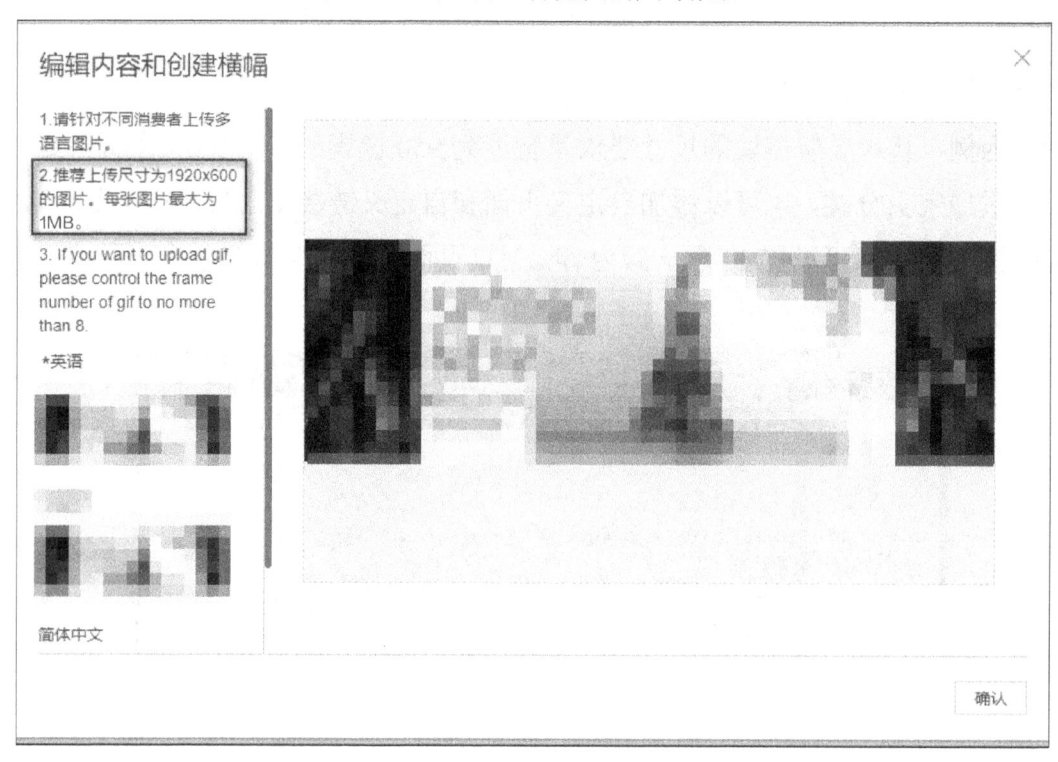

图 3-10　Lazada 的横幅轮播图的尺寸规范

### 4. 产品陈列模块的设计规范

产品陈列模块在不同的电商平台中有不同的名称。在淘宝上，该模块的名称为"宝贝推荐"。卖家可以通过系统自动推荐或手动选择最多 28 个店铺内的产品（宝贝）。该模块通常可以用于畅销产品、最新上架的产品推荐等场景，如图 3-11 所示。另外，卖家也可以选择产品的展示方式，如"一行展示 3 个宝贝""一行展示 4 个宝贝"等，如图 3-12 所示。在 Lazada上，该模块的名称为"滑块产品推荐"。卖家最多可以设置 100 个"滑块产品推荐"模块，每个"滑块产品推荐"模块中可以展示的产品数为 5～20 个，如图 3-13 所示。

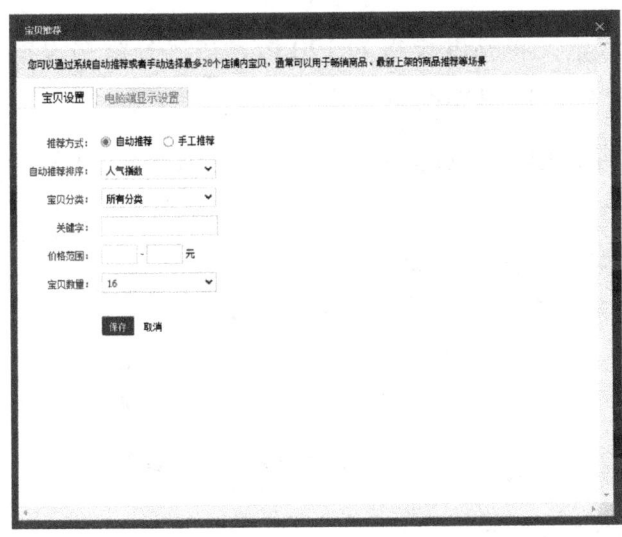

图 3-11　"宝贝推荐"模块

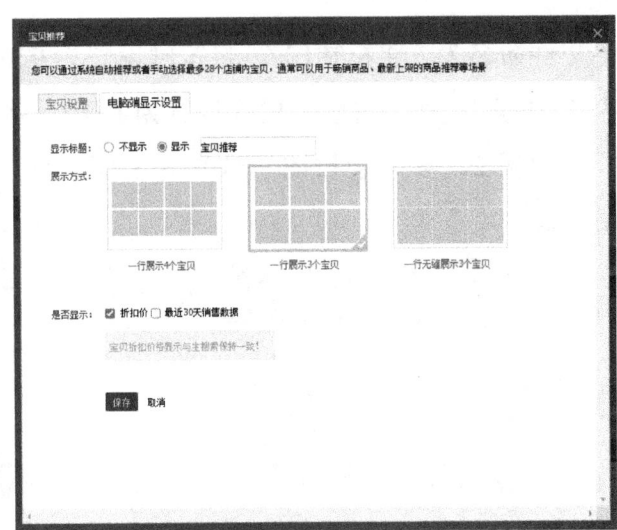

图 3-12　在淘宝上选择产品展示方式

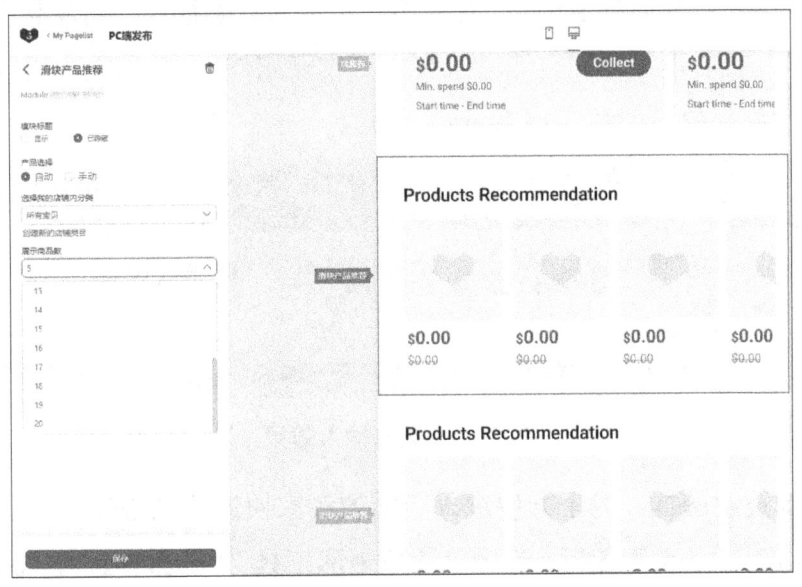

图 3-13　在 Lazada 上设置"滑块产品推荐"模块

**5．页尾模块的设计规范**

在进行页尾模块设计时，卖家要注意使页尾模块和店铺的整体风格、主题相辅相成，不能显得突兀。卖家可以在页尾模块中加入售后服务、消费保障、7 天无理由退换货、联系方式等信息，以丰富页尾模块呈现的信息。

## 引导训练

### 训练：掌握首页设计的方法

#### （一）店招模块设计导练

店招模块设计的具体步骤如下。

步骤 1，新建文件。根据店招模块的尺寸要求与风格要求在 Photoshop 中新建一个文件，将文件命名为"店招制作",将宽度设置为 950 像素,将高度设置为 120 像素,将分辨率设置为 72 像素/英寸,将色彩模式设置为 RGB,将背景色设置为白色。

步骤 2,导入素材图。依次导入素材图并将其拖动到页面对应的位置,效果如图 3-14 所示。

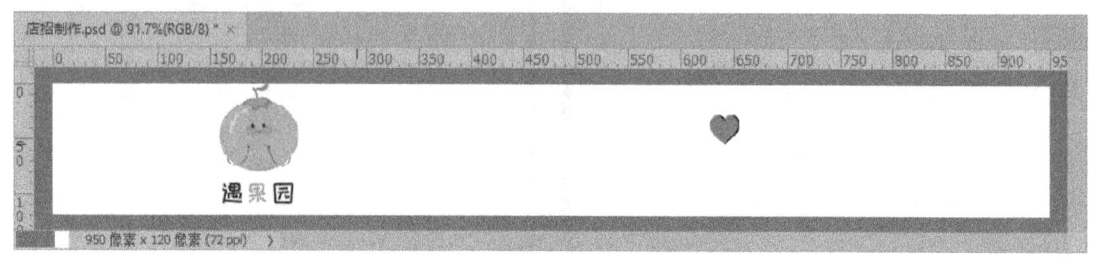

图 3-14　素材图导入效果

步骤 3,输入文本。在店铺 Logo 的右侧输入文本"水果行业知名品牌"与"每月畅销水果超过 30000 斤",在心形图标的右侧输入文本"收藏店铺",并为文本设置合适的字体、字号、字符间距及颜色,效果如图 3-15 所示。

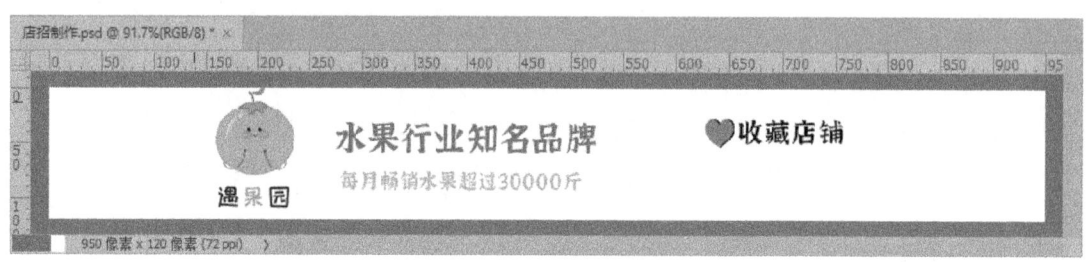

图 3-15　文本输入效果

步骤 4,绘制搜索图框。为了方便进入店铺的买家快速找到心仪的产品,卖家一般会在店招模块中放置店铺产品搜索图标。选择"圆角矩形工具"(见图 3-16),将其设置为无填充,并设置描边颜色为绿色、描边大小为 1 点,选择虚线线型,绘制一个圆角矩形。选择"自定形状工具",找到搜索图标,绘制一个搜索图标并调整其位置,效果如图 3-17 所示。

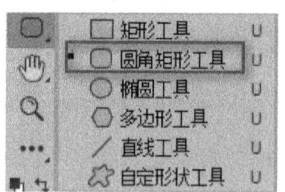

图 3-16　选择"圆角矩形工具"

图 3-17　搜索图框绘制效果

步骤 5，绘制短直线。选择"直线工具"，将其设置为绿色、3 像素，在店铺 Logo 右侧绘制一条竖直的短直线。至此，店招模块设计完成，最终效果如图 3-18 所示。

图 3-18　店招模块的最终效果

### （二）导航模块设计导练

导航模块设计的具体步骤如下。

步骤 1，新建文件。根据导航模块的尺寸要求与风格要求在 Photoshop 中新建一个文件，将文件命名为"导航模块制作"，将宽度设置为 950 像素，将高度设置为 30 像素，将分辨率设置为 72 像素/英寸，将色彩模式设置为 RGB，将背景色设置为#4e850d。

步骤 2，绘制图形。绘制一个圆角矩形与 4 条竖直的线段，颜色均为黄色。将圆角矩形设置为上半部分显示，调整所有图形的位置，效果如图 3-19 所示。

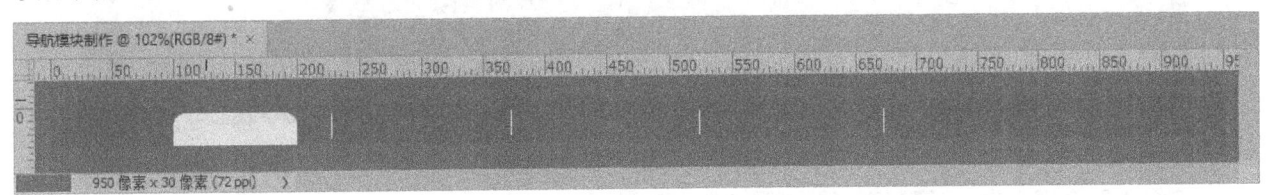

图 3-19　图形绘制效果

步骤 3，输入文本。输入文本"首页""所有产品""活动推广页""新品上市""品牌介绍"。至此，导航模块设计完成，最终效果如图 3-20 所示。

| 首页 | 所有产品 | 活动推广页 | 新品上市 | 品牌介绍 |

图 3-20　导航模块的最终效果

### （三）首屏广告图模块设计导练

首屏广告图模块设计的具体步骤如下。

步骤 1，导入背景图片。打开 Photoshop，选择"文件"→"打开"命令，选择背景图片，将其导入 Photoshop 中。

步骤 2，导入素材图。选择素材图，将其拖动到背景图对应的位置，效果如图 3-21 所示。

步骤 3，输入文本。输入如图 3-22 所示的文本，并为文本设置合适的字体、字号、字符间距及颜色。

步骤 4，绘制圆角矩形。在文本"专区第 2 件 5 折"区域绘制一个黄色的圆角矩形。至此，首屏广告图模块设计完成，最终效果如图 3-23 所示。

图 3-21　素材图导入效果

图 3-22　文本输入效果

图 3-23　首屏广告图模块的最终效果

## （四）产品陈列模块设计导练

产品陈列模块设计的具体步骤如下。

步骤 1，新建文件。在 Photoshop 中新建一个文件，将文件命名为"产品陈列模块设计"，将宽度设置为 1920 像素，将高度设置为 2000 像素，将分辨率设置为 72 像素/英寸，将色彩模式设置为 RGB，将背景色设置为#4e850d。

步骤 2，制作模块标题。先在背景图层上绘制 2 个大小相同的黄色正圆形，然后绘制 2 条相同颜色的线段，最后输入文本"进店必买"，并对图形与文本的位置进行调整，效果如图 3-24 所示。

步骤3，绘制矩形与圆角矩形。在背景图层上绘制1个白色矩形与2个圆角矩形（一红一绿），并对其位置进行调整，效果如图3-25所示。

图 3-24 模块标题制作效果

图 3-25 矩形与圆角矩形绘制效果

步骤4，导入产品图片。选择产品图片，将其拖动到白色矩形上的合适位置，效果如图3-26所示。

图 3-26 产品图片导入效果

步骤5，输入文本。输入如图3-27所示的文本，并为文本设置合适的字体、字号、字符间距及颜色。采用相同的方法制作其他产品陈列图。至此，产品陈列模块设计完成，最终效果如图 3-28 所示。

图 3-27　文本输入效果

图 3-28　产品陈列模块的最终效果

**（五）页尾模块设计导练**

页尾模块设计的具体步骤如下。

步骤 1，新建文件。在 Photoshop 中新建一个文件，将文件命名为"页尾模块制作"，将宽度设置为 950 像素，将高度设置为 300 像素，将分辨率设置为 72 像素/英寸，将色彩模式设置为 RGB，将背景色设置为白色。

步骤 2，绘制圆角矩形。选择"圆角矩形工具"，将其设置为无填充，并设置描边颜色为绿色、描边大小为 3 点，选择虚线线型，绘制 3 个圆角矩形。继续选择"圆角矩形工具"，将其填充色设置为绿色，绘制 3 个小的圆角矩形并调整其位置，效果如图 3-29 所示。

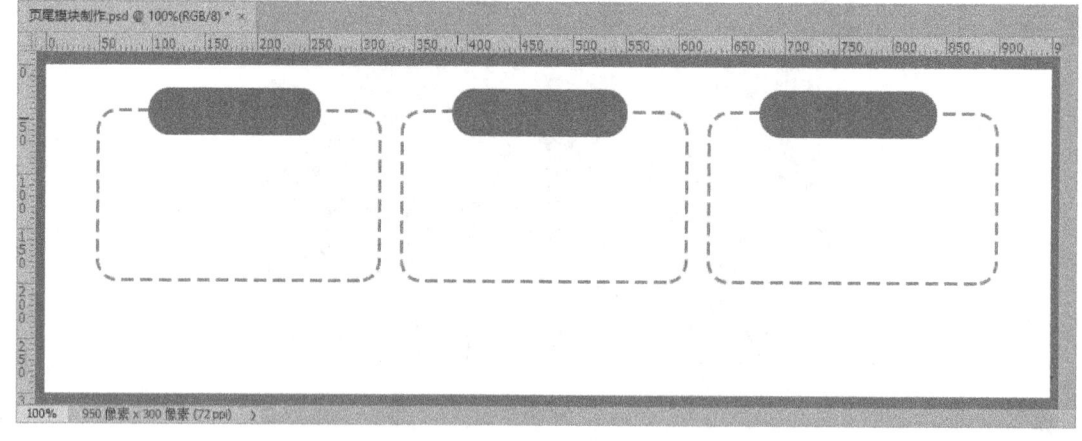

图 3-29　圆角矩形绘制效果

步骤 3，输入文本。选择"横排文字工具"，如图 3-30 所示。输入相应的文本，并为文本设置合适的字体、字号、字符间距及颜色，效果如图 3-31 所示。

图 3-30　选择"横排文字工具"

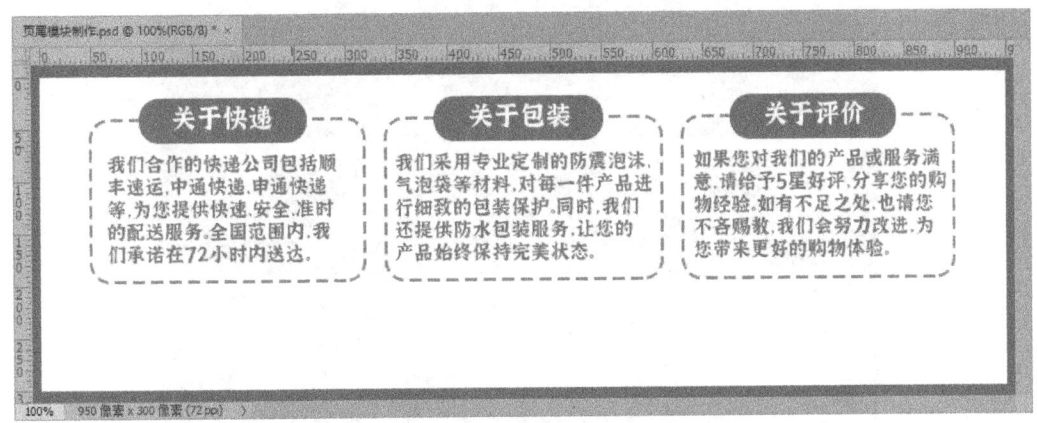

图 3-31　文本输入效果

步骤 4，制作"返回顶部"按钮。选择"矩形工具"，绘制一个绿色矩形。选择"圆角矩形工具"，绘制一个圆角矩形，并在其中输入文本"返回顶部"。至此，页尾模块设计完成，最终效果如图 3-32 所示。

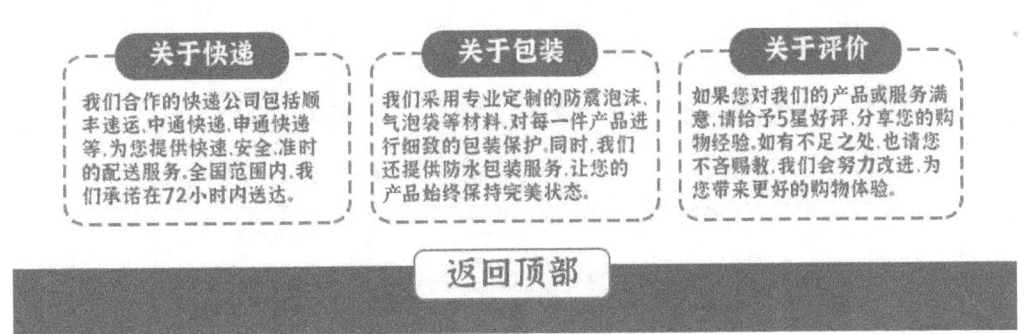

图 3-32　页尾模块的最终效果

至此，首页的 5 个模块全部设计完成。在 Photoshop 中新建合适的画布，将 5 个模块在画布中进行拼接，最终效果如图 3-33 所示。

 **技巧提醒**

当图层较多时，可对有关联的图层进行编组，具体方法如下。

方法一：选中想要编组的图层，选择"图层"→"图层编组"命令。

方法二：选中想要编组的图层，按快捷键"Ctrl+G"进行图层编组。

图 3-33　首页的最终效果

## 自主演练

请扫描下方的二维码，获取自主演练任务，并利用从"引导训练"中学到的知识，完成自主演练任务。

## 任务二 产品详情页设计，凸显农产品的风格与卖点

### 知识储备

### 储备一：产品详情页的构成

**问题：** 产品详情页通常由哪些模块构成？这些模块如何帮助买家更好地了解产品并激发其购买欲望？卖家在选择这些模块时需要考虑哪些因素？

#### 1．基本信息模块

基本信息模块一般包括产品的品牌、规格、品种、产地、生产日期、保质期等。此外，基本信息模块还可能包括对产品特点的描述，如口感、营养价值等。基本信息模块示例如图 3-34 所示。

| | | |
|---|---|---|
| 品牌: other/其他 | 系列: 涌泉蜜橘 | 规格: 精品装 |
| 价格: 0~50元 | 产地: 中国 | 省份: 浙江省 |
| 城市: 台州市 | 包装种类: 礼盒装 | 是否为有机食品: 否 |
| 重量(g): 5000g | 同城服务: 同城24小时物流送货上门 | 包装方式: 食用农产品 |
| 售卖方式: 单品 | 套餐份量: 3人份 | 套餐周期: 1周 |
| 配送频次: 1周2次 | 特产品类: 涌泉蜜橘 | 水果种类: 临海宫川蜜橘 |
| 热卖时间: 1月 2月 3月 4月 11月 12月 | 净重(不含箱)：10斤 5斤 3斤 | 生鲜储存温度: 0~8℃ |
| 规格: 收藏加购物车拍下【尝鲜装... | | |

| | |
|---|---|
| Brand<br>Farm Fresh | SKU<br>1769882210_MY-9755440637 |
| Pack Type<br>Single | Flavor<br>Others |
| Dietary Needs<br>Halal | Milk Type<br>Full Cream |
| Organic<br>No | Storage Type<br>Cupboard |
| Packaging Type<br>Plastic bottles | Model<br>Full Cream Milk |
| Warranty Type<br>No Warranty | Delivery Option<br>Instant<br>Yes |

图 3-34 基本信息模块示例

#### 2．产品展示模块

产品展示模块一般包括高清晰度的产品图片，可以全方位地展示产品的外观和特点，让买家更加直观地了解产品。产品展示模块示例如图 3-35 所示。

图 3-35 产品展示模块示例

### 3. 细节展示模块

产品详情页可以提供细节展示，如使用放大镜功能，让买家更仔细地查看产品的细节。对农产品来说，细节展示模块可以展示农产品的新鲜度、品质等细节信息。细节展示模块示例如图 3-36 所示。

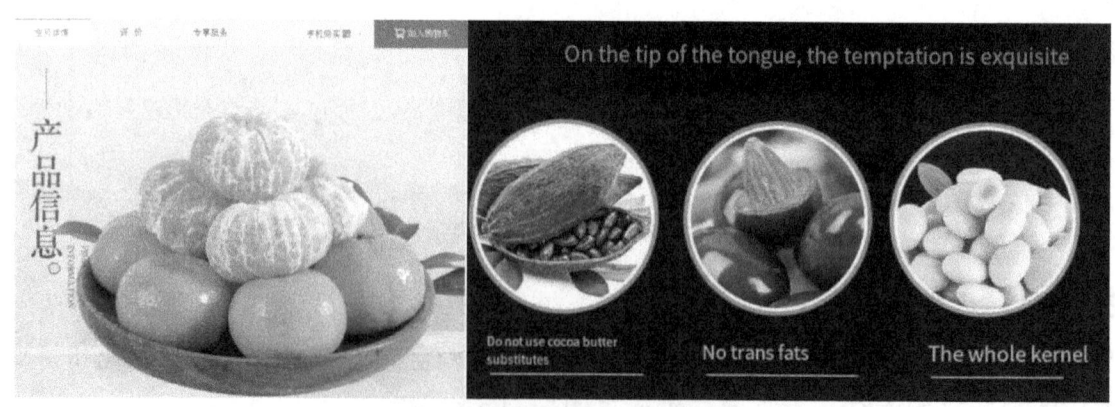

图 3-36 细节展示模块示例

#### 4．卖点展示模块

卖点展示模块一般会在产品展示模块的基础上进一步突出产品的卖点和优势，如口感独特、营养价值高、产地环境优良等。卖家可以采用通俗易懂、便于记忆的方式对卖点进行展示，如使用类比、数字化等方法。卖点展示模块示例如图 3-37 所示。

图 3-37　卖点展示模块示例

产品详情页中除了有以上 4 种常规的模块，有时还会根据需要加入产品对比、生产流程、企业实力展示、食用建议、购买须知、包装展示、Q&A（Question and Answer，问与答）、关联销售等模块。卖家可以根据自身的实力和产品特性来选择合适的模块，以丰富产品详情页的内容，为买家提供更加全面的产品信息。同时，通过合理的结构布局和精美的排版设计，产品详情页能够更好地吸引买家的注意力，提高其购买意愿。

【想一想】

　　在农产品电商企业的产品详情页中，为什么细节展示和卖点展示对买家的购买决策起到重要作用？请简要说明。

【思考指引】

　　可以结合具体的电商平台和店铺实例进行说明，以便更加直观地说明各模块的设计规范和功能；在分析过程中要注重对比和归纳，突出各模块之间的差异性和共性；可以适当引用相关的设计原则和用户体验理论来支持自己的分析。

## 储备二：产品详情页的策划逻辑

**问题：** 产品详情页的策划逻辑包括哪些步骤？每个步骤的具体作用是什么？如何通过这些步骤有效地引导买家完成从产生兴趣到最终购买的过程？

产品详情页的策划逻辑总共包括 4 个步骤，分别为引起注意、提升兴趣、建立信任和消除疑虑。

### 1．引起注意

买家进入产品详情页意味着其对产品有一定的兴趣，此时，卖家需要使用精美的产品海报、产品活动信息等吸引买家的注意力，促使其继续浏览产品详情页。

### 2．提升兴趣

在成功吸引买家的注意力后，卖家下一步要做的是提升买家对产品的兴趣。卖家可以通过展示产品的详细信息、讲述产品的故事、强调产品的独特之处等来突出产品的核心卖点。例如，卖家可以介绍产品的制作过程、使用的优质材料、独特的产地优势（见图 3-38）等，以提升买家对产品的兴趣。

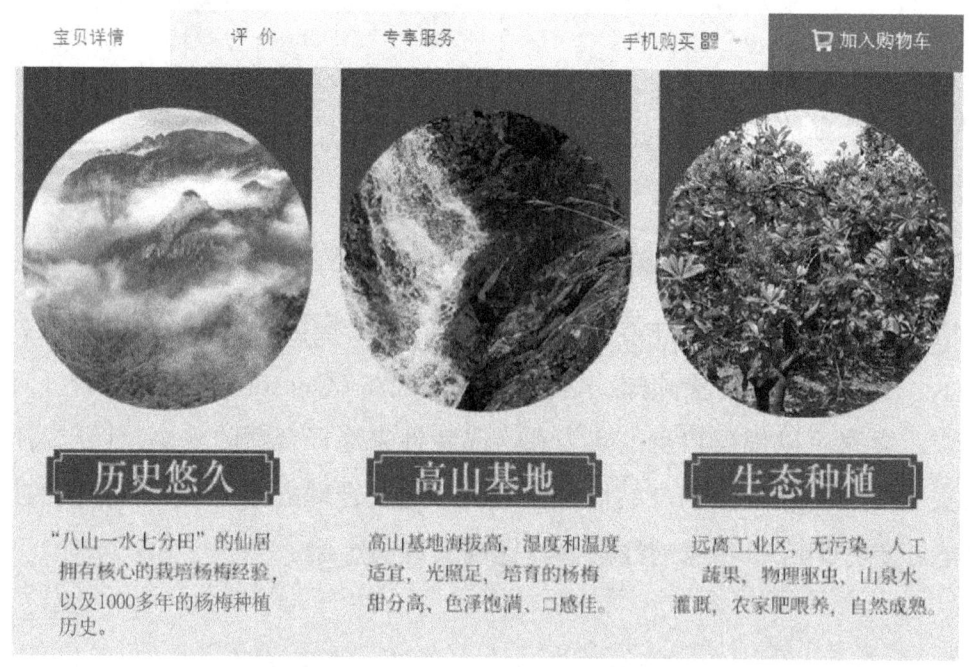

图 3-38　产品独特的产地优势

### 3．建立信任

在提升买家对产品的兴趣后，卖家需要让买家对产品产生信任感，让买家相信产品是可靠的。这时，卖家可以拿出关键证据（如权威证书、工厂或品牌背书、原产地背书、质检报告、专家评审、授权书、进口报关单等）来证明产品，以便取得买家对产品的信任。产品荣誉与权威认证示例如图 3-39 所示。

图 3-39　产品荣誉与权威认证示例

## 4. 消除疑虑

买家对产品产生购买兴趣后，可能会产生疑虑。例如，买家会考虑买了不合适能退吗？产品在使用中出现问题怎么办？买了之后会不会降价？有些买家在购物时会被这些疑虑阻挡在成交的门外，对此，卖家可以在产品详情页中承诺 7 天无理由退货、免费维修、买贵退差价等来消除买家的疑虑，促使其做出购买决策。卖家的承诺示例如图 3-40 所示。

图 3-40　卖家的承诺示例

## 引导训练

### 训练：掌握产品详情页设计的方法

#### （一）基本信息模块设计导练

基本信息模块设计的具体步骤如下。

步骤 1，新建文件。在 Photoshop 中新建一个文件，将文件命名为"基本信息模块制作"，将宽度设置为 790 像素，将高度设置为 300 像素，将分辨率设置为 72 像素/英寸，将色彩模式设置为 RGB，将背景色设置为白色。

步骤 2，输入文本。输入产品的品牌、系列、型号、产地等信息，并对输入的文本进行排版设计。至此，基本信息模块设计完成，最终效果如图 3-41 所示。

| | | |
|---|---|---|
| 品牌：遇果园 | 系列：柠檬 | 型号：柠檬 |
| 产地：中国 | 省份：浙江 | 是否为有机食品：是 |
| 包装方式：箱装 | 售卖方式：单品 | 原产地：中国 |
| 净含量：1000g | 生鲜储存温度：0～8℃ | 单果重量：160～170g |
| 个数：6～8个 | 厂名：****** | 厂址：****** |
| 厂家联系方式：****** | 保质期：一年 | |

图 3-41 基本信息模块的最终效果

#### （二）产品展示模块设计导练

产品展示模块设计的具体步骤如下。

步骤 1，新建文件。在 Photoshop 中新建一个文件，将文件命名为"产品展示模块制作"，将宽度设置为 790 像素，将高度设置为 1400 像素，将分辨率设置为 72 像素/英寸，将色彩模式设置为 RGB，将背景色设置为白色。

步骤 2，导入素材图。选择素材图，依次将 4 张素材图拖动到页面对应的位置，效果如图 3-42 所示。

步骤 3，制作模块标题。在背景图层上绘制两条相同的绿色短线段，输入文本"产品展示"，对图形与文本的位置进行调整，效果如图 3-43 所示。

步骤 4，绘制线段。在第一张素材图的右侧绘制一条浅绿色的短线段。

步骤 5，输入文本。在第一张素材图的右侧输入如图 3-44 所示的文本，并为文本设置合适的字体、字号、字符间距及颜色。采用相同的方法为其他素材图匹配相应的文本。至此，产品展示模块设计完成，最终效果如图 3-45 所示。

图 3-42 素材图导入效果

图 3-43 模块标题制作效果

图 3-44 完成第一张素材图的文本输入

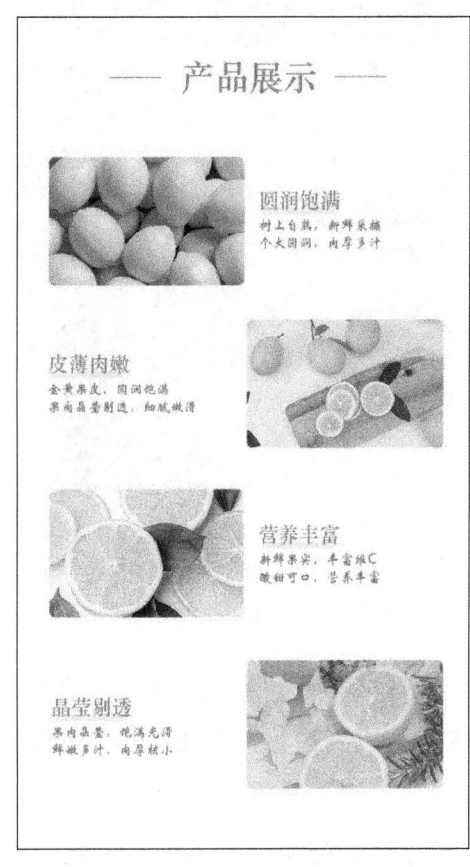

图 3-45 产品展示模块的最终效果

### （三）卖点展示模块设计导练

卖点展示模块设计的具体步骤如下。

步骤 1，新建文件。在 Photoshop 中新建一个文件，将文件命名为"卖点展示模块制作"，将宽度设置为 790 像素，将高度设置为 1400 像素，将分辨率设置为 72 像素/英寸，将色彩模式设置为 RGB，将背景色设置为白色。

步骤 2，导入素材图。选择素材图，依次将 3 张素材图拖动到页面对应的位置，效果如图 3-46 所示。

步骤 3，制作模块标题。在背景图层上绘制两条相同的绿色短线段，输入文本"产地优势"，对图形与文本的位置进行调整，效果如图 3-47 所示。

图 3-46　素材图导入效果

图 3-47　模块标题制作效果

步骤 4，绘制矩形。在 3 张素材图的左下角分别绘制一个矩形，设置矩形的填充色为 #639615、描边为白色，效果如图 3-48 所示。

步骤 5，输入文本。在上一步绘制的矩形中分别输入相应的文本，并为文本设置合适的字体、字号、字符间距及颜色。至此，卖点展示模块设计完成，最终效果如图 3-49 所示。

图 3-48　矩形绘制效果　　　　　　　　图 3-49　卖点展示模块的最终效果

### （四）产品对比模块设计导练

产品对比模块设计的具体步骤如下。

步骤 1，新建文件。在 Photoshop 中新建一个文件，将文件命名为"产品对比模块制作"，将宽度设置为 790 像素，将高度设置为 1020 像素，将分辨率设置为 72 像素/英寸，将色彩模式设置为 RGB，将背景色设置为白色。

步骤 2，导入素材图。选择素材图，依次将 3 张素材图拖动到页面对应的位置，效果如图 3-50 所示。

步骤 3，制作模块标题。在背景图层上绘制两条相同的绿色短线段，输入文本"产品优势"，对图形与文本的位置进行调整，效果如图 3-51 所示。

步骤 4，绘制图形。在背景图层上绘制如图 3-52 所示的圆角矩形、正圆形和三角形，并调整图形的位置，效果如图 3-52 所示。

步骤 5，输入文本。在上一步绘制的图形中分别输入相应的文本，并为文本设置合适的字体、字号、字符间距及颜色。至此，产品对比模块设计完成，最终效果如图 3-53 所示。

图 3-50　素材图导入效果

图 3-51　模块标题制作效果

图 3-52　图形绘制效果

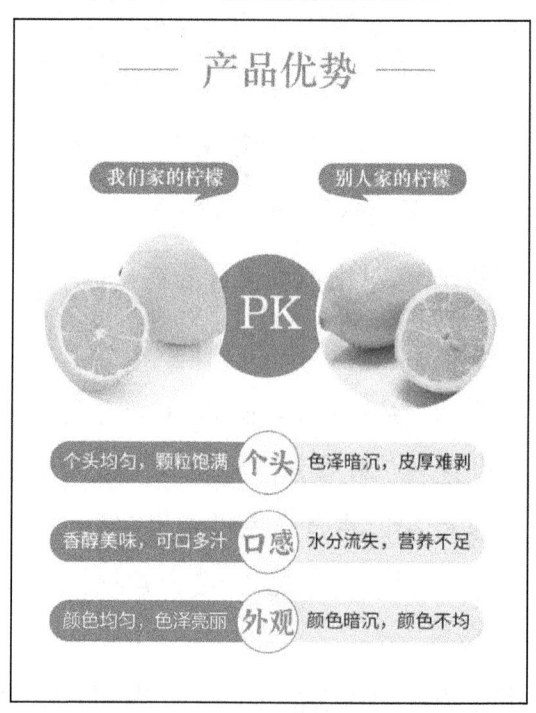

图 3-53　产品对比模块的最终效果

**（五）购买须知模块设计导练**

购买须知模块设计的具体步骤如下。

步骤 1，新建文件。在 Photoshop 中新建一个文件，将文件命名为"购买须知模块制作"，将宽度设置为 790 像素，将高度设置为 900 像素，将分辨率设置为 72 像素/英寸，将色彩模式设置为 RGB，将背景色设置为#e2efba。

步骤 2，绘制图形。在背景图层上绘制一个白色的圆角矩形和 3 条绿色的虚线，并调整图形的位置，效果如图 3-54 所示。

图 3-54 图形绘制效果

步骤 3，输入文本。在上一步绘制的白色矩形中输入相应的文本，并为文本设置合适的字体、字号、字符间距及颜色，效果如图 3-55 所示。

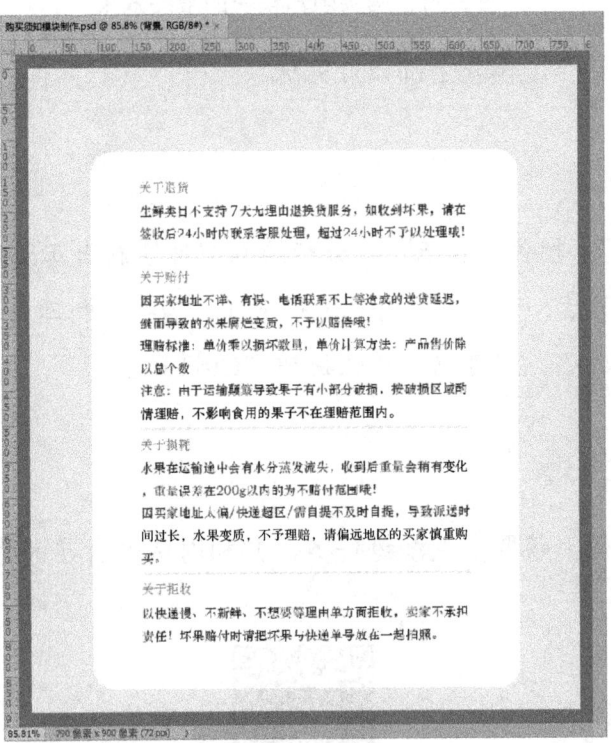

图 3-55 文本输入效果

步骤 4，制作模块标题。在背景图层上绘制两条相同的绿色短线段，输入文本"购买须知"，对图形与文本的位置进行调整。至此，购买须知模块设计完成，最终效果如图 3-56 所示。

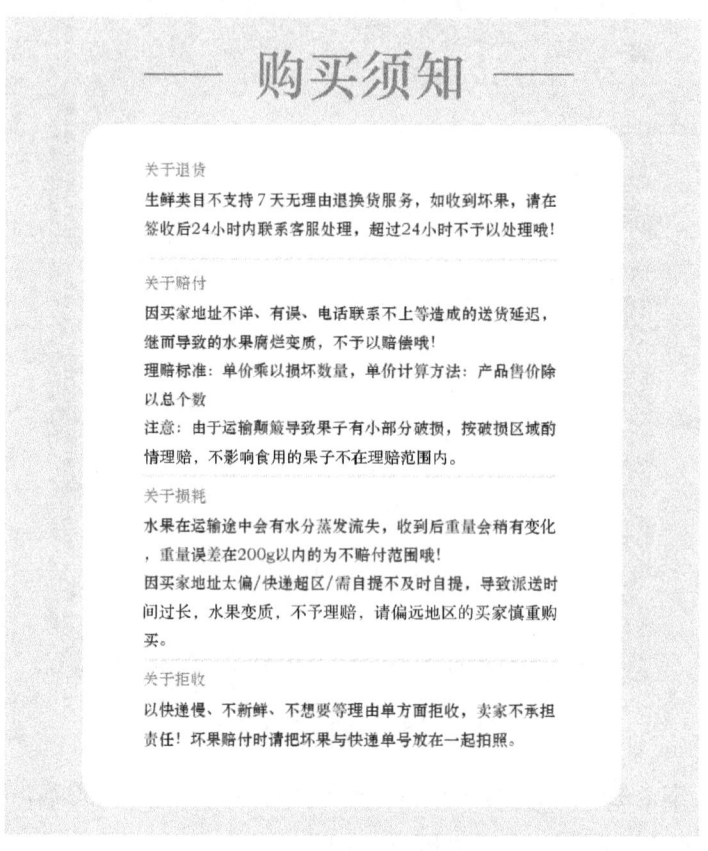

图 3-56　购买须知模块的最终效果

至此，产品详情页的 5 个模块全部设计完成。

## 技巧提醒

- 选择"椭圆工具"，按住"Shift"键进行绘制即可绘制出正圆形。
- 在选择多边形工具后，可以对其边数进行设置，若要绘制三角形，则可修改边数为 3。
- 若要改变图形的大小，则可以使用快捷键"Ctrl+T"。

## 自主演练

请扫描下方的二维码，获取自主演练任务，并利用从"引导训练"中学到的知识，完成自主演练任务。

## 任务三　自定义页设计，进行个性化视觉呈现

### 知识储备

#### 储备一：自定义页的类型

**问题：** 自定义页在店铺中扮演着怎样的角色？品牌故事页、活动推广页、会员中心页各自的功能和设计要点是什么？这些自定义页是如何帮助卖家提升品牌形象、吸引流量、提高买家忠诚度的？

自定义页是一种允许卖家根据自身需求设计的店铺页面，具体类型包括品牌故事页、活动推广页、会员中心页等。

#### 1．品牌故事页

品牌故事页用于介绍品牌的起源、发展历程、品牌理念等信息，以便帮助买家更好地了解品牌，增强对品牌的认同感和信任感。在设计品牌故事页时，卖家需要提炼出品牌的价值观和特点，采用简洁明了的语言和设计风格，让买家快速了解品牌。同时，卖家可以通过添加品牌标志、品牌形象图片等元素，提升品牌的辨识度和形象。品牌故事页示例如图 3-57 所示。

图 3-57　品牌故事页示例

#### 2．活动推广页

活动推广页是用于宣传店铺的促销活动、限时优惠、新品上市等信息的重要页面，其组

成一般包括活动海报、活动时间、活动优惠等模块。通过活动推广页，卖家可以吸引买家的眼球，增加店铺的流量，提升店铺的销售额。在设计活动推广页时，卖家需要明确活动的主题和目标人群，设计出吸引人的视觉效果和创意元素，同时配合合适的色彩和字体，设计出符合活动氛围的页面风格。此外，卖家还需要简洁明了地阐述活动规则、活动时间、活动地点等重要信息，以便买家参与活动。活动推广页示例如图 3-58 所示。

图 3-58　活动推广页示例

### 3. 会员中心页

会员中心页是为店铺会员提供的专属页面，用于展示会员等级、积分情况、会员权益等信息，并提供会员专享的活动和优惠信息。通过会员中心页，卖家可以提高会员的忠诚度和复购率。在设计会员中心页时，卖家需要明确会员的权益和规则，设计出符合会员需求的页面布局和功能模块。例如，卖家可以设置会员积分兑换、会员活动报名等模块，以便会员参与活动、与卖家进行互动等。同时，卖家需要注重会员中心页的用户体验和易用性，以便会员快速获取所需信息。会员中心页示例如图 3-59 所示。

图 3-59　会员中心页示例

【想一想】

　　请结合前述所学，思考在设计活动推广页时应如何吸引买家的眼球。

【思考指引】

　　可结合具体案例或实际经验，从突出活动亮点、运用视觉设计方法、创新内容表达方式、明确活动信息、优化用户体验等几个方面展开论述。

## 储备二：自定义页的设计原则

　　**问题：** 在进行自定义页设计时，卖家应遵循哪些原则来确保页面的布局合理、对用户（买家）友好、页面的设计与店铺整体风格一致？请具体解释这些原则，并探讨它们是如何提升用户的浏览体验和购买意愿的。

　　卖家在进行自定义页设计时，应该遵循以下原则。

### 1. 布局合理

　　卖家在进行自定义页设计时，应该合理分配内容，使用户能够快速浏览和理解页面的结构。卖家应将重要的信息和功能放在页面显眼的位置，遵循用户的阅读习惯和信息流的规律，以提升用户的浏览效率和体验。

### 2. 对用户友好

　　卖家在进行自定义页设计时，应着重考虑用户的体验和需求，使其能够轻松地完成浏览、购买等操作。对用户友好的设计可以通过提供清晰的导航和搜索功能、使用简洁明了的语言和图标、提供明确的操作指引等来实现。此外，卖家还应考虑页面的加载速度，避免使用过多的动画效果和大型媒体文件，以提高页面的加载速度。

### 3. 设计统一

　　页面设计应与店铺整体风格和品牌形象保持一致。卖家应使用相似的颜色、字体和样式，以确保自定义页与其他页面之间具有统一性，从而提高自定义页的辨识度。

【想一想】

　　请结合前述所学，思考在进行自定义页设计时，如何平衡布局合理性和设计创新性？

【思考指引】

　　可以结合具体的案例或实践经验，分析如何在保证布局合理性的基础上实现设计创新，以及如何在设计创新中保持布局合理性；同时，可以考虑使用设计原则、用户体验理论等来支撑自己的论点，使自己的论点更有说服力。

## 引导训练

### 训练：掌握自定义页设计的方法

已知自定义页的常见类型有品牌故事页、活动推广页、会员中心页等，下面以活动推广页为例讲解自定义页设计的方法。

#### （一）活动海报模块设计导练

活动海报模块设计的具体步骤如下。

步骤 1，导入背景图片。打开 Photoshop，选择"文件"→"打开"命令，选择背景图片，将其导入 Photoshop 中。

步骤 2，导入素材图。选择素材图，将其拖动到背景图片对应的位置，效果如图 3-60 所示。

步骤 3，输入文本。在导入的素材图中输入如图 3-61 所示的文本，并为文本设置合适的字体、字号、字符间距及颜色。输入文本"水果限时特惠"，并做适当的艺术变形。至此，活动海报模块设计完成，最终效果如图 3-62 所示。

图 3-60　素材图导入效果

图 3-61　文本输入效果

图 3-62　活动海报模块的最终效果

## （二）活动时间模块设计导练

活动时间模块设计的具体步骤如下。

步骤 1，新建文件。在 Photoshop 中新建一个文件，将文件命名为"活动时间模块制作"，将宽度设置为 1200 像素，将高度设置为 300 像素，将分辨率设置为 72 像素/英寸，将色彩模式设置为 RGB，将背景色设置为#fba246。

步骤 2，绘制图形。绘制如图 3-63 所示的圆角矩形、正圆形、三角形、矩形等图形，并根据视觉效果为某些图形添加图层样式，如斜面和浮雕、内发光、投影等。

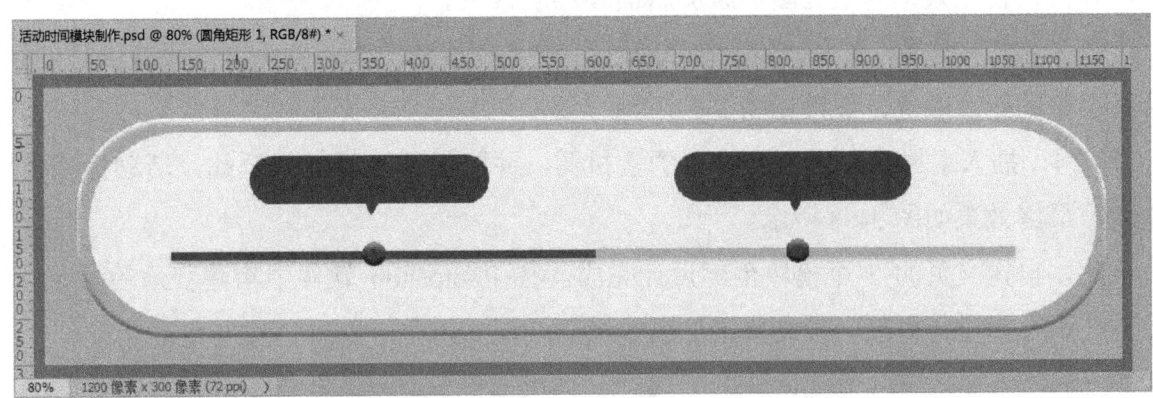

图 3-63　图形绘制效果

步骤 3，输入文本。在上一步绘制的图形中输入相应的文本，并为文本设置合适的字体、字号、字符间距及颜色，效果如图 3-64 所示。至此，活动时间模块设计完成，最终效果如图 3-65 所示。

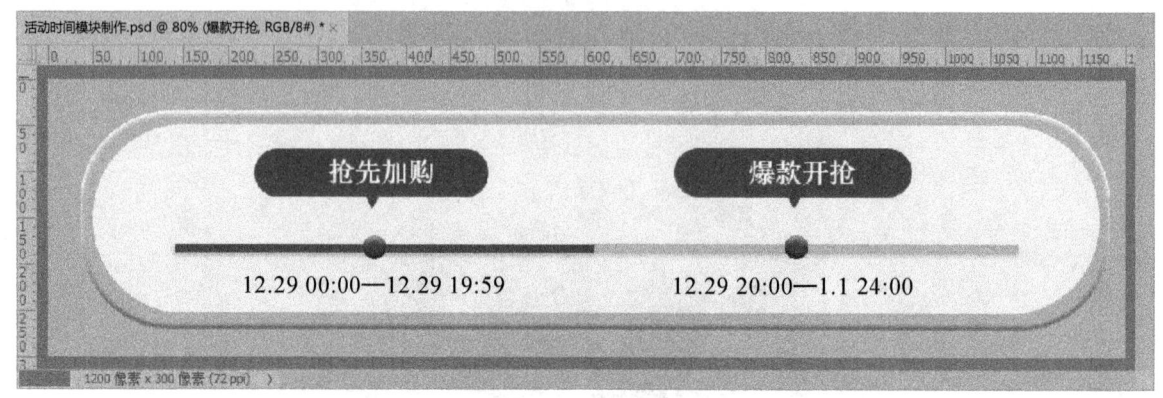

图 3-64　文本输入效果

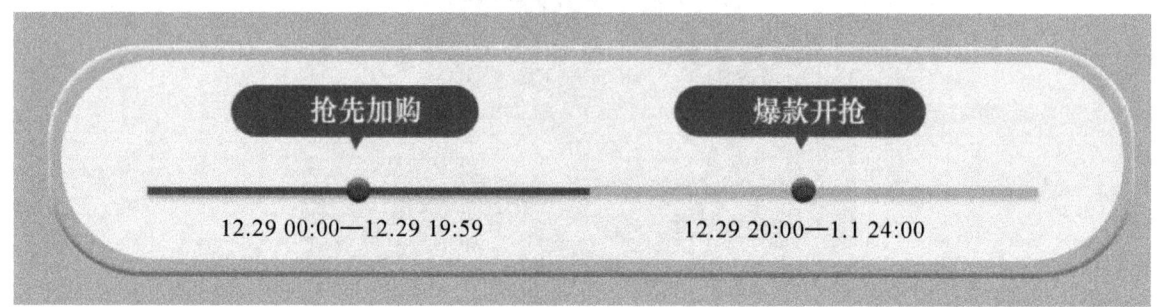

图 3-65　活动时间模块的最终效果

### （三）活动优惠模块设计导练

活动优惠模块设计的具体步骤如下。

步骤 1，新建文件。在 Photoshop 中新建一个文件，将文件命名为"活动优惠模块制作"，将宽度设置为 1200 像素，将高度设置为 1400 像素，将分辨率设置为 72 像素/英寸，将色彩模式设置为 RGB，将背景色设置为#fba246。

步骤 2，绘制图形。绘制如图 3-66 所示的线段、梯形、正圆形、不同尺寸的圆角矩形等图形，并根据视觉效果为某些图形添加斜面和浮雕效果。

步骤 3，输入文本。在上一步绘制的图形中输入相应的文本，并为文本设置合适的字体、字号、字符间距及颜色，效果如图 3-67 所示。

步骤 4，插入素材图。插入购物车的素材图，并降低其透明度。至此，活动优惠模块设计完成，最终效果如图 3-68 所示。

至此，自定义页的 3 个模块全部设计完成。在 Photoshop 软件中新建合适的画布，将 3 个模块在画布中进行拼接，最终效果如图 3-69 所示。

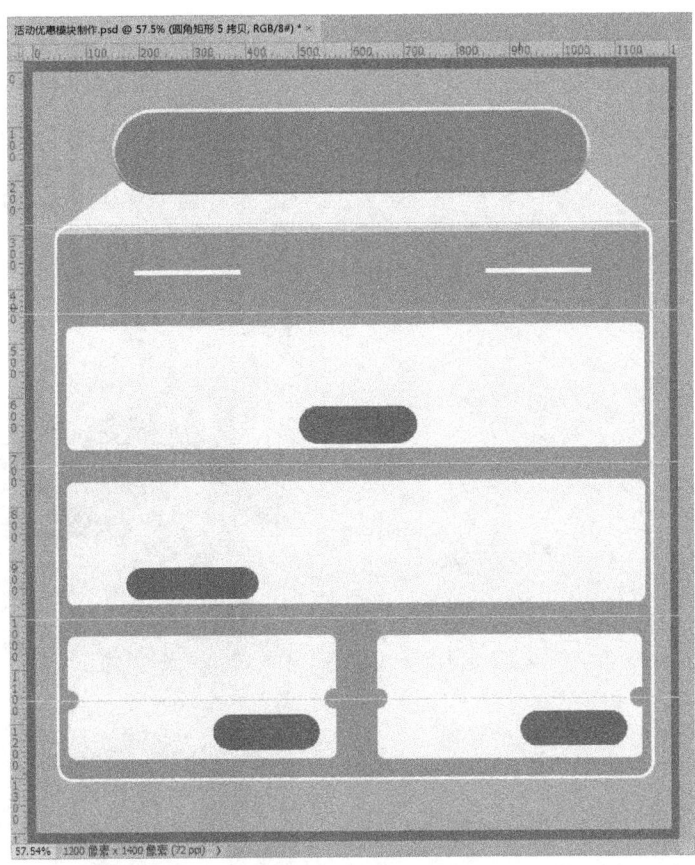

图 3-66  图形绘制效果

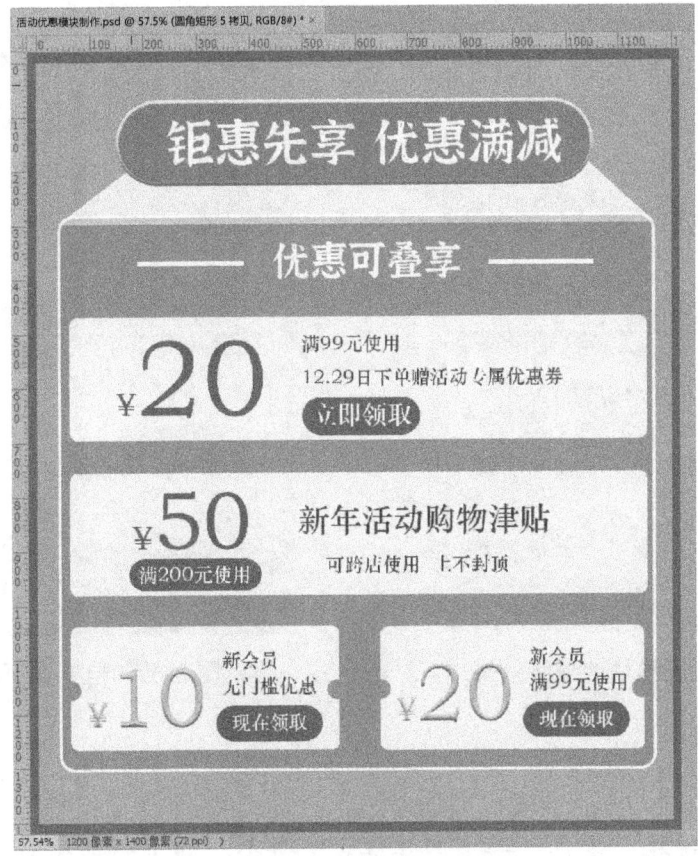

图 3-67  文本输入效果

图 3-68　活动优惠模块的最终效果　　　　　图 3-69　自定义页的最终效果

 **技巧提醒**

选中一个图层，选择"图层"→"图层样式"命令，即可为所选图层添加斜面、浮雕、描边、内阴影、内发光、光泽等多种图层样式。

## 自主演练

请扫描下方的二维码，获取自主演练任务，并利用从"引导训练"中学到的知识，完成自主演练任务。

## 国际视野

请扫描下方的二维码，获取本项目国际视野的相关内容。

## 重点聚焦

请扫描下方的二维码，获取本项目对标竞赛与考证需求的内容。这是学生需要重点理解与掌握的内容。

## 课后小考

请扫描下方的二维码，获取题目并作答。

# 项目四

## 农产品平台营销

### ——精通国内外农产品平台营销活动的类型与方法

农产品平台营销对卖家而言，是提升农产品销量和市场份额、增加利润的关键途径。通过有效的农产品平台营销策略，卖家能够吸引目标客户、提升品牌知名度和市场份额，从而从激烈的市场竞争中脱颖而出。同时，农产品平台营销有助于降低销售成本、提高运营效率，为卖家带来更多的商业机会和收益。

 **目标导航**

**知识目标**

1. 熟悉我国平台营销活动的常见类型与准入规则。

2. 了解我国电商平台上常用的营销工具。

3. 熟悉东南亚地区平台营销活动的常见类型与准入规则。

4. 了解东南亚地区电商平台上的特色营销工具。

5. 熟悉平台营销数据采集的方法。

6. 了解活动复盘的方向与优化方法。

**能力目标**

1. 能根据我国平台营销活动的准入规则完成淘宝、拼多多的营销活动报名。

2. 能根据东南亚地区平台营销活动的要求完成 Lazada、Shopee 的营销活动报名。

3. 能完成平台营销活动效果分析。

**素养目标**

1. 在农产品平台营销过程中，遵守相关的法律法规，如《中华人民共和国广告法》《中华人民共和国消费者权益保护法》等，避免发生违法违规行为。

2. 在农产品平台营销过程中，具备对市场洞察和趋势把握的能力，具体包括了解市场的变化和趋势、分析竞争对手的活动策略和行业动态，以及根据这些信息调整和优化自己的营销活动，以保持竞争优势。

3. 在农产品平台营销过程中，培养数据驱动决策的运营思维，具备数据挖掘分析应用能力，以持续优化平台营销活动，实现更好的营销效果。

## 项目导图

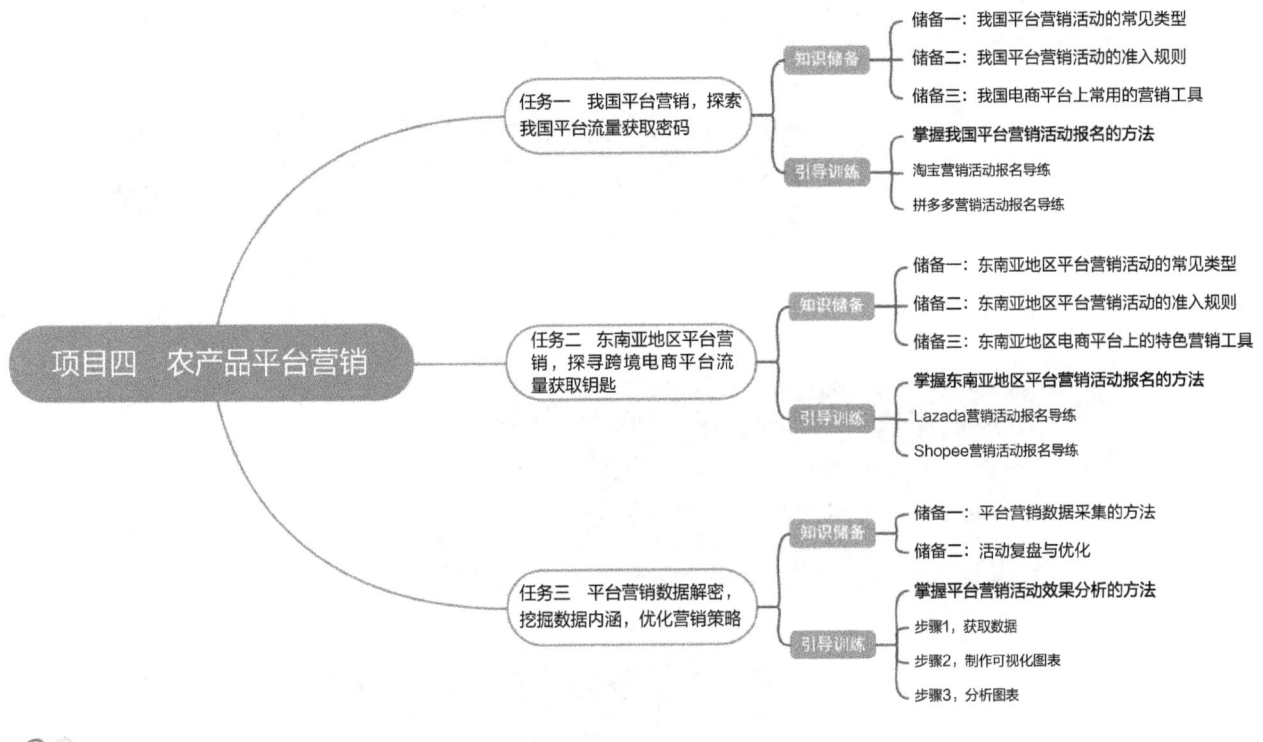

## 学习热身

卖家在电商平台上进行营销活动报名时，需要提前了解营销活动的准入规则，只有自己的店铺满足相关条件，才有可能报名成功。

小秦是某农产品电商企业的一名运营专员，主要负责该企业店铺的日常运营工作。某日，小秦计划为店铺的部分农产品报名 Shopee 限时抢购活动，但是他在 Shopee 后台的营销中心找了很长时间也没有找到报名入口。于是，他虚心地向运营主管请教，想知道是不是因为自己没找对方向才导致没有找到报名入口。运营主管在获悉小秦的问题后开始帮他进行分析。

你的问题我看到了，你之所以没有找到 Shopee 限时抢购活动的报名入口，我认为原因是 Shopee 尚未给我们的店铺开放该活动的报名入口。

领导，Shopee 怎样才能给我们的店铺开放该活动的报名入口呢？

我们的店铺需要保持 0 计分记录和良好的账户健康状态，这样才有可能获得报名资格。

好的，领导，看来我需要优化店铺的评分并维护好店铺的账户健康状态。

嗯嗯。另外需要注意，Shopee 限时抢购活动与店内秒杀不同：Shopee 限时抢购活动是由 Shopee 主办的官方营销活动，店内秒杀是店铺举办的营销活动，千万不要搞混了。

嗯嗯，谢谢领导！我这就去学习。

 **想一想：** 如果你是小秦，在和领导沟通时，会询问哪些问题？

### 词组学习

**1. PayPal**

PayPal（详见本项目的"国际视野"）是全球知名的在线支付平台，成立于 1998 年，总部位于美国加利福尼亚州圣荷西市。它允许用户通过电子邮件地址和密码在网上进行注册和登录，完成在线支付和收款；支持多种货币，广泛应用于跨境电商、在线购物、个人之间的资金转账等场景。用户可以将自己的 PayPal 账户与银行账户、信用卡或借记卡绑定，在购物时只需登录 PayPal 账户即可完成支付，无须直接向卖家提供银行卡信息，从而提高了支付的安全性和便捷性。

**2. DSR 评分**

DSR 评分即 Detail Seller Rating 的缩写，通常是指在电商平台上，买家对卖家的店铺服务进行评价的一个综合评分体系。DSR 评分主要包括 3 个方面，分别是宝贝与描述相符、卖家的服务态度、物流服务的质量。买家在完成交易后，可以根据自己的实际体验对这 3 个方面进行打分，分数通常为 1～5 分，5 分为最高分。DSR 评分是衡量卖家店铺运营状况的重要指标之一，较高的 DSR 评分可以提高店铺的信誉度和排名，吸引更多的买家购买商品，而较低的 DSR 评分则可能会对店铺的流量和销售产生负面影响。

# 任务一　我国平台营销，探索我国平台流量获取密码

## 知识储备

### 储备一：我国平台营销活动的常见类型

**问题：** 淘宝和拼多多分别有哪些常见的营销活动？这些营销活动有何特点？卖家应如何根据店铺经营商品的类型和店铺资质选择合适的营销活动进行报名呢？

**（一）淘宝营销活动：常见类型大盘点**

目前，淘宝的营销活动主要包括平台活动和行业活动这两种。这两种营销活动又分为 4 个活动等级，按活动等级由高到低排序依次为平台特大型活动>平台大型活动>行业大型活动>行业中型活动。

在淘宝卖家后台营销活动中心的大促日历中可以查看每个月的营销活动。例如，2023 年 11 月—2024 年 1 月，淘宝有 7 场 3 种不同等级的营销活动，分别为行业大型活动（2023 年 11 月淘宝服饰新风潮、24 年淘宝 1 月服饰新风潮、淘宝高能打折节）、平台大型活动（2023 年淘宝双旦礼遇季、淘宝年终好价节、2024 年淘宝年货节）、平台特大型活动（2023 年淘宝双 11），如图 4-1 所示。农产品卖家可以参考大促日历，结合自身所经营农产品的特征及自身的实际情况选择合适的营销活动进行报名。

**（二）拼多多营销秘籍：活动类型一览无遗**

拼多多常见的营销活动有大促活动、百亿补贴、限时秒杀、9 块 9 特卖等，如图 4-2 所示，不同的类型的营销活动下都有若干活动可选。例如，在选择 9 块 9 特卖活动后，可以看到其

下有 12 个活动，如图 4-3 所示。农产品卖家可以根据自身店铺经营产品的类型和店铺资质，选择合适的营销活动进行报名。

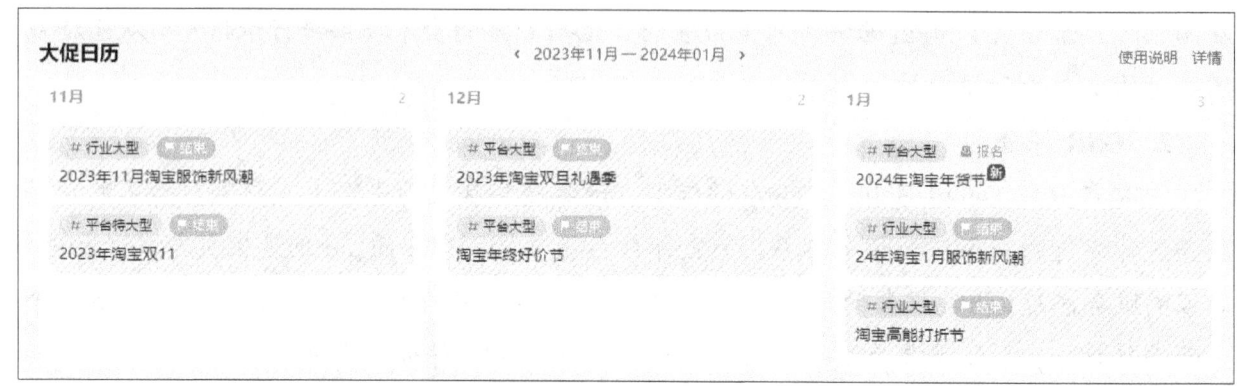

图 4-1　2023 年 11 月—2024 年 1 月淘宝的营销活动

图 4-2　拼多多常见的营销活动

图 4-3　拼多多的 9 块 9 特卖活动

## 储备二：我国平台营销活动的准入规则

**问题：**淘宝和拼多多营销活动的准入规则分别有哪些？卖家应如何根据这些准入规则选择合适的营销活动进行报名？卖家在报名时需注意哪些特定活动的具体准入规则？

### （一）淘宝营销大门如何开？准入规则全解析

从千牛卖家中心的平台规则中可以查看《淘宝网营销活动规范》。它指出了淘宝营销活动的报名要求，如表 4-1 所示。另外，对于特殊营销活动，卖家还需遵循其他规定，如 2024 年淘宝年货节活动的准入规则（部分）（见表 4-2）。

**表 4-1　淘宝营销活动的报名要求**

| 违规限制 | （1）近 90 天内无一般违规行为节点处理记录。<br>（2）近 90 天内无虚假交易扣分。<br>（3）近 365 天内无严重违规行为节点处理记录。<br>（4）近 730 天内出售假冒商品分值未达 24 分，本自然年内出售假冒商品累计未达二振。<br>（5）近 60 天内无异常店铺管控处罚记录。<br>（6）未在搜索屏蔽店铺期。<br>（7）无其他被限制参加营销活动的情形 |
| --- | --- |
| 服务能力 | 店铺综合体验分≥4.2 分 |
| 品质分 | 商品品质分≥50 分 |
| 经营能力 | 淘宝还将结合卖家多维度的经营情况（如诚信经营情况、店铺品质、商品竞争力等）及各营销活动的侧重点等对卖家进行综合评估 |

**表 4-2　2024 年淘宝年货节活动的准入规则（部分）**

| 卖家准入规则 | （1）本活动面向淘宝卖家。<br>（2）淘宝卖家须满足《淘宝网营销活动规范》的要求（自活动报名之时起，至活动结束，须符合店铺 DSR 评分 3 项均≥4.6 分）。<br>（3）完成激活店铺钉钉（需要主账号）或绑定钉钉的操作。<br>（4）卖家店铺未设置一键打烊功能。<br>（5）纳入 3 分钟人工响应率考核范围的卖家，其店铺 3 分钟人工响应率≥60%。<br>注：纳入 3 分钟人工响应率考核范围的卖家为店铺状态正常、达到一定经营规模的淘宝卖家。达到一定经营规模是指卖家的卖家层级达到 Lv.5 及以上。同时，淘宝将综合考虑店铺服务能力、成交能力等因素 |
| --- | --- |
| 商品准入规则 | （1）申报商品数量。<br>商品报名页面中的可报名数量会因淘宝卖家成长层级不同而有所不同。<br>① Lv.1、Lv.2：3 款≤行业特色卖家和其他卖家≤5 款。<br>② Lv.3～Lv.6：50 款≤行业特色卖家≤100 款，3 款≤其他卖家≤100 款。<br>③ Lv.7、Lv.8：50 款≤行业特色卖家≤600 款，3 款≤其他卖家≤600 款。<br>（2）申报商品价格。<br>参与本次活动的商品（以下简称活动商品）价格需满足以下准入规则。<br>① 活动价格由卖家于商品报名期间进入价格申报系统自主填写，活动商品在活动期间的标价不得高于该商品在指定周期内已生效或将生效的最低标价。同时，基于交易安全及特定行业属性和惯例，对部分特殊类目活动商品所报名的活动价格可能还有其他要求，具体请以商品报名页面的展示为准。 |

续表

| | |
|---|---|
| **商品准入规则** | ② 为了向买家提供更好的营销活动体验，活动商品在活动期间的普惠券后价格不得高于该商品在指定期间已生效或将生效的最低普惠券后价格。<br>（3）活动商品要使用淘宝提供的发货工具设置发货时间，不同类目要求的时间有所不同。<br>（4）活动商品要满足"动销"校验基础准入门槛要求，即活动商品如距离首次上架时间超过90天（不含），须满足近90天销售件数≥1件的要求；首次上架时间不足90天的商品及新品不受此限制。部分类目要求距离首次上架时间超过30天（不含）的活动产品须满足近30天销售件数≥1件的条件，首次上架时间不足30天的商品及新品不受此限制。系统实时校验，不满足条件的商品不予准入。<br>（5）部分类目的活动商品需满足店铺星级、活动标价门槛、实际库存的要求。<br>（6）除本规则或/及平台另有规定外，活动商品不可同时参加同期的百亿补贴、淘宝好价、天天特卖、天天低价等活动，具体以活动页面的提示为准 |

### （二）拼多多营销之旅：准入规则大揭秘

卖家要参与拼多多的营销活动，就需要满足最基础的准入规则，即店铺状态需正常、店铺账户资金需正常、需缴纳活动保证金、店铺评分需达标，否则，卖家在报名参与营销活动时将会被提醒尚未获得营销活动报名资格，如图4-4所示。

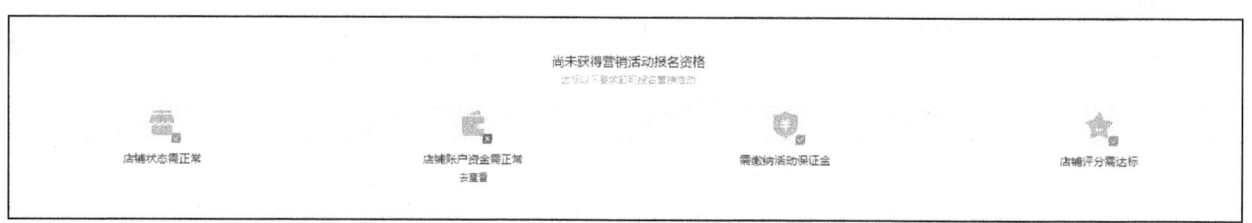

图4-4　营销活动报名资格提醒

在拼多多上，卖家要参与营销活动，除了满足最基础的准入规则，还需要满足特定营销活动的具体准入规则。不同营销活动的准入规则不尽相同，这里以百亿补贴活动的准入规则为例进行说明。卖家向拼多多申请参与百亿补贴活动，其店铺及拟参与活动的商品应当满足下列准入规则。

（1）店铺领航员综合排名达到相应的活动报名要求。

（2）商品应同时满足以下规则。

① 商品近30天的评价高于行业综合值及全站综合值。

② 商品的配送区域覆盖下列24个省、自治区、直辖市：北京、安徽、福建、广东、广西、贵州、河北、河南、黑龙江、湖北、湖南、吉林、江苏、江西、辽宁、山东、山西、陕西、上海、四川、天津、云南、浙江、重庆。

③ 商品所属品牌具备较强的品牌竞争力。

④ 商品价格不超过卖家参与拼多多其他活动的同款商品价格。

（3）卖家店铺及拟参与活动的商品是否满足上述规则，以活动报名页面的提示信息为准。

（4）若卖家填报的活动商品价格超过其他活动的同款商品价格，卖家同意按照其他活动价格销售本活动商品，则表明卖家授权拼多多执行活动商品自动跟价操作。

另外，拼多多在收到卖家的活动申请后，将根据活动要求，综合店铺及商品的经营资质、品牌授权、品牌价值、买家评价、历史交易及履约记录、所选物流及仓配服务等各项因素进行审核，并且有权自主决定是否审核通过。拼多多在审核过程中有权根据实际情况要求卖家提交相关证明文件或材料，卖家应当配合提供。

【想一想】

请结合前述所学，思考拼多多营销活动的准入规则具体有哪些。

【思考指引】

可以结合以上内容进行阐述，具体列举拼多多营销活动的准入规则，并且可以结合实例或具体活动进行说明，使答案更加具体；同时，可以强调卖家在参与活动时需仔细阅读并遵守平台规则，以确保活动能够顺利进行、卖家能够获得利益。

## 储备三：我国电商平台上常用的营销工具

**问题：** 我国电商平台上有哪些常用的营销工具？它们各自的特点和用途是什么？卖家应如何根据商品类型和市场需求选择合适的营销工具？在使用这些营销工具时，卖家需要注意哪些操作要点和策略？

### （一）平台营销利器：常规工具大赏

#### 1. 优惠券

优惠券是一种常见的营销工具，使用优惠券可以降低商品的价格。卖家可以在不用充值的前提下向新客户或不同等级的会员发放不同面额的优惠券。淘宝和拼多多优惠券的设置位置如图4-5和图4-6所示。

#### 2. 拼团

拼团是一种由买家自发形成的团购活动，它通过互联网平台将一定数量的买家聚集在一起，使其共同以折扣价格购买同一种商品。对买家来说，拼团能够以更低的价格获得所需的商品；而对卖家来说，通过让利可以吸引更多的买家参与活动，从而获得更多的订单和更高的市场份额。

#### 3. 预售

预售是指在产品正式上市前进行的一种销售。通常，预售价格会略低于正式发售价，以激发买家的购买欲望。预售在各大电商平台中非常普遍。生鲜农产品（如水果、肉类、蛋类等）的保鲜期短、易变质，在进行网络销售时，对流转周期和物流条件的要求较高。在这种情况下，预售成为一种有效的营销工具。

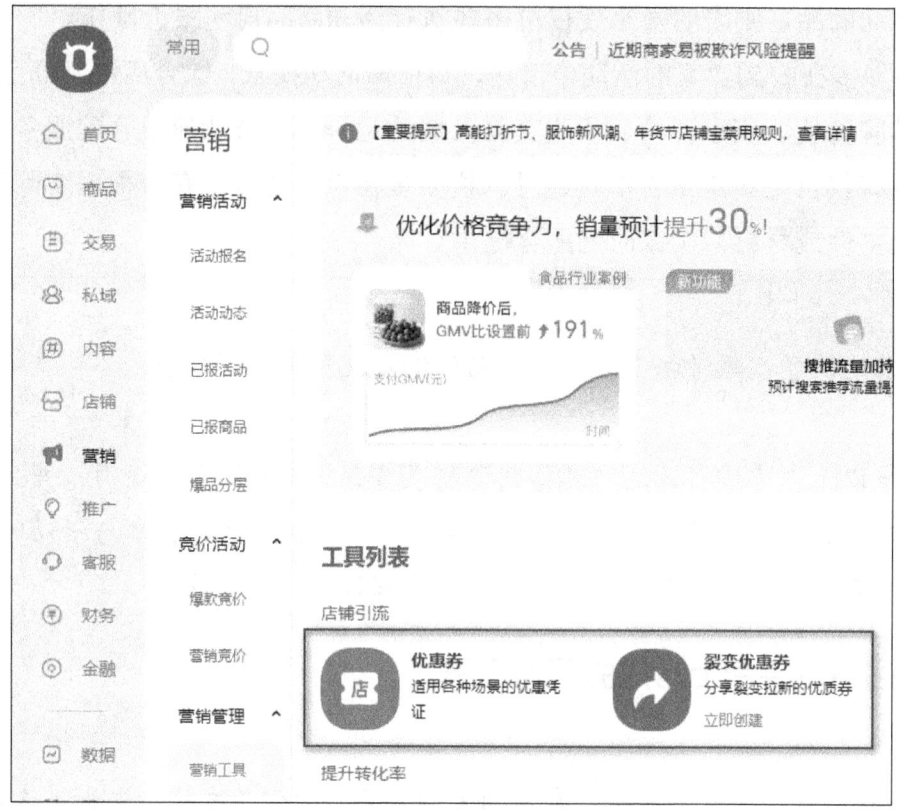

图 4-5　淘宝优惠券的设置位置

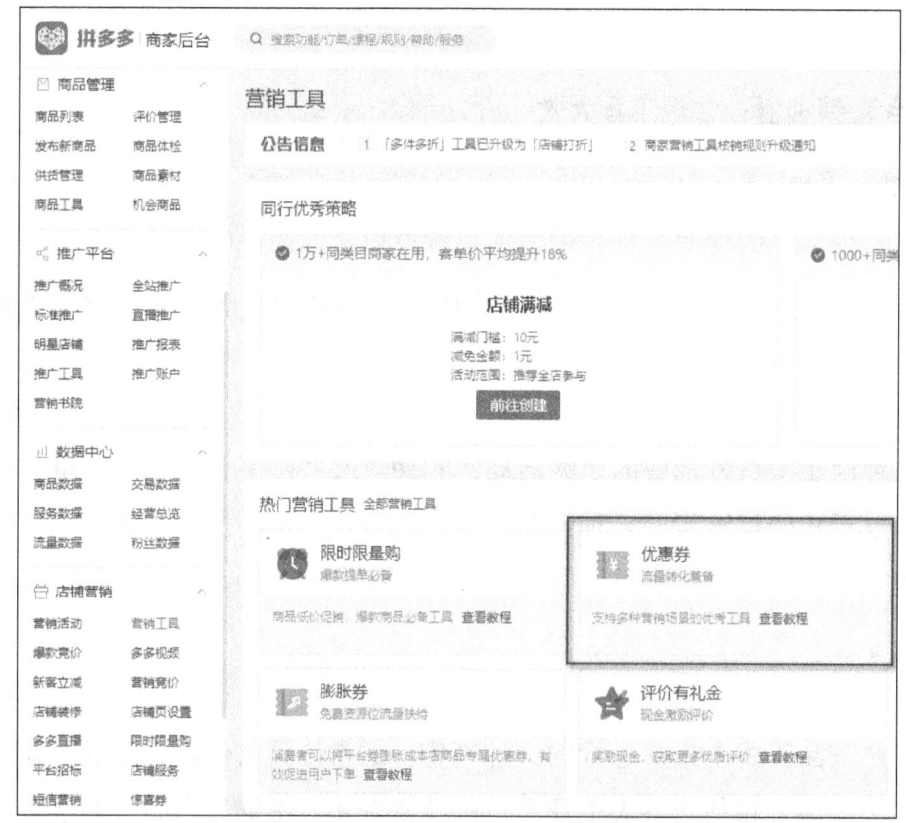

图 4-6　拼多多优惠券的设置位置

### （二）营销新玩法：特色工具带你玩转市场

#### 1. 单品宝

单品宝（见图4-7）是支持设置单品折扣的官方折扣工具，是淘宝最基础的促销玩法，其优惠可以直接表现在划线价上。单品宝有打折、减钱、促销价等多种优惠方式可以选择。它可以设置定向人群，或者对不同等级的会员设置不同的优惠层级。

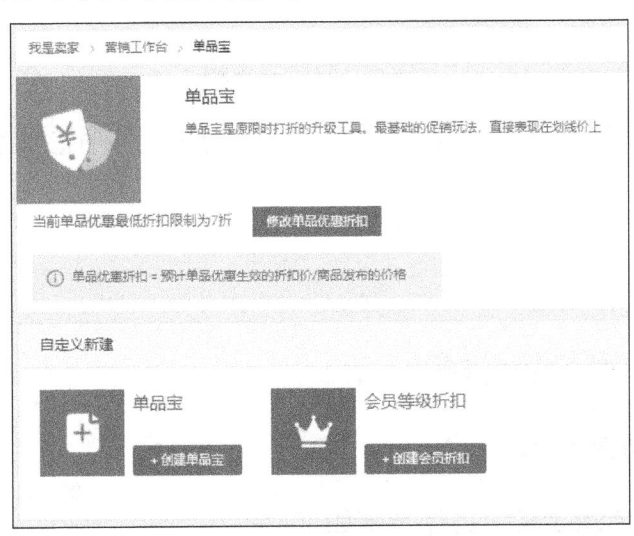

图 4-7　单品宝

#### 2. 店铺宝

店铺宝（见图 4-8）是淘宝店铺的日常营销工具，具备全店/部分商品的满元减钱、满件打折、满送权益/券等功能，是提升客单价与人均购买件数的利器。

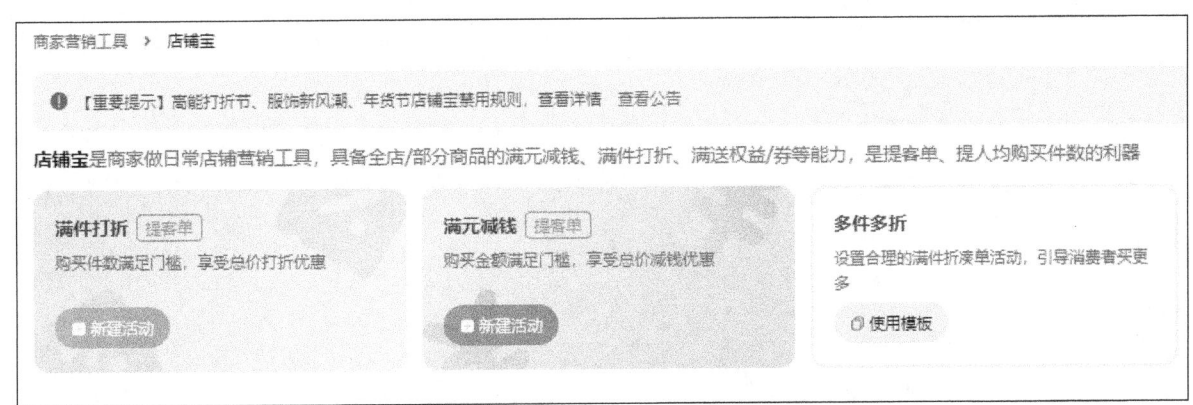

图 4-8　店铺宝

#### 3. 限时限量购

限时限量购（见图4-9）是拼多多的营销工具，其中的限量是指设置一定数量（单次最多可设置为10万件）的商品进行打折销售，卖完即止；限时是指在规定的时间内（最长可设置为7天）进行打折销售，到时即止。

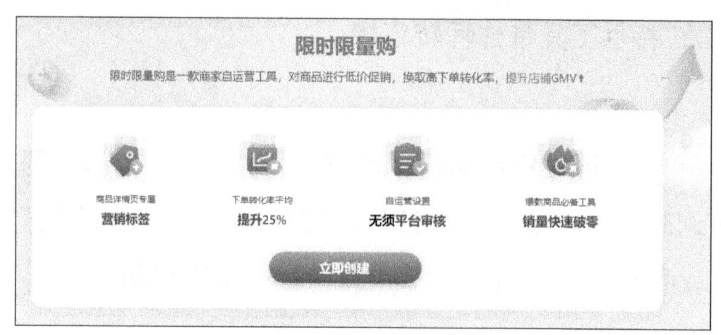

图 4-9　限时限量购

新手卖家宜先设置限时折扣，少量多次。一般情况下，限时宜设置为 1 天，限量宜设置为 200 件。

## 引导训练

### 训练：掌握我国平台营销活动报名的方法

#### （一）淘宝营销活动报名导练

在淘宝上进行营销活动报名的具体步骤如下。

步骤 1，进入活动报名页面。进入千牛卖家中心，选择"营销"→"营销活动"→"活动报名"选项，即可进入活动报名页面，如图 4-10 所示。

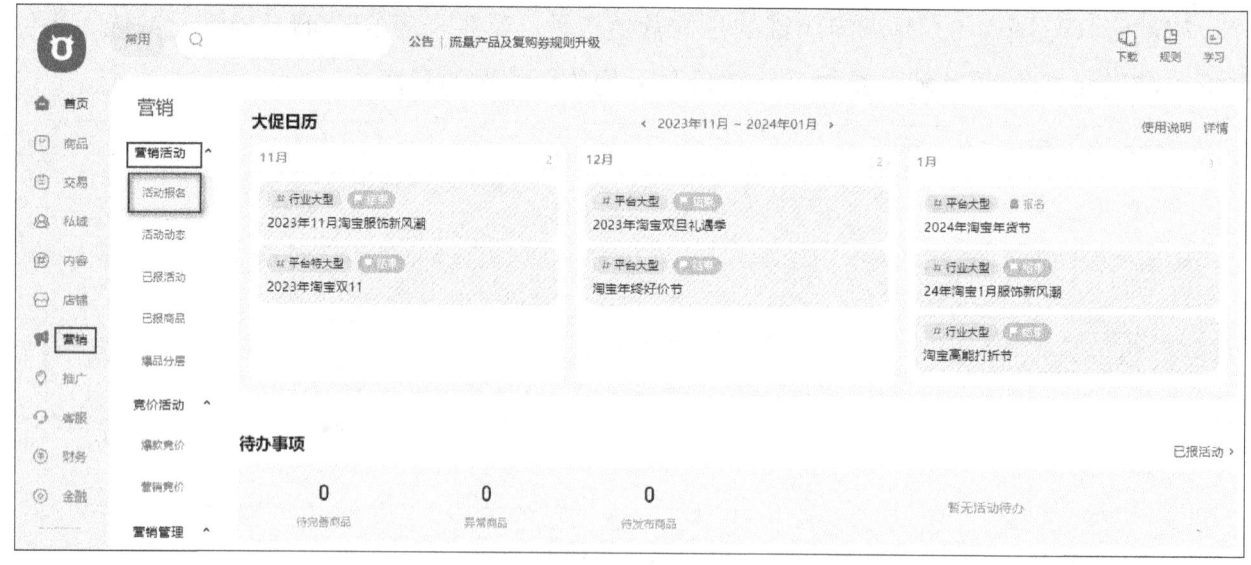

图 4-10　进入活动报名页面的路径（淘宝）

步骤 2，选择活动并了解活动规则。在"大促日历"中选择正在进行的活动，如选择"2024 年淘宝年货节"，单击"活动规则"按钮，详细了解其活动规则，如图 4-11 所示。

步骤 3，报名参与活动。在了解活动规则之后，按要求完成活动报名。

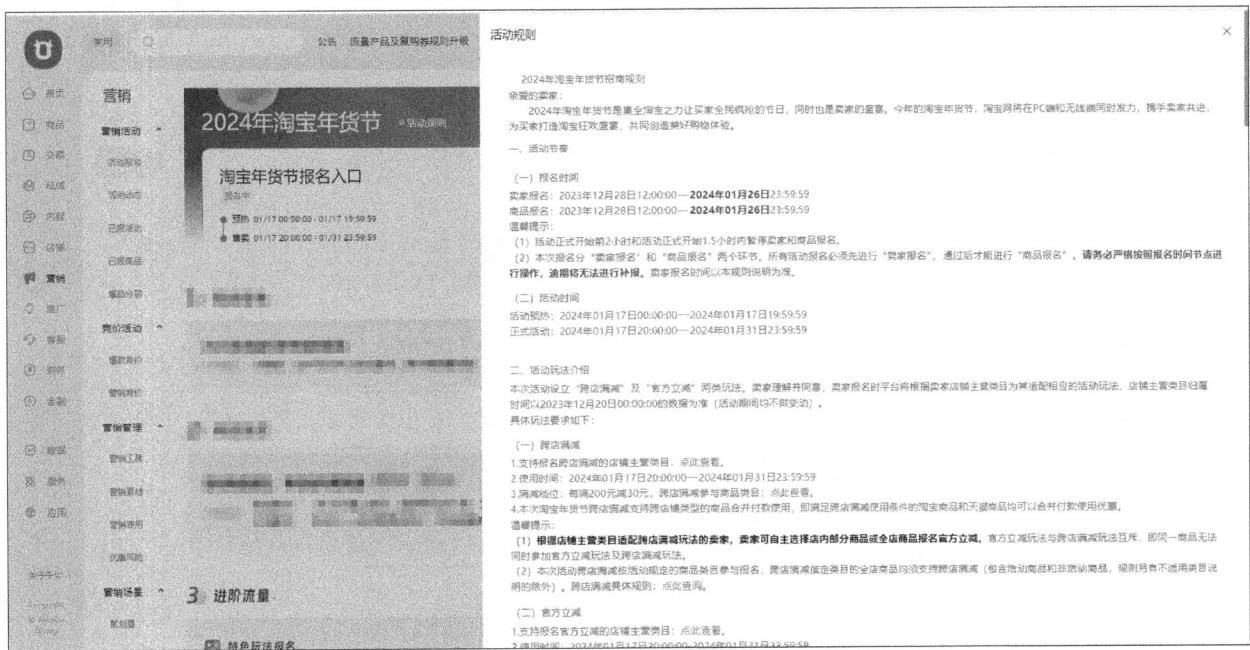

图 4-11 活动规则

## （二）拼多多营销活动报名导练

在拼多多上进行营销活动报名的具体步骤如下。

步骤 1，进入活动报名页面。进入拼多多商家后台，选择"店铺营销"→"营销活动"选项，即可进入活动报名页面，如图 4-12 所示。

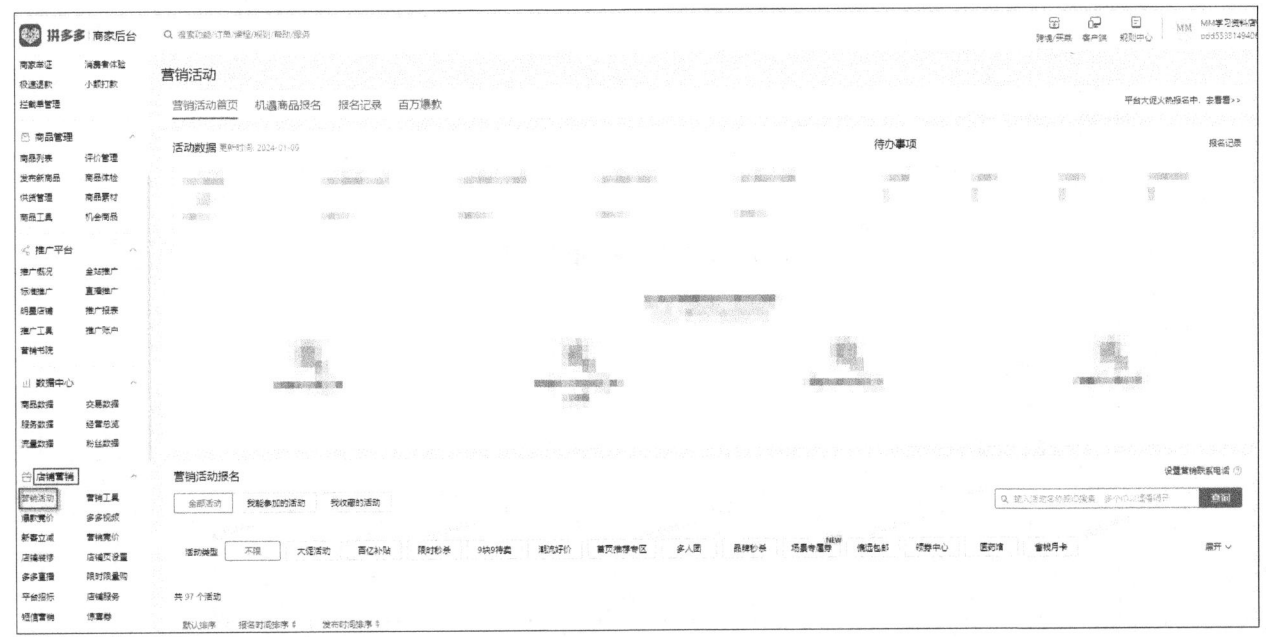

图 4-12 进入活动报名页面的路径（拼多多）

步骤 2，选择能参加的活动。在活动报名页面中选择"我能参加的活动"选项卡，选择目标活动，单击"去报名"按钮，如图 4-13 所示。

图 4-13 单击"去报名"按钮

步骤 3，立即报名。阅读活动介绍，并在了解活动要求后单击"立即报名"按钮，如图 4-14 所示。

图 4-14 单击"立即报名"按钮

步骤 4，填写报名信息。选择可参加活动的商品，填写报名信息（见图 4-15），在确定无误并提交后等待审核即可。在完成报名后，商家可以在"已报活动"页面中查看店铺已报活动的基本信息、商品报名信息、商家报名信息、商家状态，还可以编辑店铺玩法、设置商品、查看活动详情，以及对已报活动进行取消或极速推广。

图 4-15　填写报名信息

### 技巧提醒

- 仔细阅读活动规则，明确活动对店铺、商品、库存、图片等各方面的要求。关注店铺整体评分、动销率、售后评分、好评率、品牌排名，这些因素都影响着活动报名是否能审核通过。
- 活动报名优先选择店铺层级高、评分好、有一定销量且有竞争力的商品。如果活动商品打开位置靠前的评价是一大串差评，或者手机端显示的第一条评价是差评，就会影响买家对商品的第一印象，进而影响商品的转化率。

## 自主演练

请扫描下方的二维码，获取自主演练任务，并利用从"引导训练"中学到的知识，完成自主演练任务。

## 任务二　东南亚地区平台营销，探寻跨境电商平台流量获取钥匙

### 知识储备

#### 储备一：东南亚地区平台营销活动的常见类型

**问题：** Lazada 和 Shopee 各自提供了哪些类型的营销活动？这些营销活动的主要特点和

目的是什么？卖家应如何根据自身商品和市场需求选择合适的活动进行报名呢？报名这些活动需要满足哪些条件、注意哪些事项呢？

### （一）Lazada 营销盛宴：常见营销活动一览

Lazada 的营销活动有平台大促、闪购、Slash it 等。

### 1. 平台大促

Lazada 的平台大促活动包括新年大促、母婴购物节、跨境购物节、斋月大促等。Lazada 2024 年第一季度的大促日历如图 4-16 所示，其中包含了 Lazada 2024 年第一季度的所有平台大促活动。

图 4-16　Lazada 2024 年第一季度的大促日历

### 2. 闪购

Lazada 的闪购活动通常在特定的时间段内进行，一般持续数小时或一天。该活动以限时限量的折扣商品为特点，吸引买家在短时间内购买其心仪的商品。

Lazada 的闪购活动为买家提供了抢购折扣商品的机会，增加了购物的乐趣和刺激感。对 Lazada 和品牌卖家来说，开展闪购活动是一种有效的促销方式，可以吸引更多买家购买商品，提高销售额。闪购活动的报名入口如图 4-17 所示。

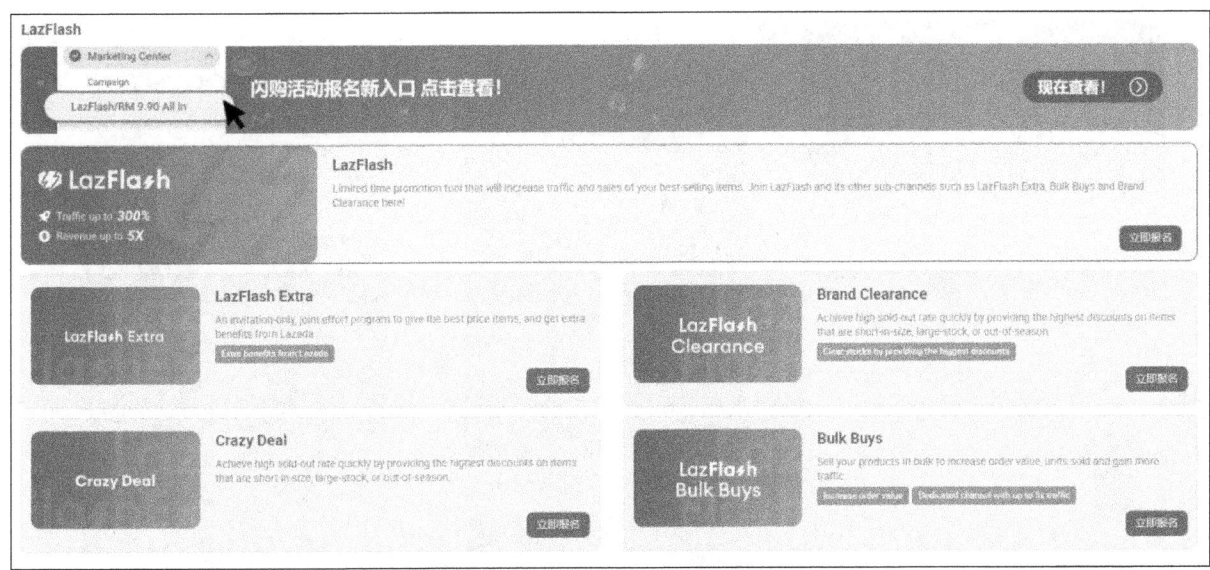

图 4-17 闪购活动的报名入口

### 3. Slash it

在 Slash it 活动中，Lazada 会选择一些特定的商品，设置一个原始价格，买家可以通过邀请朋友帮忙"砍价"来将商品价格逐渐降低。当商品的价格被砍到指定的最低价时，买家就可以购买该商品。

Slash it 活动使买家通过社交互动的方式参与活动，提高了买家的参与度、激发了买家的购买欲望。同时，该活动为买家提供了以更低价格购买心仪商品的机会，提升了购物的乐趣和满足感。对品牌卖家来说，该活动可以吸引更多买家参与活动和分享端口，从而增加品牌的曝光量和提高销售额。

### （二）Shopee 营销攻略：营销活动全知道

Shopee 的营销活动有 3 种，包括商品活动、优惠券活动、Shopee 限时抢购活动。

### 1. 商品活动

报名商品活动的商品通常被展示在有很多曝光量的 Shopee 首页或类目页面。活动中的商品也会被打上专属标签，以增加商品的曝光量。

### 2. 优惠券活动

报名优惠券活动的店铺可以将优惠券展示在其购物前台首页或类目页面的横幅上，以提高优惠券的曝光度和转化率。

### 3. Shopee 限时抢购活动（仅部分站点）

Shopee 限时抢购活动即 Shopee 提供的秒杀活动，是 Shopee 最热门的营销活动之一，可以让卖家在限定的时间内给买家提供有吸引力的独家优惠。

Shpee 营销活动的前台展示效果如图 4-18 所示。

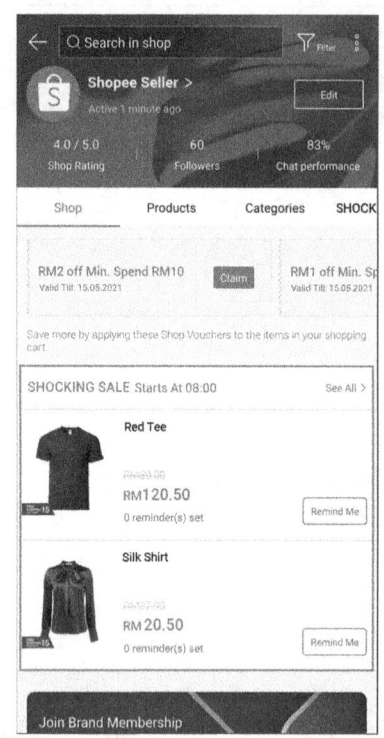  

图 4-18　Shopee 营销活动的前台展示效果

卖家可以通过活动页面中的活动详情和活动的商店&商品条件来判断自己的商品是否适合报名参与相应的活动，如图 4-19 所示。

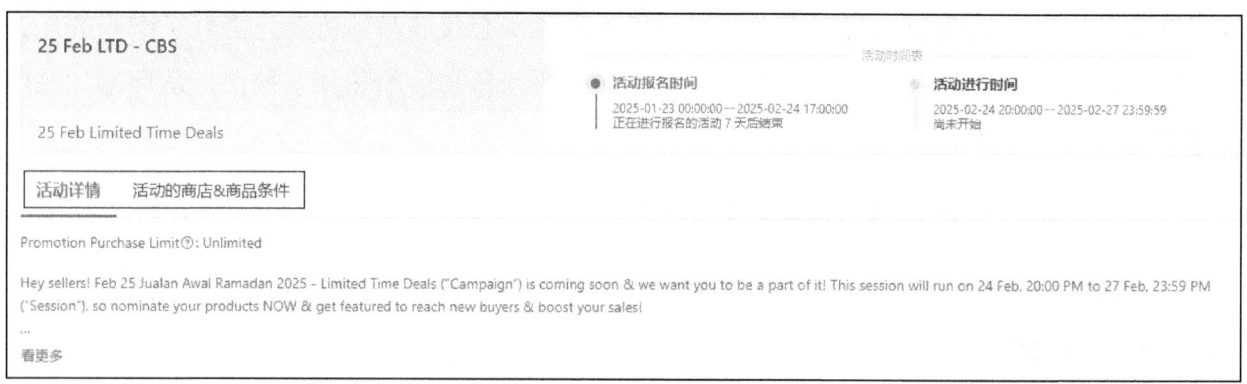

图 4-19　活动页面

【想一想】

参与平台营销活动对卖家有什么好处？

【思考指引】

可以结合具体案例或实际经验，从提升商品曝光度、提升销量、提升品牌形象、建立客户关系、获取平台资源支持等几个方面展开论述，分析参与平台营销活动对卖家的具体好处；同时，可以强调卖家在参与平台营销活动时需注意遵守平台规则、提升商品质量和服务水平等。

## 储备二：东南亚地区平台营销活动的准入规则

**问题：** Lazada 和 Shopee 营销活动的准入规则有哪些？卖家应如何确保自己符合这些准入规则并成功报名参与平台营销活动？在报名过程中，卖家需要注意哪些关键因素，以提高报名成功率？

### （一）Lazada 营销之门：准入规则详解

想要参与 Lazada 营销活动的卖家需要符合相应的准入规则，如（但不限于）卖家评分、店铺合规性评分、平日运营表现达到指定要求。不同的营销活动有不同的准入规则。准入规则示例如图 4-20 所示，符合准入规则的卖家可以在 ACS 卖家中心看到该活动的报名入口。

| NCP（店铺合规性评分） | PQ（商品质量评分） | 取消率 | SOT（准时发货率） | 卖家评分 |
| --- | --- | --- | --- | --- |
| L90D<24 or Null | >=4.2 or Null | <=5% or Null | >=80% or Null | >=75% or Null |

图 4-20　准入规则示例

注意：营销活动报名资格的计算截止时间是营销活动注册的最后一天，如果卖家的表现在营销活动注册期间有所改善并符合准入规则，就有资格参与营销活动。

### （二）Shopee 营销活动通行证：准入规则大公开

店铺至少符合以下 3 个要求才可以报名参与 Shopee 的营销活动（报名≠成功入选）。

#### 1．足额缴纳卖家保证金

为了进一步引导卖家合规经营，保障买家的购物体验，营造合法、平等、公平的交易环境，Shopee 上线了卖家保证金政策并制定了《Shopee 卖家保证金条款》。卖家应根据 Shopee 的要求足额缴纳卖家保证金，否则将无法进行正常销售。

#### 2．店铺罚分<3 分

店铺罚分≥3 分的卖家无法报名参与 Shopee 的营销活动。卖家可以通过"中国卖家中心"→"账户健康状态"查看自己的计分和目前罚分情况，如图 4-21 所示。

#### 3．发货表现正常

店铺历史发货表现较差（订单未完成率或迟发货率较高）会降低活动入选的概率。卖家同样可以通过"中国卖家中心"→"账户健康状态"查看订单未完成率和迟发货率。

图 4-21　账户健康状态

## 储备三：东南亚地区电商平台上的特色营销工具

**问题：** 东南亚地区电商平台上有哪些特色营销工具？这些特色营销工具的主要功能和用途是什么？卖家应如何利用这些特色营销工具提升店铺的销售额和与买家互动？在使用这些特色营销工具时，卖家需要注意哪些关键点？

东南亚地区电商平台与我国电商平台上常用的营销工具基本一致，因此这里不再赘述。下面主要介绍东南亚地区电商平台上的特色营销工具。

### 1. Flexi Combo（满减、多件优惠）

Flexi Combo（见图 4-23）是 Lazada 上一个帮助卖家通过创建"buy more save more"形式的营销活动来提升单笔订单商品数量的工具。该工具可以基于单笔订单商品数量或单笔订单金额设置门槛，提供不同梯度的折扣，以激励买家一次在店铺中购买更多商品。

图 4-22　Flexi Combo

## 2．Shopee 币

Shopee 币是 Shopee 的官方虚拟货币。对卖家来说，Shopee 币也叫卖家金币。卖家可以在 Shopee 的直播、商店游戏和评论奖励中向买家赠送 Shopee 币。买家在 Shopee 上的所有店铺消费时，都可以使用 Shopee 币抵现。同时，Shopee 币将帮助卖家增加与买家的互动，提高买家的黏性，以及为店铺吸粉引流、增加店铺流量等。Shopee 币充值页面如图 4-23 所示。

图 4-23　Shopee 币充值页面

## 3．店内秒杀

店内秒杀又叫商店的限时抢购，是指在固定时间内店内商品的低价促销活动。与 Shopee 的限时抢购活动不同，店内秒杀的活动商品只需符合商品标准即可，无须 Shopee 审核。卖家可以自由选择店内商品、设置活动时间。店内秒杀的位置如图 4-24 所示。

图 4-24　店内秒杀的位置

# 引导训练

## 训练：掌握东南亚地区平台营销活动报名的方法

### （一）Lazada 营销活动报名导练

在 Lazada 上进行营销活动报名的具体步骤如下。

步骤1，查看营销活动政策。进入 Lazada 卖家中心，选择"帮助中心"→"平台规则与政策"→"营销活动政策"选项，认真查看营销活动政策（见图4-25），确保后期在参与营销活动的过程中不触碰平台红线。

图 4-25　营销活动政策

步骤2，进入活动报名页面。返回 Lazada 卖家中心，选择"营销中心"→"活动报名"选项，即可进入活动报名页面，如图4-26所示。

图 4-26　活动报名页面

步骤 3，查看活动协议并按要求签署活动协议。

在活动报名页面中选择一个活动，单击该活动右上角的"活动协议"按钮（见图 4-27），查看活动协议（见图 4-27）并签署活动协议，完成活动报名。

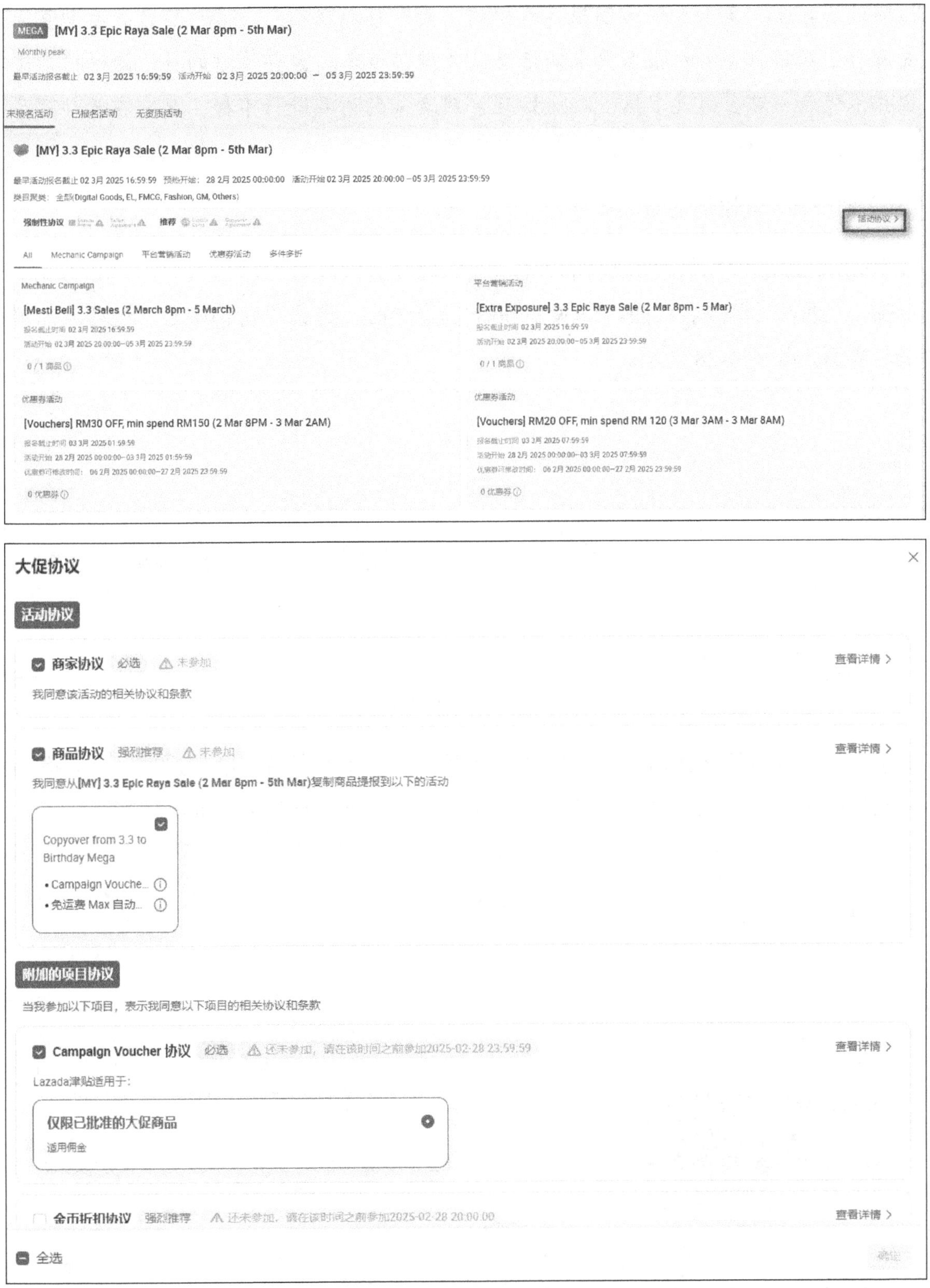

图 4-27　查看活动协议

## 技巧提醒

Lazada 所有的平台活动都是先由系统按照既定逻辑对卖家的店铺和商品进行初步审核，在审核通过后才会向卖家开放活动报名入口的。卖家可以在各个 ASC 后台的活动管理页面中，查看自己店铺符合初步报名要求的活动，并进行报名。需要注意的是，活动报名进入审核流程并不代表一定会通过审核，Lazada 还会对卖家的商品进行审核，只有在活动商品页面看到"Approve"字样，才算真正通过审核。

### （二）Shopee 营销活动报名导练

在 Shopee 上进行营销活动报名的具体步骤如下。

步骤 1，进入活动报名页面。进入 Shopee 卖家中心，选择"营销中心"选项，即可进入活动报名界面，如图 4-28 所示。

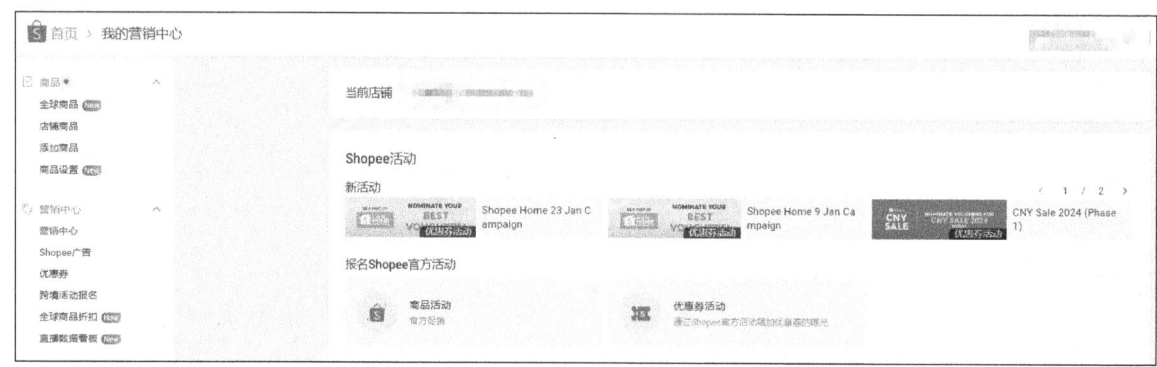

图 4-28　活动报名页面

步骤 2，选择可报名的活动。在活动报名页面中选择"商品活动"选项，进入商品活动页面。选择"可报名"选项卡，即可查看可以报名的活动，如图 4-29 所示。

图 4-29　查看可以报名的活动

步骤 3，查看活动详情。单击"查看详情"按钮，即可进入活动详情页面，如图 4-30 所示。在该页面中可以查看以下信息。

① 活动横幅。

② 活动报名时间。

③ 活动进行时间：包含活动开始时间和结束时间。

④ 活动详情。

⑤ 参与活动的商店和商品的条件。

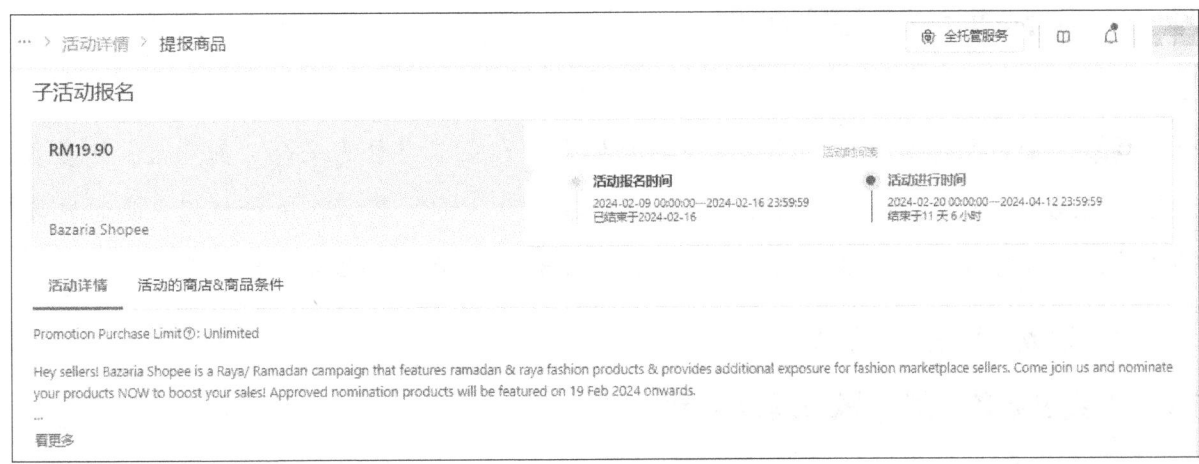

图 4-30　活动详情页面

步骤 4，确定报名。在查看活动详情后，添加商品（见图 4-31），并按照平台的提示完成报名流程。

图 4-31　添加商品

## 自主演练

请扫描下方的二维码，获取自主演练任务，并利用从"引导训练"中学到的知识，完成自主演练任务。

# 任务三　平台营销数据解密，挖掘数据内涵，优化营销策略

## 知识储备

### 储备一：平台营销数据采集的方法

**问题：** 如何在电商平台上进行营销数据的采集？在不同电商平台（如淘宝、拼多多、Lazada、Shopee）上采集营销数据的方法和路径有什么区别？商家在进行数据采集时需要注意哪些关键点和操作要点？通过采集的数据，商家如何分析和优化自己的营销活动？

平台营销数据采集的方法如下。

#### （一）我国电商平台营销数据采集秘籍

我国电商平台的营销数据都可以从商家后台的数据中心采集到。例如，要采集淘宝的营销数据，可以登录生意参谋，选择"交易"选项卡，将日期设置为活动日期，即可采集到活动期间的访客数、下单买家数、下单金额、支付买家数、支付金额、客单价等数据，如图4-32所示。在"交易趋势"中可以选定需要采集的数据指标，单击"下载"按钮即可完成数据的导出。

图4-32　淘宝的营销数据采集

如果想要采集拼多多某活动的营销数据，那么可以在活动结束后登录商家后台的数据中心，选择"交易数据"选项，将日期设置为活动日期，即可采集活动期间店铺整体的支付金额、支付买家数、支付订单数等数据，如图 4-33 所示。

图 4-33　拼多多的营销数据采集

### （二）东南亚地区电商平台营销数据抓取术

与我国的电商平台类似，在东南亚地区电商平台上进行营销数据采集时也需要进入商家后台的数据中心。例如，要采集 Lazada 的营销数据，可以进入 Lazada 卖家中心，选择"数据洞察"→"生意参谋"选项，打开生意参谋主页；选择"促销"选项，即可对店铺促销活动的相关数据进行采集，如图 4-34 所示。在进行数据采集时，卖家可以手动选择"数据范围"为"全店"或"仅活动产品"，也可以自主勾选预热期和活动期间的关键指标，在确定好要采集的关键指标后，单击右上角的"导出"按钮即可。

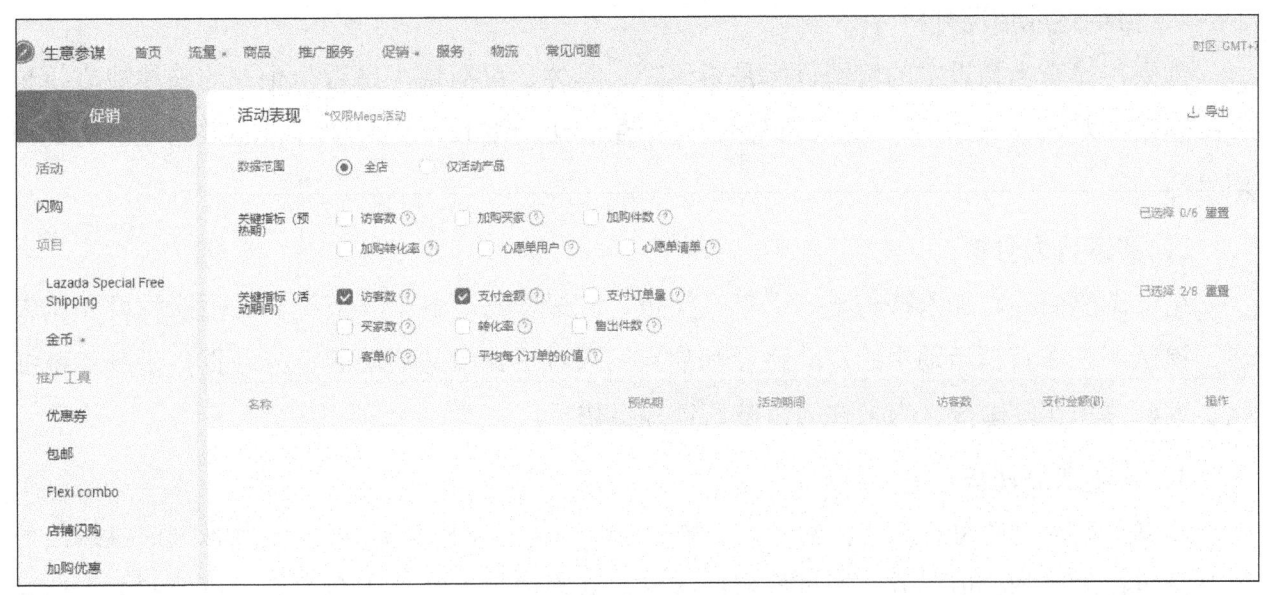

图 4-34　Lazada 的营销数据采集

在 Shopee 上进行营销数据采集时同样需要进入 Shopee 卖家中心，选择"数据"→"商业分析"选项，就可以对活动期间的营销数据进行采集了。采集方法与在 Lazada 上进行数据采集的方法类似，这里不再赘述。

---

**【想一想】**

　　对我国的电商平台和东南亚地区的电商平台而言，营销数据采集的方法有哪些异同？

**【思考指引】**

　　可以结合具体案例或实际经验，从数据范围与指标选择、数据导出功能等方面分析二者的相同点；从平台页面与操作路径、数据采集限制与权限等方面分析二者的不同点；同时，可以强调商家在采集数据时需注意要遵守平台规则、保护用户隐私等。

---

## 储备二：活动复盘与优化

　　**问题：** 电商平台营销活动的复盘与优化具体包含哪些内容？如何对营销活动的目标达成情况进行深入分析？在用户行为分析中，如何识别买家流失的环节并制定相应的优化策略？对于成本效益评估，有哪些关键指标需要关注？在进行活动优化时，如何根据不同的问题确定相应的优化方法？

### （一）活动复盘秘籍：方向指引与深度解析

　　电商平台营销活动复盘旨在通过对已结束的营销活动进行系统的回顾、评估和总结，以便提炼经验和教训、制定优化策略，用于提升未来活动的效果。电商平台营销活动复盘的方向主要包括目标达成情况分析、买家行为分析与成本效益评估。

　　**1. 目标达成情况分析**

　　首先，检查当初设定的营销目标是否清晰、具体、可衡量，是否与企业的整体战略相契合；然后，对照实际结果，判断销售额、订单量、用户增长、转化率等核心数据是否达到预期目标。

　　**2. 买家行为分析**

　　统计浏览商品、加入购物车、下单、支付、完成交易等各个环节买家的活跃程度和流失率，揭示买家在营销活动中的行动路径和痛点。通过买家参与活动的行为数据，进一步精细化买家标签和买家画像，为未来的精准营销提供依据。

　　**3. 成本效益评估**

　　计算营销活动的总投入（包括人力、物力、财力等各项成本），以及由此带来的直接经济效益及潜在的品牌价值提升。通过投资回报率、获客成本、客户生命周期价值等相关指标评价营销活动的整体盈利能力和可持续性。

### （二）活动优化宝典：方法与实践全攻略

如果在活动复盘的过程中发现活动存在问题，就应及时进行活动优化。活动优化的方法如表 4-3 所示。

表 4-3 活动优化的方法

| 存在的问题 | 优化方法 |
|---|---|
| 营销活动的目标未达成 | （1）重新评估目标的可行性和合理性，确保目标具体、可衡量和可实现。<br>（2）分析目标未达成的原因，如目标过于理想化或活动策略不够有效等，并根据数据分析结果对目标进行优化 |
| 买家在浏览商品、加入购物车、下单、支付、完成交易等环节的流失率较高 | （1）分析买家流失的具体环节，找出导致买家流失的原因，如页面加载速度慢、购买流程复杂、支付方式不便利等。<br>（2）优化买家体验，确保店铺页面友好、易用，能提供清晰的导航和搜索功能。同时，确保商品描述详尽、图片清晰，提高买家对商品的信任度。<br>（3）提供及时、专业的客服支持，解决买家在购物过程中遇到的问题。同时，可以设置 Q&A 页面，以减轻客服的压力 |
| 营销活动的投资回报率低、获客成本高、客户生命周期价值低等 | （1）分析不同广告渠道的投资回报率，找出最有效的渠道并加大投放力度。<br>（2）根据客户的购买行为、偏好和价值，对客户进行细分，并为不同客户提供定制化的服务和营销策略，以提高客户满意度和转化率，同时降低获客成本和提升客户生命周期价值 |

## 引导训练

## 训练：掌握平台营销活动效果分析的方法

在活动期间，当买家在选购商品环节的流失率较高时，店铺运营人员需要分析买家流失的具体环节，找出导致买家流失的原因，并进行活动优化。其具体分析步骤如下。

步骤 1，获取数据。获取源数据——买家选购商品数据，如表 4-4 所示。

表 4-4 买家选购商品数据

| 环节 | 人数/人 |
|---|---|
| 浏览商品 | 18421 |
| 加入购物车 | 1669 |
| 下单 | 321 |
| 支付 | 256 |
| 完成交易 | 242 |

步骤 2，制作可视化图表。将获取到的数据导入 WPS 表格中，选中所有数据，单击"插入"→"图表"→"动态图表"按钮，在弹出的对话框中选择"漏斗图"选项，如图 4-35 所示。在插入漏斗图后对其进行美化，如将漏斗图的标题设置为"买家选购商品数据分析"，同时可设置标题的字体、字号和位置，效果如图 4-36 所示。

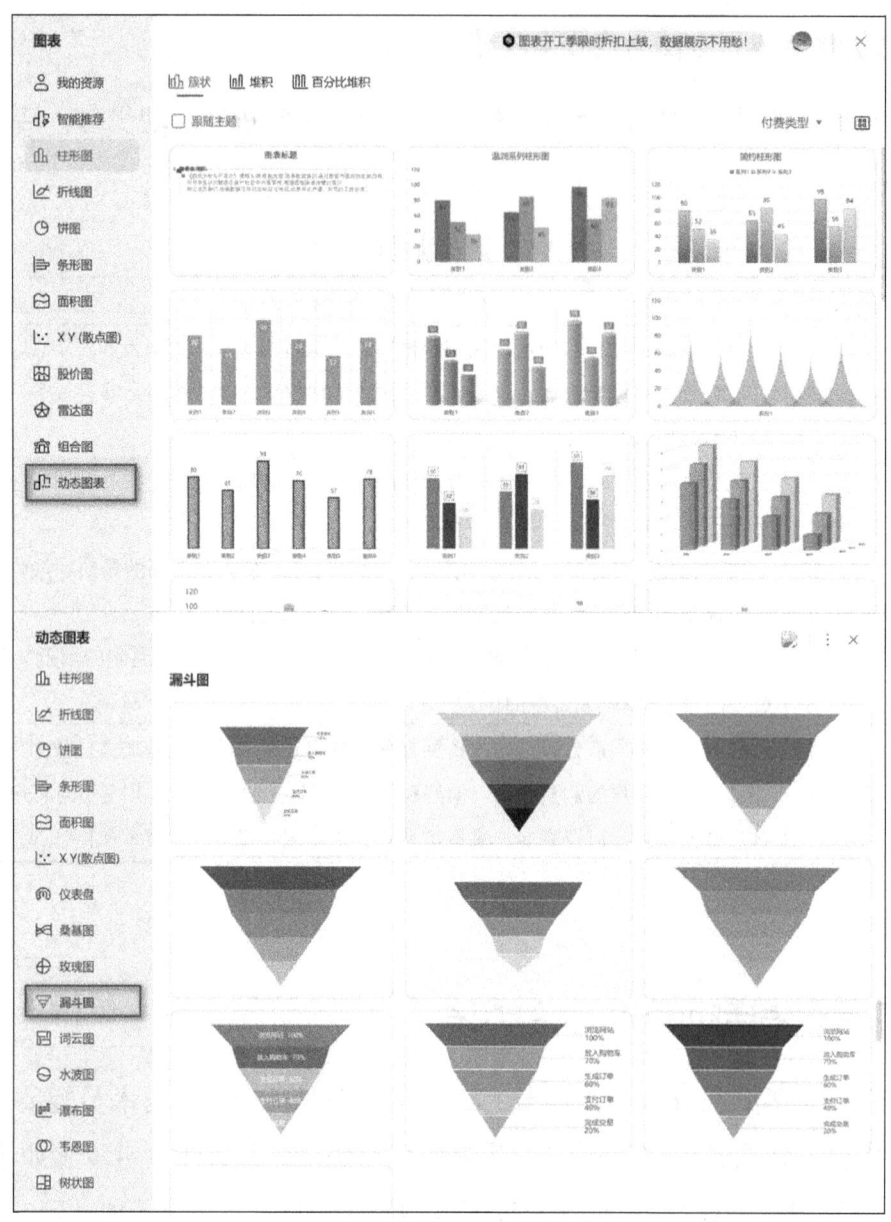

图 4-35　漏斗图的插入过程

**买家选购商品数据分析**

图 4-36　漏斗图的效果

步骤 3，分析图表。

在对图 4-36 进行分析后可得出以下结论。

从浏览商品环节到加入购物车环节，只留下了不到 1/10 的买家，流失率较高。此时，店铺运营人员可以考虑优化商品详情页，增强买家将商品加入购物车的欲望，从而降低买家从浏览商品环节到加入购物车环节的流失率。

在被商品的展示效果打动并将商品加入购物车的买家中，只有不到 20%的买家下单了。此时，店铺运营人员可以从商品的评价、物流、价格、存货等方面入手，找出影响买家下单的原因。

买家在下单之后并不是 100%地完成订单支付的。此时，店铺运营人员可以从优惠券的使用说明、交易软件的开通（如信用卡、花呗等支付服务的开通）入手，找出影响买家支付的原因。

## 自主演练

请扫描下方的二维码，获取自主演练任务，并利用从"引导训练"中学到的知识，完成自主演练任务。

## 国际视野

请扫描下方的二维码，获取本项目国际视野的相关内容。

## 重点聚焦

请扫描下方的二维码，获取本项目对标竞赛与考证需求的内容。这是学生需要重点理解与掌握的内容。

## 课后小考

请扫描下方的二维码，获取题目并作答。

# 项目五

## 农产品社交媒体营销

### ——构思国内外社交媒体营销故事与创意

社交媒体营销在农产品运营中占据了极其重要的位置，农产品社交媒体营销人员需要深入了解常见的农产品社交媒体（如微信、小红书、Facebook 等），并在此基础上掌握多种社交媒体营销方式（如直播营销、短视频营销等）。通过农产品社交媒体营销，商家可以与用户建立良好的互动关系，提高用户的满意度和忠诚度，增加农产品的曝光量和销售机会。

 **目标导航**

### 知识目标

1. 了解常见的农产品社交媒体。

2. 了解农产品社交媒体营销内容策划方法。

3. 熟悉热门的农产品直播平台。

4. 熟悉农产品直播营销策划。

5. 了解崛起的农产品短视频平台。

6. 熟悉农产品短视频内容创作方法。

7. 了解农产品社交媒体营销数据指标，以及农产品社交媒体营销数据采集、分析与优化的方法。

### 能力目标

1. 能在常见的农产品社交媒体（如微信、小红书、Facebook 等）上完成农产品社交媒体营销内容策划。

2．能在热门的农产品直播平台（如抖音、TikTok、Lazada等）上完成农产品的直播营销策划。

3．能在崛起的农产品短视频平台（如抖音、TikTok等）上完成农产品短视频内容的创作。

4．能掌握农产品社交媒体营销数据采集、分析与优化的方法，进行抖音、Lazada等营销数据的采集、分析与优化。

**素养目标**

1．培养正确的价值观，在创作农产品社交媒体营销内容时遵守国家相关法律法规和政策。

2．培养综合学习能力，能够根据时代发展和技术进步，及时学习与社交媒体营销相关的技能。

3．培养乐观的精神，在农产品社交媒体营销过程中，传递积极向上、乐观进取的正能量。

## 项目导图

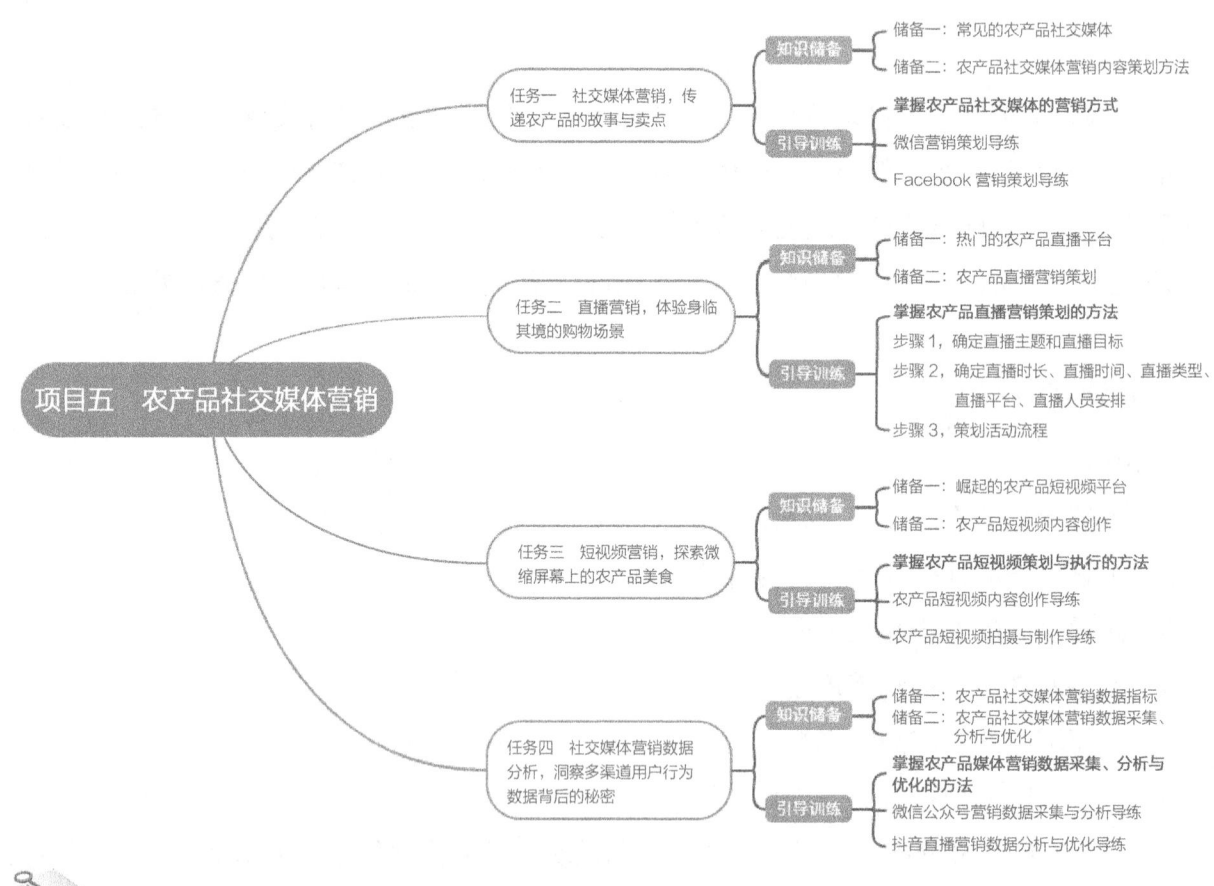

## 学习热身

农产品社交媒体营销是指利用社交媒体，如微信、抖音、小红书、Facebook等来推广和销售农产品的过程。通过社交媒体，商家可以与用户建立联系，传递产品信息，提升品牌知名度和产品销量。

小王是某农产品网店新入职的社交媒体营销人员，负责农产品在社交媒体上的营销工作。经过几个月的经验积累，小王发现可以进行社交媒体营销的社交媒体有很多，但是不清楚各社交媒体的营销要点，所以营销效果不理想。为了改善这种情况，小王虚心地向营销主管请教，希望了解自己在哪些方面做得不好，以便明确今后营销活动改进的方向。

你的问题我看到了，造成这种情况的主要原因是你不了解社交媒体的种类及其营销要点。

领导，我该怎么选择合适的社交媒体进行营销呢？

你需要先了解常见的社交媒体，如微信、抖音、小红书、Facebook 等，然后知晓如何根据各社交媒体的特点进行营销策划。

好的，领导，我去重新整理一下，以便选择更合适的社交媒体进行有针对性的营销。

是的。此外，你还需要熟练掌握直播营销、短视频营销及社交媒体营销数据分析的方法。

嗯嗯，谢谢领导！我这就去学习。

 **想一想：** 如果你是小王，在和领导沟通时，会询问哪些问题？

### 词组学习

**1. KOL**

KOL（Key Opinion Leader，关键意见领袖）是具有影响力和专业知识的个人，可以在特定领域或社区中引导话题和趋势，具有一定的社会影响力。

**2. 景别**

景别是对被拍摄人物在画面中呈现范围大小的划分。常见的景别有远景、中景、近景、特写等。远景用来展示整个场景或被拍摄人物的全貌。中景主要展现被拍摄人物的主要部分和动作。近景着重表现被拍摄人物的局部，如被拍摄人物的面部表情等。特写聚焦于被拍摄人物的某个特定细节。

# 任务一　社交媒体营销，传递农产品的故事与卖点

## 知识储备

### 储备一：常见的农产品社交媒体

**问题：** 在农产品营销中，常用到哪些社交媒体？这些社交媒体各自具有哪些特点？它们如何被有效地应用于农产品的宣传和销售？

常见的农产品社交媒体包括以下几个。

**（一）微信：掌中宝，农产品的社交舞台**

微信营销是一种多元化的推广方式，主要包括微信公众号营销、社群营销、视频号营销、小程序营销、朋友圈营销和企业微信号营销。这些不同的微信推广方式为商家提供了多样化的推广渠道选择，可以帮助商家更好地与用户互动，扩大品牌的影响力，并实现商业目标。

**（二）小红书：农产品也能书写"红"色传奇**

对商家来说，小红书是一个非常重要的社群营销渠道。商家可以通过与用户互动，提升品牌知名度和产品销量。在小红书上，商家可以与用户建立联系，了解其购物偏好和意见反馈，从而更好地满足用户需求。通过在小红书上发布内容和推广活动，商家能够吸引用户的注意力，提升产品的曝光度，并促使用户做出购买决策。小红书的社区特性使得用户更容易接受来自其他用户的购买建议和推荐，从而提升了品牌和产品的可信度。总之，小红书为商家提供了一个与用户互动、推广产品和增加销售机会的有效平台。某奶茶的小红书图文营销内容如图5-1所示。

**（三）Facebook：农产品跨越国界的"朋友圈"**

在Facebook上，用户可以分享文章、图片、视频等多种形式的内容，还可以发起讨论、活动等。用户可以通过评论和点赞等方式参与互动，也可以将有趣的主页分享给朋友和粉丝。Facebook支持大量的社交媒体功能，如小组、动态、活动、公共主页等（见图5-2），同时可以通过开放平台与众多第三方应用进行集成。

通过在Facebook上创建公共主页或小组（见图5-3），商家可以与用户建立直接的联系，

并提供产品信息、促销活动、用户支持等服务。公共主页可以成为商家与用户互动的重要渠道。商家可以通过在公共主页上发布有趣、有用的内容来吸引用户的注意力，并鼓励用户参与评论、分享和点赞等互动。

图 5-1　某奶茶的小红书图文营销内容

图 5-2　Facebook 的社交媒体功能

图 5-3　在 Facebook 上创建小组

此外，Facebook 还支持电子商务功能，商家可以在 Facebook 上设置在线商店，直接向用户销售产品。通过与 Facebook Messenger（见图 5-4）等即时通信工具进行集成，商家可以与用户进行实时沟通和提供用户支持。

**【想一想】**

在选择农产品社交媒体进行营销时，商家应该如何综合考虑社交媒体的用户特征、内容形式和市场定位，以达到最佳的营销效果？

**【思考指引】**

可以从社交媒体的用户年龄、性别、地域等分布情况，社交媒体所支持的内容形式和互动方式，以及社交媒体在市场上的定位和影响力等角度进行思考。

图 5-4　Facebook Messenger

## 储备二：农产品社交媒体营销内容策划方法

**问题：** 在进行农产品社交媒体营销时，商家应如何策划内容以吸引目标人群？请列举几种有效的内容策划方法。

### （一）微信营销：打造爆款农产品的秘密武器

对商家来说，策划营销活动是一项至关重要的技能。成功的营销活动不仅能迅速吸引用户的注意力，还能扩大品牌的影响力，深化用户对产品和品牌的认知，从而激发用户的参与热情。通常，微信营销活动的策划包括以下几个关键环节。

#### 1．明确活动目的

明确活动目的即明确希望通过这次营销活动达到什么目的，它是策划营销活动的起点。明确活动目的有助于确保后续的活动执行过程不偏离初衷，并有助于评估现有资源是否足以达到活动目的。例如，某农产品企业拥有优质的有机蔬菜，但由于市场竞争激烈，消费者对其了解有限。为了提高市场份额，该企业决定利用微信进行营销。因此，该企业的活动目的就是促进农产品的销售、提升品牌的知名度。

#### 2．确定活动主题

活动主题是整个营销活动的核心创意，它为营销活动赋予了独特的灵魂。活动主题应该与活动目的一致，并为宣传工作提供明确的方向。一旦确定了活动主题，后续的所有工作都应围绕活动主题展开。

### 3．分析目标人群

在明确活动目的和确定活动主题之后，商家需要深入分析哪些人群最有可能参与活动。不同人群的兴趣点是不同的。例如，年轻人可能对营养丰富的农产品感兴趣，老年人可能对性价比高的农产品感兴趣。分析目标人群有助于进一步确定活动的形式和内容。

### 4．选择合适的切入点

在推广过程中，商家要选择合适的切入点。例如，商家的切入点可以是季节特性和消费者需求：秋季是许多农产品丰收的季节，秋季养生也是很多人关注的热点。因此，商家可以以“秋季丰收，健康养生”为切入点，推广一系列秋季特色农产品；同时，针对都市白领工作压力大、生活节奏快的特点，可以强调农产品的便捷性和健康性，如推出“一键下单，新鲜到家”的服务，满足消费者对便捷购买的需求。

### 5．精心设计活动流程

在设计活动流程时，商家需要充分考虑用户的便利性和与团队之间的协调沟通。如果用户对活动的参与方式、时间安排、奖品发放规则等感到困惑，可能就不会参与活动。因此，一个成功的设计应该包括明确的活动参与方式、活动时间、奖品设置、评奖规则、奖品公布方式、奖品领取方式和其他必要的特别声明。微信农产品营销策划方案示例如图 5-5 所示。

微信农产品营销策划方案

一、背景分析

近年来，随着人们生活水平的提高及健康意识的增强，农产品市场需求持续增长。与此同时，随着互联网技术的发展，移动互联网成为人们获取信息的主要渠道之一。微信作为国内最大的社交媒体之一，具有庞大的用户基数和强大的信息传播能力。因此，在微信上进行农产品营销是一个较好的选择，可以快速传播农产品信息，提高销售效果。

二、目标人群和目标城市

（1）目标人群：年龄为 25 ~ 45 岁，对健康生活有较高的追求意愿，乐于尝试新鲜农产品的人群。

（2）目标城市：以一、二线城市为主，生活在这些城市的人们的生活节奏较快，对高品质农产品的需求更大。

三、营销策略

1.确定品牌定位

根据目标人群的特点，确定农产品的品牌定位，注重农产品的健康、绿色、新鲜等特点，并注重品牌形象打造。例如，可以选择与知名农场合作，借助其信誉和品牌影响力，使农产品具有更好的品质保证和更高的溢价。

2.建立微信公众号

在微信上建立企业或农产品的微信公众号，通过发布农产品的促销信息、新闻、营养知识等内容，吸引目标人群关注微信公众号和参与活动；同时，可以与其他微信公众号合作，互相推荐，扩大影响范围。

3.打造粉丝互动平台

通过微信公众号打造粉丝互动平台，定期开展各类线上和线下活动，如线上抽奖、线下品鉴会、参观农场等，吸引用户参与活动和留存；同时，积极回应用户的反馈，提升用户体验。

4.提供个性化服务

根据用户的个性化需求和购买记录，定期向用户推荐适合其口味和满足其健康需求的农产品，以提升用户黏性和购买转化率。例如，可以利用用户数据分析，通过微信私信或短信等方式向用户定期推送个性化的农产品信息。

5.进行差异化营销

与其他农产品进行差异化竞争，突出农产品的特点和优势，如采用直供模式，供应独特的品种或地域性的农产品，激发目标人群的购买兴趣；同时，可以参与农产品展销会等活动，直接接触目标人群，增加销售机会。

6.与农产品电商平台合作

与农产品电商平台合作，利用微信公众号为农产品电商平台引流，并利用农产品电商平台的优势，提高农产品的曝光率和销售效果。

7.加强口碑营销

通过微信公众号积极引导用户进行分享和评论，提升农产品的口碑，从而吸引更多目标人群。

图 5-5　微信农产品营销方案示例

### （二）小红书"种草"记：农产品如何成为网红爆款

KFS 内容营销组合模型由小红书推出，如图 5-6 所示。KFS 即 KOL（创作者）优质内容引爆+Feeds（信息流广告）精准触达提效+Search（搜索广告）强化搜索拦截的核心策略组合。

图 5-6　KFS 内容营销组合模型

KFS 内容营销组合模型严格遵循用户浏览与决策的逻辑，旨在通过精心策划的优质内容，实现更精准的用户触达、决策影响及转化率提升，进而形成"内容+营销"的高效协同。其中，K 策略通过深入的数据洞察，先选定产品，再确定营销场景，最后精准匹配目标人群，找到产品的最佳代言人，使产品深入人心；F 策略聚焦于精准触达目标人群，通过扩大规模效益和提升经营效率，助力品牌实现降本增效；S 策略则坚守搜索需求阵地，紧密围绕用户行为，指导内容创作与投放策略，有效激发用户的购买意愿。只有当笔记内容以用户喜闻乐见的方式适时展现，品牌信息紧密贴合用户需求时，商家才能真正影响用户的消费决策。

### （三）Facebook 农场故事：让全球品味你的农产品

在 Facebook 上进行营销内容策划的方法如下。

#### 1．选择目标地域

商家需要选择投放广告的目标地域。这一步很重要，因为它将决定商家能够找到的潜在目标人群的数量和质量。在这一步中，商家需要了解目标地域的人口、文化、习俗和消费习惯等信息，以便更好地了解目标人群。

#### 2．确定目标人群

基于商家的农产品或服务，商家需要确定目标人群的特定属性，包括年龄、性别、教育程度、职业、兴趣爱好等。这些都对营销策略的制定有一定的指导作用。

#### 3．创建具有针对性的内容

首先，商家需要发布 3 张或 3 张以上高质量的农产品的图片，可以是特写、场景图等。然后，商家需要配合农产品的图片写一个吸引人的文案，同时可以分享农产品的制作过程、特色口味、用户评价等信息。如果有用户对农产品进行评价或分享，那么商家可以对其进行转发，或者将用户评价或分享的内容进行截图并把截图放在自己发布的帖子中，以提高帖子的真实性和可信度。同时，商家还可以在帖子下方与用户进行互动，如提出问题请用户回答

（如请用户回答自己最喜欢把××和什么搭配在一起食用）或邀请用户参与互动（如请用户分享自己最喜欢的美食），以促进用户参与活动和进行评论。Facebook 的图文营销示例如图 5-7 所示。

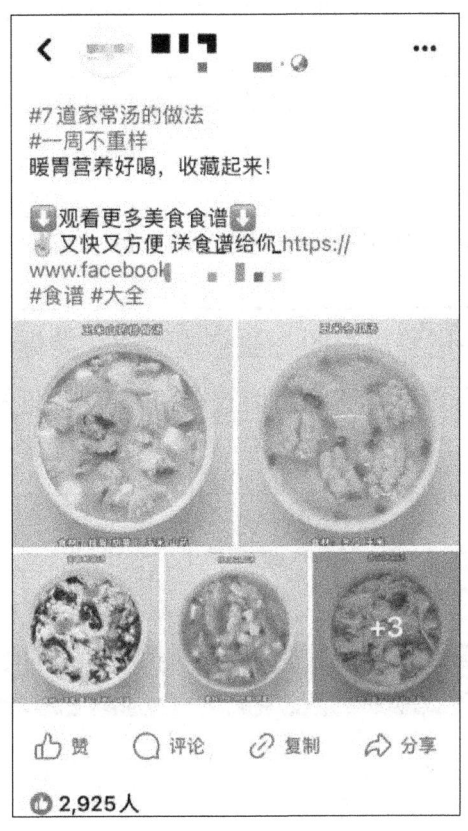

图 5-7　Facebook 的图文营销示例

### 4．把 Facebook 和商家的外贸网站进行关联

在商家的外贸网站上添加把内容分享到 Facebook 的按钮，不仅可以让用户把商家的农产品内容分享到他们自己的 Facebook 账号上，还可以让商家把网站更新的所有农产品信息都分享到自己的 Facebook 账号上，让商家的粉丝知道农产品信息的更新情况。这样做不仅可以使得用户保持一定的黏度，还可以使商家通过 Facebook 推广自己的外贸网站。

## 引导训练

### 训练：掌握农产品社交媒体的营销方式

#### （一）微信营销策划导练

小王是浙江省温州市平阳县某学校官方微信公众号的运营人员，现在要以"平阳黄汤"为主题组织一次公益宣传活动。小王的操作步骤如下。

步骤 1，挖掘产品卖点。借助互联网，分析平阳黄汤的特点及优势，挖掘其卖点，完成表 5-1 的填写。

表 5-1　平阳黄汤的卖点

| 卖点 | 具体内容 |
|---|---|
| 卖点 1 | 营养价值高：平阳黄汤富含茶多酚、氨基酸和矿物质等营养物质 |
| 卖点 2 | 独特的古法闷黄工艺：平阳黄汤采用非遗（非物质文化遗产）传承的古法闷黄工艺，茶叶的黄变更加充分 |
| 卖点 3 | 卓越的口感与香气：平阳黄汤以其黄色的茶汤，黄叶，浓郁而不涩、厚实而甜醇的口感著称 |
| 卖点 4 | 优质的原料与精心的加工：平阳黄汤的茶叶原料的生长地海拔近 700 米，气候温润，土壤肥沃，为茶叶的生长提供了得天独厚的条件 |
| 卖点 5 | 深厚的历史文化底蕴：平阳黄汤在清代时曾作为贡茶，是宫廷制作奶茶的最佳原料，这一历史背景为其增添了浓厚的文化底蕴 |

步骤 2，搜集活动信息并借鉴成功的公益宣传活动。搜集其他微信公众号上关于平阳黄汤的活动信息，重点关注关于平阳黄汤的公益宣传活动信息（见图 5-8），并借鉴成功的公益宣传活动。

图 5-8　关于平阳黄汤的公益宣传活动信息

步骤 3，明确活动目的、活动主题、目标人群。梳理本次活动的基本信息，确定活动目的、活动主题、目标人群。例如，活动目的可以是提升平阳黄汤的品牌知名度，活动的主题可以是"品味平阳黄汤，感受非遗魅力"，目标人群可以是茶叶爱好者、健康饮食追求者、非遗关注者。

步骤 4，策划活动的流程和内容。根据前述内容，确定本次活动的准备阶段、执行阶段的内容，如表 5-2 所示。

表 5-2 关于平阳黄汤的公益宣传活动的流程和内容

| 流程 | | 内容 |
|---|---|---|
| 准备阶段 | 活动目的 | 提升平阳黄汤的品牌知名度 |
| | 活动主题 | 品味平阳黄汤，感受非遗魅力 |
| | 目标人群 | 茶叶爱好者、健康饮食追求者、非遗关注者 |
| | 活动切入点 | 平阳黄汤的历史文化、独特口感、营养价值 |
| | 活动设计 | （1）活动类型：线上抽奖、有奖转发、互动答题。<br>（2）奖品：平阳黄汤茶样、优惠券、定制礼品随机发放。<br>（3）活动规则：活动参与方式为转发文章到朋友圈并同时@5位好友；活动时间为一周；奖品发放规则为朋友圈点赞数超过50个 |
| | 活动预估 | 参与人数超过200人；传播范围为全国；销售额提升5万元 |
| | 推广渠道 | 微信公众号内部推广：利用微信公众号菜单栏、自动回复、推文等方式进行推广。<br>社交媒体推广：利用微信（朋友圈）、微博、抖音等社交媒体进行推广。<br>合作推广：与其他微信公众号、媒体或机构进行合作 |
| 执行阶段 | 活动预热 | 内容策划：撰写具有吸引力的预热文章，突出平阳黄汤的特色和活动的亮点。<br>图文设计：制作精美的活动海报，以视觉冲击力吸引用户的注意力。<br>提前发布：在微信公众号上发表预热文章，并通过其他推广渠道进行传播，引发用户的期待。<br>互动引导：在预热阶段，通过问答、投票等互动形式，引导用户参与讨论，增加活动的热度 |
| | 活动监控 | 数据跟踪：实时监控活动页面的访问量、参与人数、转发量等数据，了解活动进展。<br>用户反馈：关注用户的反馈，及时解答用户的问题。<br>风险控制：对活动进行风险评估，确保活动安全、合法、公正，避免出现不良事件。<br>调整优化：根据活动进展和用户反馈，适时调整活动策略，优化用户体验 |
| | 公布结果 | 数据整理：在活动结束后，对活动数据进行整理和分析，形成活动报告。<br>结果公布：在微信公众号上公布结果，包括获奖名单、参与人数、活动效果等。<br>奖品发放：按照活动规则，及时发放奖品，保障用户权益。<br>感谢致谢：向参与活动的用户表示感谢，并鼓励用户继续关注和支持平阳黄汤品牌 |

## （二）Facebook 营销策划导练

小王计划在 Facebook 上推广温州瘦肉丸，通过社群营销扩大个人品牌的影响力，同时为浙江省特产的推广做出贡献。小王的操作步骤如下。

步骤 1，创建公共主页。登录 Facebook 账号，打开右下角的菜单，选择"公共主页"命令，创建公共主页，如图 5-9 所示。

步骤 2，输入公共主页的名称。进入公共主页页面，输入公共主页的名称"温州瘦肉丸"。

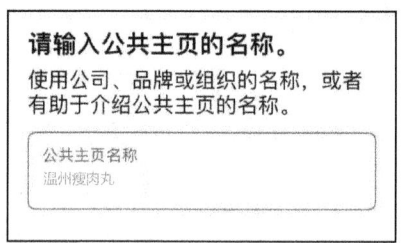

图 5-9  创建公共主页                    图 5-10  输入公共主页的名称

步骤 3，添加类别。选择适合形容温州瘦肉丸的词语，如"美食靓饮"等（见图 5-11），有助于用户在搜索结果中找到这个公共主页。最多可以添加 3 种类别。

步骤 4，选择推广方式。在添加好类别后即可进入公共主页。选择合适的推广方式，可以选择"帖子""快拍""Reels""直播"，如图 5-12 所示。

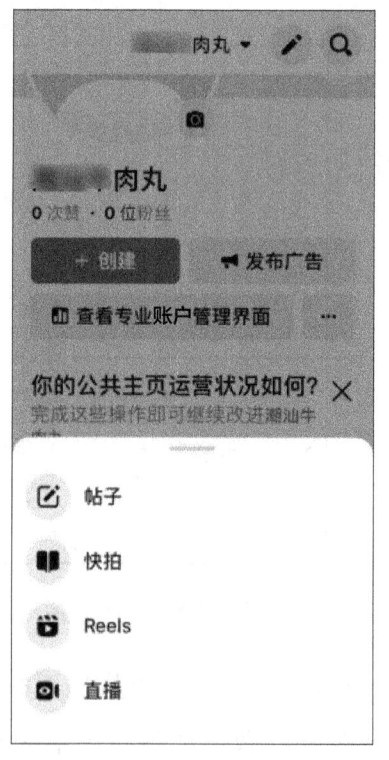

图 5-11  添加类别                        图 5-12  选择推广方式

步骤 5，创建帖子。添加关于温州瘦肉丸的营销文字，如"温州瘦肉丸，美味不容错过！

大家好！今天我要给大家介绍一道超级美味的小吃——温州瘦肉丸！温州瘦肉丸选用优质猪肉，经过精细加工，口感鲜嫩多汁，每一口都是满满的幸福感！它的外皮 Q 弹有嚼劲，内馅则是满满的肉，吃上一口，简直让人欲罢不能！在温州的大街小巷都可以看到人们排队等候品尝这道地道的小吃。它是温州人民的骄傲，也是温州文化的一部分。现在，我们特地为大家推出了优惠活动！凡是在本店购买温州瘦肉丸的顾客，都可以享受优惠价格！快来品尝这道美味的温州小吃吧！"同时，选择 4 张具有代表性的图片，调整布局并进行发帖，如图 5-13 所示。

图 5-13　创建帖子

## 自主演练

请扫描下方的二维码，获取自主演练任务，并利用从"引导训练"中学到的知识，完成自主演练任务。

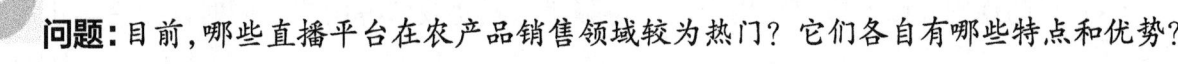

# 任务二　直播营销，体验身临其境的购物场景

## 知识储备

### 储备一：热门的农产品直播平台

**问题：**目前，哪些直播平台在农产品销售领域较为热门？它们各自有哪些特点和优势？

跨境 TikTok 直播、Lazada 直播与国内抖音直播在应用方面有哪些注意事项呢？

热门的农产品直播平台包括抖音、TikTok、Lazada 等。

### （一）抖音直播：从农田到餐桌，一抖即达的美味秀

随着直播电商的蓬勃发展，抖音已经上线了电商功能。该功能在流量、用户数据和产品管理等方面为商家提供了全面的支持。商家可以利用抖音电商罗盘和巨量千川等工具，轻松进行电商运营。

此外，直播带货模式的兴起也为抖音电商注入了新的活力。它为用户提供了更多购物选择，也为商家在电商活动中增添了更多选项。

#### 1. 抖音直播入驻条件

1）个人用户

（1）年龄要求：必须年满 18 周岁，具备完全民事行为能力。

（2）身份认证：需要进行身份认证，提交包括有效身份证的照片、姓名、身份证号码等信息。

（3）实名认证：通过手机验证等方式确认真实身份。

（4）账户注册：需要注册抖音账号并进行实名认证。

（5）直播内容：需要提供具有商业价值的直播内容，如产品展示、推广和销售等，并确保内容符合抖音的规定。

（6）守法经营：遵守法律法规和抖音的规定，不得从事违法违规行为。

（7）用户评级要求：可能需要满足粉丝数量、观看时长等方面的要求，以展示影响力和用户吸引力。

2）企业

企业的注册时间需在一年以上，注册资金需在 100 万元以上，并且企业类型为一般纳税人。

#### 2. 直播平台管理规则

在抖音直播中，卖货门槛较低，商家无须投入大量资金，只要开通相应的卖货权限，就可以在直播间中添加农产品的链接。因此，在直播前，商家要谨记相应的直播平台管理规则。

（1）内容规范：商家不得在直播中发布含有色情、低俗、暴力、歧视性或侵权内容，不得传播虚假信息或散布谣言。

（2）知识产权：商家不得侵犯他人的知识产权，包括音乐、图片、视频等的版权，必须遵守相关法律法规。

（3）广告和推广：直播中的广告和推广必须遵守抖音的广告政策，不得欺诈或误导用户。

（4）互动规则：商家应尊重用户，不得骚扰、威胁或侮辱用户；同时，抖音禁止用户任

何形式的恶意评论或恶意刷礼物行为。

（5）隐私保护：商家不得在直播中公开他人的私人信息，包括电话号码、地址等，应尊重他人的隐私权。

（6）敏感话题：商家不得在直播中涉及敏感话题，如政治、宗教等，以避免引发争议。

（7）未成年人保护：商家在互动中要特别小心，不得与未成年人进行不适当的互动。

（8）烟酒、毒品：商家不得在直播中吸烟、饮酒和宣传毒品，以及做出相关的危险行为。

（9）侵权投诉：抖音提供侵权投诉渠道，任何侵权行为都将受到处理。

**（二）TikTok 直播：全球农田直播间，品味世界鲜品**

TikTok 是字节跳动旗下的短视频社交平台，于 2017 年 5 月上线，其愿景是"激发创造，带来愉悦"（Inspire Creativity and Bring Joy）。TikTok 直播如图 5-14 所示。

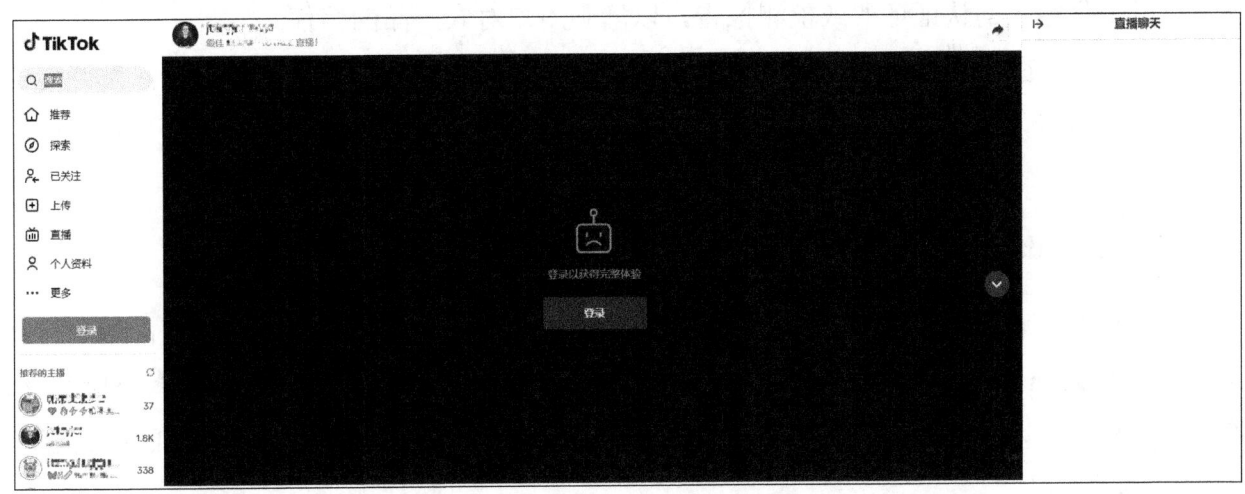

图 5-14　TikTok 直播

商家要在 TikTok 上开通直播功能，需要满足以下基本要求：①必须先在 TikTok 上注册一个账号并完成基本资料设置；②必须达到一定的账号等级和粉丝数量要求，通常需要在 TikTok 上积累至少 1000 个粉丝才能开通直播功能；③必须年满 18 岁，若未满 18 岁，则需要在家长或监护人的陪同下完成直播设置；④某些国家和地区可能无法使用 TikTok 直播功能，因此需要确保直播账号符合当地相关法律法规的要求；⑤没有违规记录，如果在 TikTok 上有严重违规记录，如发布关于色情、暴力、恐怖主义的内容，就可能会影响开通直播功能的资格。由于 TikTok 的平台规则处于不断发展变化中，商家要开通 TikTok 直播功能，需要多关注 TikTok 官方网站公布的直播功能开通条件，以满足 TikTok 最新的直播功能开通要求。

商家在面向东南亚地区的用户利用 TikTok 直播销售农产品时，除了要注意一般的直播注意事项，还需要特别注意以下几点。

**1．文化敏感性**

东南亚地区的文化是多元化的，不同国家和地区的风俗习惯及用户偏好有所不同。在直播前，商家需要深入了解目标市场的文化背景和用户偏好，确保直播内容符合当地的风俗习惯及用户偏好。

### 2. 语言选择

东南亚地区有多种语言，包括印尼语、泰语、越南语、马来语等。在直播时，商家最好选择使用目标市场的主要语言进行沟通，以便与用户更好地进行互动。

### 3. 产品展示

农产品的展示要真实、清晰，能够凸显农产品的特色和优势。商家可以考虑使用特写来展示农产品的外观、色泽和质地，让用户更直观地了解农产品。

### 4. 食品安全

农产品涉及食品安全问题，商家在直播中要特别强调农产品的安全性、健康性、环保性等，可以提供相关的认证证书或检测报告，以增强用户对农产品的信任。

总之，商家在面向东南亚地区的用户利用 TikTok 直播销售农产品时，要充分了解当地的市场和文化背景，制定合适的直播策略和内容，提供优质的农产品和服务，以便取得良好的直播效果。

### （三）Lazada 直播：东南亚地区的丰收盛宴，直播带你尝鲜

Lazada 是东南亚地区最大的跨境电商平台之一，具有较大的市场影响力和广泛的用户基础。通过 Lazada 直播（见图 5-15），商家可以展示自己的产品、回答用户的问题、进行促销等，而用户则可以了解产品的详细信息、与其他用户进行交流、发现更多感兴趣的产品等。

图 5-15　Lazada 直播

### 1．开通直播权限的步骤

（1）注册账号：商家需要注册商家账号，因为 Lazada 在 6 个国家有站点，所以商家需要在这 6 个国家的站点分别注册商家账号（在 App 和 PC 端都可以注册）。

（2）绑定账号：商家要将商家账号与店铺后台进行绑定。

（3）提交试播：商家要提交一分钟试播，让 Lazada 进行审核。

（4）审核：当页面中出现"Start Test Livestream""Create Foreshow"这两个按钮时，代表试播审核通过，商家可以正式进行直播。

### 2．试播的注意事项

（1）商家需要有 3 张封面：1∶1 封面、16∶9 的封面和 518 像素×810 像素的封面。因为不同客户端的展示形式有一定的差异，为了防止封面内容变形，所以在商家上传封面时，Lazada 会对应进行匹配。

（2）商家在设置拍摄参数前，需要根据自己的需求，选择横屏或竖屏进行拍摄。

（3）商家需要设置试播的名称，即直播名称。直播名称最好使用当地的语言，并且尽量简短些，不可太长。

## 储备二：农产品直播营销策划

**问题：** 农产品直播营销作为一种新型的销售方式，正逐渐受到越来越多人的关注和喜爱。然而，商家要想从竞争激烈的市场中脱颖而出，就需要对农产品直播营销进行精心策划。那么，商家在策划农产品直播营销时，如何更好地结合农产品的特色和卖点，同时考虑目标人群的需求和喜好，打造出既吸引眼球又富有内涵的直播内容呢？

### （一）农产品直播营销策划：绘制热销盛宴新蓝图

#### 1．明确直播目标

在进行农产品直播营销之前，商家需要明确直播目标，根据直播目标来确定后续的营销策略和安排。常见的直播目标包括提升销量、提升品牌知名度、推广新产品等。

#### 2．分析目标人群

商家应结合直播目标，分析主要目标人群和潜在目标人群，了解他们的兴趣、需求及偏好，并据此有针对性地设计直播内容和互动环节。

#### 3．制订直播方案

商家应根据直播目标和目标人群，制订直播方案，其内容主要包括直播主题、直播目标、直播时长、直播时间、直播类型、直播平台、直播人员安排、注意事项、活动流程等。此外，商家还可以在直播方案中添加一些产品介绍、使用演示、案例分享、专家访谈等，以引起用户的兴趣并吸引用户参与。直播方案示例如表 5-3 所示。

表 5-3　直播方案示例

| 直播主题 | 永嘉麦饼大促，品味魅力浙江 |
|---|---|
| 直播目标 | （1）引流，拉新，使粉丝数量增加 300 人。<br>（2）提升店铺的知名度、美誉度。<br>（3）实现店铺销量提升 30%、销售额提升 30%（较日常销售） |
| 直播时长 | 2 小时 |
| 直播时间 | 2024 年 4 月 20 日 20:00—22:00 |
| 直播类型 | 视频直播 |
| 直播平台 | 抖音 |
| 直播人员安排 | 主播：欢欢。<br>助播：乐乐。<br>场控：巧巧 |
| 注意事项 | （1）直播场景搭建：商家要准备直播主题横幅、海报、装饰等，营造清新、舒适的直播场景。<br>（2）提前准备好直播产品。<br>（3）主播要提前熟悉直播环节、产品介绍话术等 |
| 活动流程 | 1．开场介绍（20:00—20:05）<br>主播与粉丝打招呼，进行自我介绍，引导粉丝进行关注操作，推广浙江传统名优特产。<br>2．产品展示（20:05—20:20）<br>主播展示永嘉麦饼，介绍永嘉麦饼的特点，如形体大、饼皮厚、馅料丰富、经多次煎烤等，表达出温州人对其的喜爱。<br>3．互动环节（20:20—20:40，根据用户的反馈适当穿插）<br>主播要设置福袋、互动问答等环节，同时鼓励用户通过弹幕、评论等方式参与互动。<br>4．优惠促销（20:40—21:50）<br>主播要根据在线人数推出优惠活动，如限时优惠券、满减等，引导用户下单。<br>5．结尾总结与预告（21:50—22:00）<br>在直播的最后，主播要再次推荐产品，同时提醒用户下单，最后进行下一场直播的预告 |

### （二）东南亚地区农产品直播营销：策划攻略与细节把控之道

在面向东南亚地区的用户进行农产品直播营销策划时，商家需要注意以下事项。

### 1．了解当地的文化和市场需求

东南亚地区拥有多个国家，每个国家的文化和市场需求都有所不同。因此，商家在进行农产品直播营销策划时，需要深入了解当地的文化和市场需求，针对不同国家制定相应的营销策略和内容。

### 2．选品策略

东南亚不同地区的用户对农产品的需求和口味可能存在差异，因此商家需要对农产品进行有针对性的选择。在选品时，商家需要考虑当地用户的喜好、购买能力和市场需求，选择具有吸引力和竞争力的农产品，尤其要避开东南亚地区盛产的热带水果，如杧果、榴梿等。

### 3．合作方和达人选择

在面向东南亚地区的用户进行 TikTok 直播营销时，商家可以选择与当地的 KOL、达人或明星进行合作，共同推广农产品。通过与具有影响力的合作方合作，商家可以提高品牌知名度、扩大受众范围，同时提高用户的信任度和购买意愿。

### 4．遵守当地的法律法规

东南亚不同地区的法律法规可能存在差异，因此商家在进行农产品直播营销策划时，需要遵守当地的法律法规，确保自己的直播营销合法且规范。同时，商家需要注意版权、商标等问题，避免出现侵权行为。

### 5．语言和翻译

东南亚地区的语言种类繁多，因此商家在进行农产品直播营销策划时，需要考虑语言和翻译问题，确保在直播过程中能够与当地的用户进行有效的沟通和互动，同时提供相应的翻译和解释服务。

【想一想】

　　如何策划一场有效的农产品直播营销，使其既能吸引用户的注意力，又能促进农产品的销售？

【思考指引】

　　可以从选定合适的主播、设计吸引人的直播内容、设计互动环节、展示农产品的特点和优势、提供购买激励等角度进行思考。

## 引导训练

### 训练：掌握农产品直播营销策划的方法

平阳马蹄笋是食用笋家族中的上乘品种。其产于 6—10 月，正好填补了夏、秋季节鲜竹笋供应的空白，是夏、秋季节不可多得的清爽可口蔬菜。小王所在的公司计划通过直播营销，结合线上与线下的互动形式，将平阳马蹄笋的魅力展现给更多人。

步骤 1，确定直播主题和直播目标。确定直播主题，如"品味平阳马蹄笋，新鲜美味带回家"。直播目标：提升平阳马蹄笋的品牌知名度和美誉度；提升平阳马蹄笋的销量和市场份额；建立稳定的线上销售渠道，为品牌的长远发展奠定基础。

步骤 2，确定直播时长、直播时间、直播类型、直播平台、直播人员安排。直播时长：4 小时。直播时间：2024 年 4 月 28 日 20:00—24:00。直播类型：视频直播。直播平台：抖音。直播人员安排：主播为张张，助播为跳跳，场控为小鱼。

步骤 3，策划活动流程。

步骤 3.1，开场介绍。主播要进行自我介绍并对活动进行简要介绍，强调平阳马蹄笋的特色和优势，同时邀请用户参与互动，以拉近主播与用户的距离，激发用户的兴趣，为后续的产品展示和互动环节打下良好的基础。

步骤 3.2，产品展示。主播要展示平阳马蹄笋的外观、口感、烹饪方法等，通过特写和品尝分享，让用户直观感受平阳马蹄笋的美味，激发他们的购买欲望。

步骤 3.3，互动环节。主播要设置游戏互动、抽奖等环节，鼓励用户参与互动，以提高直播的趣味性和参与度。用户可以通过发送弹幕、评论等方式参与互动，赢取平阳马蹄笋等精美礼品。

步骤 3.4，优惠促销。主播要推出限时优惠活动，如折扣、满减、赠品等，激发用户的购买欲望。主播可以介绍购买渠道和优惠方式，引导用户下单。

步骤 3.5，结尾总结与预告。主播要对直播进行总结，感谢用户的参与和支持，并对下一场直播进行预告。

将本次平阳马蹄笋的直播方案总结成表格，如表 5-4 所示。

表 5-4　平阳马蹄笋的直播方案

| 直播主题 | 品味平阳马蹄笋，新鲜美味带回家 |
| --- | --- |
| 直播目标 | （1）提升平阳马蹄笋的品牌知名度和美誉度。<br>（2）提升平阳马蹄笋的销量和市场份额。<br>（3）建立稳定的线上销售渠道，为品牌的长远发展奠定基础 |
| 直播时长 | 4 小时 |
| 直播时间 | 2024 年 4 月 28 日 20:00—24:00 |
| 直播类型 | 视频直播 |
| 直播平台 | 抖音 |
| 直播人员安排 | 主播：张张。<br>助播：跳跳。<br>场控：小鱼 |
| 活动流程 | 1. 开场介绍（20:00—20:05）<br>主播要进行自我介绍并对活动进行简要介绍，强调平阳马蹄笋的特色和优势，同时邀请用户参与互动，以拉近主播与用户的距离，激发用户的兴趣，为后续的产品展示和互动环节打下良好的基础 |

续表

| 活动流程 | 2．产品展示（20:05—20:20）<br>主播要展示平阳马蹄笋的外观、口感、烹饪方法等，通过特写和品尝分享，让用户直观感受平阳马蹄笋的美味，激发他们的购买欲望。<br>3．互动环节（20:20—20:40，可根据直播现场情况在后面的时间中适当穿插）<br>主播要设置游戏互动、抽奖等环节，鼓励用户参与互动，以提高直播的趣味性和参与度。用户可以通过发送弹幕、评论等方式参与互动，赢取平阳马蹄笋等精美礼品。<br>4．优惠促销（20:40—23:40）<br>主播要推出限时优惠活动，如折扣、满减、赠品等，激发用户的购买欲望。主播可以介绍购买渠道和优惠方式，引导用户下单。<br>5．结尾总结与预告（23:40—24:00）<br>主播要对直播进行总结，感谢用户的参与和支持，并对下一场直播进行预告 |
| --- | --- |

## 自主演练

请扫描下方的二维码，获取自主演练任务，并利用从"引导训练"中学到的知识，完成自主演练任务。

# 任务三　短视频营销，探索微缩屏幕上的农产品美食

## 知识储备

### 储备一：崛起的农产品短视频平台

**问题：** 农产品短视频平台近年来迅速崛起，成为连接农户与消费者的重要桥梁。这些平台以直观、生动的视频展示了农产品的生长过程、特色品质，深受消费者喜爱。那么，在农产品短视频平台竞争激烈的背景下，商家应如何以更加精准、有吸引力的方式呈现农产品的特色与优势，以吸引更多消费者的关注和激发他们的购买欲望呢？

### （一）抖音上的绿色风采：农产品短视频新风尚

农产品抖音短视频营销是一种通过抖音上的短视频来推广和销售农产品的营销方式。这种营销方式能够充分利用抖音用户基数大、传播速度快、互动性强的特点，将农产品的特点、优势和价值以生动、直观的方式展现给用户，从而促进销售和提高品牌知名度。农产品抖音短视频营销的核心在于创意、内容和互动性：通过有创意的短视频内容，吸引用户的注意力，激发他们的兴趣和购买欲望；同时，通过与用户的互动，提高品牌的忠诚度和口碑传播效果。

**（二）TikTok 农田秀：全球农产品短视频的崛起之路**

TikTok 以其多样化的内容、创意的编辑工具和活跃的社区互动功能而受到用户的喜爱。用户可以通过手机捕捉并呈现创意及重要时刻，创作并分享短视频。TikTok 提供了视频、音乐、照片、动画等多种素材，帮助用户创作出有趣、有吸引力的短视频。此外，TikTok 还有强大的编辑功能，用户可以轻松完善自己的作品，并将作品分享到其他社交媒体。

TikTok 通过首页的 For You 功能为每个用户打造专属定制的视频推荐页面，基于用户的兴趣和参与度为用户推荐视频。用户可以在这里发现自己感兴趣的内容。在用户订阅自己喜欢的创作者创作的内容后，这些创作者创作的内容将出现在 For You 页面（见图 5-16）中。在移动端，用户还可以通过分享功能栏来反馈自己对视频的态度。

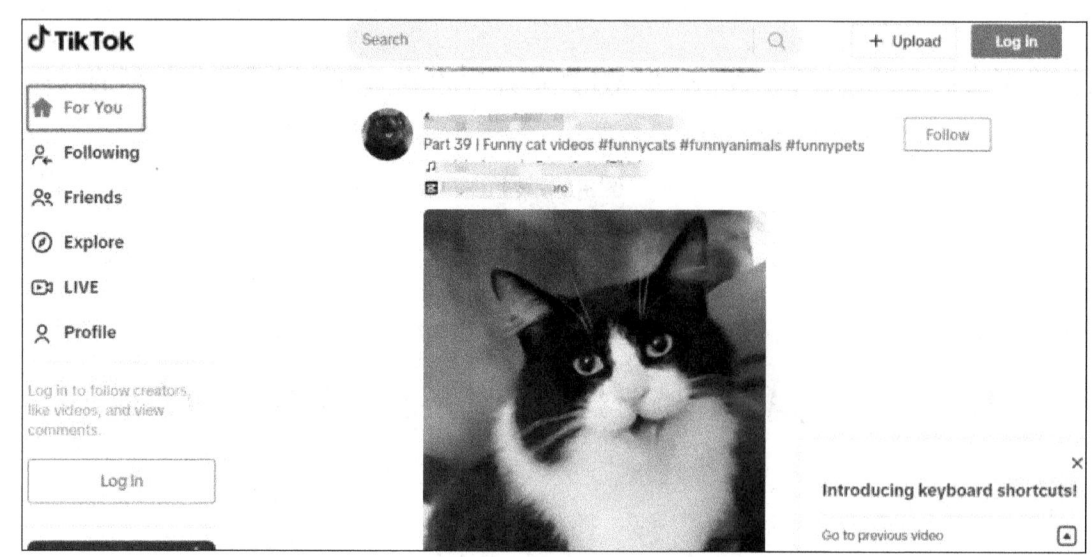

图 5-16　TikTok 的 For You 页面

## 储备二：农产品短视频内容创作

**问题：** 在进行农产品短视频内容创作时，独特的选题、呈现形式及创意表达方式都对短视频的曝光及影响力具有重要影响。如何进行农产品短视频内容创作？商家在创作农产品短视频内容时应遵循哪些原则，以便创作出具有吸引力且能有效传递营销信息的短视频内容呢？

**（一）农产品短视频营销：解锁内容创作新思维**

农产品短视频内容创作是一个综合性的过程，其关键环节有以下 4 个。

## 1．用户分析

商家应在确定营销目标的基础上，通过市场调研和数据分析，了解用户的年龄、性别、所在地域、兴趣爱好、消费习惯等信息，确定农产品短视频内容的定位和创意。

## 2．选题

商家应根据用户分析结果，确定农产品短视频内容的主题和选题。主题应该与用户的喜好相关，并与农产品的定位相符。商家应按照营销目标，确定核心信息，并将其融入选题中，以便在短视频中传递核心信息。

## 3．内容整体规划

### 1）内容形式

商家需要根据选题和品牌定位，选择合适的内容形式，如搞笑、教程、情感共鸣等；也可以考虑采用农产品采摘地动画、真人拍摄、特效等形式。

### 2）拍摄策划

商家需要确定短视频的拍摄地点、角色、服装等要素，并根据选题和内容形式，进行拍摄安排。

### 3）营销手段

商家需要考虑如何在短视频中自然地融入农产品，不过度凸显广告色彩；也可以考虑引入农产品的食用方式、烹饪技巧分享等营销手段，以提高用户的参与度。

## 4．脚本撰写

在进行脚本撰写时，商家需要抓住用户的痛点和需求，以吸引其注意力，进而引发其共鸣。商家应用简洁明了的语言表达核心信息，保持内容的简洁性和吸引力。通常，短视频脚本包括镜头、景别、时长、画面描述、旁白、特效、备注等要素，如表 5-5 所示。如果有配音或文字解说，就应确保配音和文字解说恰当，且有利于短视频内容的表达，同时解说文字应流畅、自然、准确。

表 5-5　短视频脚本示例

| 镜头 | 景别 | 时长/秒 | 画面描述 | 旁白 | 特效 | 备注 |
|---|---|---|---|---|---|---|
| 1 | 远景 | 5 | 在蓝天白云下，大片的水稻田在微风中泛起金色的稻浪，远处有潺潺的溪流 | 这片充满生机的田野孕育着大自然的馈赠 | 光影特效，凸显自然的清新 | 展现大米生长的生态环境 |
| 2 | 中景 | 10 | 农民熟练地在稻田里插秧，辛勤耕耘，脸上满是对丰收的期待 | 从播种开始，每一步都倾注着农民的心血 | 无 | 体现大米种植的用心 |

续表

| 镜头 | 景别 | 时长/秒 | 画面描述 | 旁白 | 特效 | 备注 |
|---|---|---|---|---|---|---|
| 3 | 特写 | 10 | 饱满的稻穗低垂,晶莹的露珠在稻粒上滚动,在阳光的照耀下闪闪发光 | 看这沉甸甸的稻穗,颗颗饱满,这是品质的象征 | 水珠闪烁特效 | 突出水稻的优良品质 |
| 4 | 中景 | 15 | 收割后的稻谷被运进现代化工厂,经过脱壳、筛选、抛光等一系列精细加工 | 从稻谷到大米,严格的工艺,只为给您提供纯正的味道 | 无 | 展示大米加工的严谨 |
| 5 | 近景 | 10 | 锅中煮着大米,热气腾腾,打开锅盖,香气四溢,晶莹剔透的米饭粒粒分明 | 煮上一锅,米香满溢,感受家的温暖 | 热气升腾特效 | 体现大米的诱人外观和香气 |
| 6 | 特写 | 10 | 一家人拿着筷子,夹起米饭送入口中,露出满足的表情 | 选择×××(大米品牌名)大米,享受每一顿饭的美好 | 温馨氛围特效 | 激发人们的食欲和购买欲望 |

### （二）TikTok 短视频营销攻略：农产品内容创作与爆款打造

TikTok 短视频营销技巧如下。

#### 1. 制定本土化策略

由于 TikTok 主要面向国外用户，因此深入了解并符合国外用户的喜好至关重要。商家应避免简单地复制国内热门视频的内容，否则可能会因为缺乏针对性而导致视频播放量很少。通过分析用户的关注列表、点赞记录和互动行为，商家可以了解用户对什么感兴趣、追逐哪些流行趋势。这将有助于商家选择与用户的兴趣相关的短视频主题，以吸引用户的注意力。

#### 2. 适应不同语言和用户特点

商家应根据不同地域的语言和用户特点，调整短视频的表达方式、文化元素和口语化程度，从而使内容更贴近用户，以引起用户的共鸣、增强短视频的传播力。例如，印度尼西亚的官方语言是印尼语，为了贴近当地的用户，商家可以使用印尼语进行配音或添加字幕；同时，在短视频中加入印度尼西亚的传统元素，如巴厘岛的舞蹈、印度尼西亚的传统乐器等，以提高短视频的趣味性。

#### 3. 把握最佳发布时间

为了确保短视频获得更多曝光，其发布时间应选在人流量较大的时段（见图 5-17）。

#### 4. 提炼文案内容

文案内容是决定短视频互动量和粉丝积累量的关键。在短视频营销中，短视频的标题应简洁明了，能够概括短视频的核心内容，同时可以设置悬念或讨论点，以增加用户互动。短视频的内容需能引起用户的共鸣或提供利益价值，使用户产生代入感，并与用户的切身利益紧密相连，从而吸引用户。

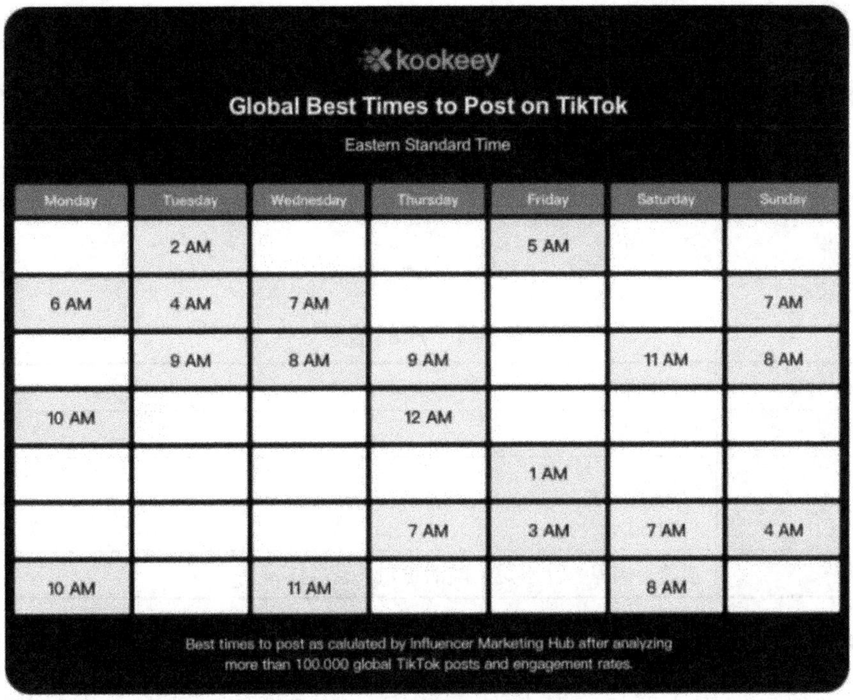

**kookeey**

**Global Best Times to Post on TikTok**

Eastern Standard Time

| Monday | Tuesday | Wednesday | Thursday | Friday | Saturday | Sunday |
|--------|---------|-----------|----------|--------|----------|--------|
|  | 2 AM |  |  | 5 AM |  |  |
| 6 AM | 4 AM | 7 AM |  |  |  | 7 AM |
|  | 9 AM | 8 AM | 9 AM |  | 11 AM | 8 AM |
| 10 AM |  |  | 12 AM |  |  |  |
|  |  |  |  | 1 AM |  |  |
|  |  |  | 7 AM | 3 AM | 7 AM | 4 AM |
| 10 AM |  | 11 AM |  |  | 8 AM |  |

Best times to post as caluated by Influencer Marketing Hub after analyzing more than 100.000 global TikTok posts and engagement rates.

图 5-17　人流量较大的时段

#### 5．巧借热点提升短视频的质量

热点借势是提升短视频曝光度的重要手段。商家利用高讨论度、高关注度的话题能快速提升短视频的曝光度，但需确保这些话题与自身品牌或个人定位相符。短视频前 3 秒内容的吸引力对完播率的影响非常大。完播率是评估短视频质量的重要指标。保持账号内容的垂直性有助于积累核心粉丝群体并提升账号权重，因此商家应避免发布不相关的内容或频繁转换赛道，以免影响账号标签和账号权重。

【想一想】

如何创作出既有趣又富有教育性的农产品短视频内容，以提升用户对农产品的了解程度和购买意愿？

【思考指引】

可以从农产品的生长过程、制作工艺、营养价值、食用方法等多个角度进行农产品短视频内容创作，同时结合故事情节、人物互动和视觉效果，创造出富有吸引力的农产品短视频内容。

## 引导训练

### 训练：掌握农产品短视频策划与执行的方法

#### （一）农产品短视频内容创作导练

随着数字媒体的快速发展，短视频成为宣传和推广农产品的有力工具。温州瓯柑作为一种具有地域特色的农产品，急需通过短视频的形式来提高知名度和市场份额。本训练旨在通过创作温州瓯柑的短视频内容，展示温州瓯柑的独特魅力，以吸引更多用户关注和购买温州瓯柑。

步骤 1，梳理产品信息。梳理短视频营销中的产品信息（见表 5-6），为短视频内容创作做好前期准备。

表 5-6　产品信息

| 产品名称 | 温州瓯柑 |
| --- | --- |
| 规格 | 每箱 5 千克 |
| 保质期 | 1 个月 |
| 价格 | 每箱 60 元 |
| 产品特点 | 皮薄、肉厚、汁水足，酸甜可口，营养丰富 |

步骤 2，进行用户分析。

步骤 2.1，进行目标用户分析：从年龄、地域、兴趣爱好、消费习惯等维度进行分析。

从年龄维度进行分析：短视频主要面向中青年用户，特别是关注健康饮食和本土特色食品的中青年用户。

从地域维度进行分析：短视频重点覆盖温州本地及周边城市的用户，同时辐射全国范围内的用户。

从兴趣爱好维度进行分析：短视频主要面向对农业、健康饮食、地方特色食品等话题感兴趣的用户。

从消费习惯维度进行：短视频主要面向追求品质生活，愿意为高品质农产品买单的用户。

步骤 2.2，进行竞争对手分析：分析竞争对手在短视频平台上的营销策略和内容形式，了解其如何展示温州瓯柑的特色和优势；研究用户对竞争对手内容的反馈，找到潜在的机会点和差异化竞争的切入点。

步骤 3，确定选题。

步骤 3.1，确定主题：突出温州瓯柑的独特口感、营养价值和文化背景；结合节日、季节或时下的热点话题，确定主题。

步骤 3.2，融入核心信息：强调温州瓯柑的原产地优势、种植过程的环保性、口感鲜美等特点；传递温州瓯柑是健康食品的理念，以及其在日常生活中的多种应用场景。

步骤 4，规划整体内容，撰写拍摄脚本。短视频旨在展示温州瓯柑的独特风味和产地特色，可以通过介绍其种植环境、采摘过程及品鉴体验，使用户对温州瓯柑产生兴趣并激发他们的购买欲望。温州瓯柑的拍摄脚本如表 5-7 所示。

表5-7　温州瓯柑的拍摄脚本

| 镜头 | 景别 | 时长/秒 | 画面描述 | 旁白 | 特效 |
|---|---|---|---|---|---|
| 1 | 大远景 | 8 | 温州瓯柑种植园的航拍镜头，展示广袤的果园和翠绿的果树 | 在美丽的温州，有一片被大自然眷顾的土地，这里盛产着一种独特的柑橘——温州瓯柑 | 添加舒缓的背景音乐 |
| 2 | 中景—近景 | 10 | 果农正在温州瓯柑种植园中辛勤劳作——修剪枝叶、浇水施肥 | 温州瓯柑的美味离不开果农的精心照料。他们日出而作、日落而息，只为让我们品尝到最纯正的温州瓯柑 | 添加日出和日落的转场 |
| 3 | 特写 | 8 | 温州瓯柑挂在树梢上，阳光透过叶片洒在果实上，显得温州瓯柑十分诱人 | 看，这就是成熟的温州瓯柑。它们饱满而富有生命力，每一个都散发着诱人的果香 | 添加合适的特效，显示温州瓯柑的新鲜及生命力 |
| 4 | 近景—特写 | 10 | 果农正在采摘温州瓯柑，展示采摘技巧和果实的新鲜度 | 采摘温州瓯柑可是一门学问。果农凭借丰富的经验，挑选出最优质的果实，确保我们吃到的每一个温州瓯柑都是精品 | — |
| 5 | 近景 | 8 | 展示将采摘下来的温州瓯柑进行清洗、分级和包装的过程 | 每一个温州瓯柑都要经过严格的筛选和清洗，确保品质上乘。我们注重每一个细节，只为让您品尝到最美好的味道 | 根据音频添加特效，显示温州瓯柑的品质上乘 |
| 6 | 特写 | 8 | 切开一个温州瓯柑，展示其鲜嫩的果肉和丰富的果汁 | 温州瓯柑的果肉鲜嫩多汁，口感极佳。无论是直接食用还是榨汁饮用，都能让您感受到那份独特的酸甜滋味 | 添加滤镜、特效等，以突出温州瓯柑的特色 |
| 7 | 中景—近景 | 10 | 一群人在品尝温州瓯柑，脸上洋溢着满足的笑容 | 品尝过温州瓯柑的人都会爱上这种美味。它不仅是一种水果，还是一种生活的享受。快来尝尝吧，让温州瓯柑带给您不一样的味蕾体验 | 背景音乐由舒缓的变为愉悦的 |
| 8 | 特写 | 8 | 展示温州瓯柑的品牌标识和购买渠道 | 想要品尝正宗的温州瓯柑吗？快来关注我们的品牌，了解更多购买信息吧！让温州瓯柑成为您生活中的一道亮丽风景线 | 添加特效动画，突出品牌及产品购买方式 |

## （二）农产品短视频拍摄与制作导练

步骤1，做好拍摄前的准备工作。拍摄前的准备工作包括选定拍摄地点、准备拍摄设备、招募演员与工作人员等，具体内容如表 5-8 所示。

表 5-8　拍摄前的准备工作

| 准备工作 | 具体内容 |
|---|---|
| 选定拍摄地点 | 前往温州瓯柑种植园，选择具有代表性的果园作为拍摄地点，确保果园环境整洁、果树状态良好 |
| 准备拍摄设备 | 准备高清摄像机、稳定器、无人机、麦克风等拍摄设备，确保拍摄质量佳；同时，准备反光板、滤镜等辅助工具，以应对不同的光线和环境条件 |
| 招募演员与工作人员 | 招募果农作为演员，展示温州瓯柑的种植和采摘过程；同时，组织专业的摄影团队和后期制作团队，确保拍摄和制作顺利进行 |

步骤 2，执行拍摄。执行拍摄即根据短视频的拍摄脚本进行短视频的一系列镜头拍摄，包括航拍镜头、果农劳作镜头、后期处理镜头、品鉴体验镜头等，如表 5-9 所示。

表 5-9　拍摄执行

| 镜头 | 内容 |
|---|---|
| 航拍镜头 | 使用无人机进行航拍，拍摄温州瓯柑种植园的全景，展示广阔的果园和翠绿的果树 |
| 果农劳作镜头 | 拍摄果农在果园中辛勤劳作的场景，记录他们修剪枝叶、浇水施肥的过程，展示果农对果树的精心照料 |
| 后期处理镜头 | 拍摄清洗、分级和包装温州瓯柑的过程，展示品质控制的严格性；记录工作人员对每个环节的细致处理，强调对品质的重视 |
| 品鉴体验镜头 | 拍摄一群人品尝温州瓯柑的场景，捕捉他们满足的表情和分享品尝感受的瞬间，通过他们的反馈来强调温州瓯柑的美味和独特口感 |

步骤 3，进行拍摄后期处理。拍摄后期处理包括剪辑视频、处理音频、进行颜色校正与特效处理、添加字幕与标识、输出与发布等。

步骤 3.1，剪辑视频：将拍摄好的素材导入视频编辑软件（如剪映）中进行剪辑，按照拍摄脚本的顺序整理镜头，保留精彩片段并删除冗余部分。

步骤 3.2，处理音频：对录制的音频进行清理和增强处理，确保旁白声音清晰可辨并配以合适的背景音乐来加强氛围。

步骤 3.3，进行颜色校正与特效处理：在视频编辑软件中对视频进行颜色校正，以呈现最佳的视觉效果；可以根据需要添加适当的特效来增强画面的吸引力。

步骤 3.4，添加字幕与标识：在关键部分添加字幕来辅助用户理解短视频的内容，并在结尾处展示温州瓯柑的品牌标识和购买渠道信息。

步骤 3.5，输出与发布：将制作好的短视频以高质量的文件格式进行输出，并选择合适的短视频平台进行发布和推广。

## 自主演练

请扫描下方的二维码，获取自主演练任务，并利用从"引导训练"中学到的知识，完成自主演练任务。

## 任务四　社交媒体营销数据分析，洞察多渠道用户行为数据背后的秘密

## 知识储备

### 储备一：农产品社交媒体营销数据指标

**问题：** 社交媒体营销作为当今推广农产品的重要手段，其数据指标是评估营销效果的关键依据。通过深入分析这些数据指标，营销人员可以更好地理解用户需求、优化营销策略，从而进一步提升农产品的销售业绩。在农产品社交媒体营销过程中，有哪些关键的数据指标可以帮助营销人员准确地了解营销效果，以便精准地优化营销策略呢？

农产品社交媒体营销数据指标包括以下几种。

#### （一）共性数据指标：洞察营销效果的通用密码

**1. 曝光量**

曝光量是指农产品在各种社交媒体（如微信、小红书、抖音等）上的总展示次数。该指标可以用于衡量农产品在不同社交媒体上的曝光程度，从而了解品牌的知名度和市场覆盖度。通过分析农产品在不同社交媒体上的曝光量，营销人员可以评估不同社交媒体对品牌推广的贡献，进而调整营销策略和资源分配。

**2. 点击率**

点击率是指农产品在社交媒体上的点击次数与总曝光次数的比率。点击率反映了用户对农产品的关注度和农产品的吸引力，是评估广告效果和用户参与度的重要指标。高点击率可能意味着广告内容吸引人，营销人员需要进一步分析用户点击后的行为，以评估广告的实际效果。

**3. 转化率**

转化率是指在点击农产品后，做出购买或其他进一步行为的用户人数与点击农产品的用户人数的比率。该指标是衡量营销效果的重要指标，可以帮助营销人员了解广告触达用户后的实际转化情况。通过分析转化率，营销人员可以评估广告的实际效果，优化产品页面和购买流程，提升用户转化率。

### 4．用户留存率

用户留存率是衡量农产品对用户的吸引力和用户忠诚度的重要指标，即在首次访问后继续使用或回访该产品的用户的人数与访问过该产品的人数的比率。高用户留存率可能意味着农产品或品牌对用户有较强的吸引力。

### 5．口碑传播率

口碑传播率是指在一定时期内，通过用户口口传递的农产品信息数量占总体传递的农产品信息数量的比例。该指标可以帮助营销人员了解用户对农产品的满意度。

### 6．购买频次

购买频次是指用户购买农产品的次数，反映农产品的复购率和用户黏性。高购买频次可能意味着用户对农产品的忠诚度较高。

## （二）不同营销方式的核心数据指标：揭示各类营销背后的数据秘密

### 1．图文类数据营销指标

#### 1）送达人数

送达人数是指图文消息被成功推送到用户设备的总数量。该指标反映了图文消息的覆盖面，即有多少用户有机会看到这条消息。

#### 2）阅读人数

阅读人数是指实际打开并查看了图文消息的用户数。通过比较送达人数和阅读人数，营销人员可以计算出图文消息的打开率，从而评估图文消息的吸引力和用户兴趣。

#### 3）分享人数

分享人数是指将图文消息分享给其他人的用户数。分享人数越多，说明图文消息的传播性越大，越能引起用户的共鸣和兴趣。

#### 4）图文总阅读量

图文总阅读量是指图文消息的总阅读量，包括初始推送和后续分享带来的阅读量。它反映了图文消息的整体传播效果。

#### 5）原文页面阅读量

如果图文消息中有链接到原文的入口，原文页面阅读量指标就能反映用户通过链接进入原文页面的次数，这有助于评估用户对内容的深入阅读程度和兴趣程度。

### 2．直播数据分析核心指标

#### 1）用户画像数据指标

在结束一场直播后，营销人员通过直播软件的后台或借助直播数据分析平台（如抖查查、蝉妈妈等），即可看到参与本场直播的用户画像数据指标，这些数据指标一般包括用户的性别、年龄、所在地域等。通过用户画像数据指标，营销人员可以大致了解本场直播的目标人群，判定潜在目标人群。

#### 2）流量数据指标

在一场直播中，常见的流量数据指标包括直播销售额、累计观看人次、在线人数、产品销量、GPM（Gross Profit per Mille，每千次展示盈利）、产品数、UV（Unique Visitor，独立访客）价值、转化率等。在这些数据指标中，营销人员一般会重点关注累计观看人次、在线人数、产品销量、GPM、产品数、UV 价值等核心数据。

### 3．短视频核心指标

#### 1）播放量

播放量代表短视频的曝光量，也就是短视频在某个时间段内被用户观看的次数。它是衡量用户观看行为的重要指标。播放量越多，说明短视频被用户观看的次数越多。

#### 2）完播率

完播率即完整观看短视频的人数与观看短视频的总人数的比率。高完播率意味着用户对短视频的内容感兴趣，愿意花时间观看整个短视频，也可能意味着用户对产品或品牌的认知程度及兴趣程度较高。

#### 3）跳出率

跳出率是指在短视频播放过程中提前离开的人数与观看短视频的总人数的比率。跳出率的计算公式：跳出率=跳出人数/观看总人数。一般认为，跳出率超出 5%意味着用户体验差，用户对短视频的内容缺乏兴趣或短视频本身存在问题。高跳出率意味着营销人员可能需要重新审视短视频的内容、长度、质量等，以提升用户留存率和用户参与度。

#### 4）转发量

用户点击短视频的转发链接，就会产生一个转发量。转发量不仅对短视频的播放量有着非常重要的影响，还可以为短视频创作者吸引更多精准的粉丝，因为愿意转发短视频的用户通常比较认可短视频的内容，并且乐意主动将短视频分享给更多用户。

## 储备二：农产品社交媒体营销数据采集、分析与优化

**问题：** 农产品社交媒体营销数据分析是评估和提升营销效果的关键环节。通过对历史数据进行深入分析，营销人员可以发现营销策略的不足之处，进而制订更加精准和有效的优化方案。在农产品社交媒体营销数据分析过程中，营销人员应如何精准地识别营销策略存在的问题，并探索出可行的优化策略，以进一步提升农产品的营销效果呢？

### （一）农产品社交媒体营销数据采集方式：数据宝藏的探寻与集结

#### 1．通过社交媒体自带的数据分析工具进行数据采集

大多数社交媒体自带数据分析工具，可以帮助营销人员直接采集和分析粉丝数量、互动率、曝光量等数据。例如，抖音提供了数据中心这个数据分析工具，营销人员可以利用它采集短视频的播放量、互动率、投稿量、粉丝净增量、完播率等数据，如图5-18所示。此外，营销人员还可以采集粉丝的增长趋势、活跃时间及喜欢的内容类型等数据。

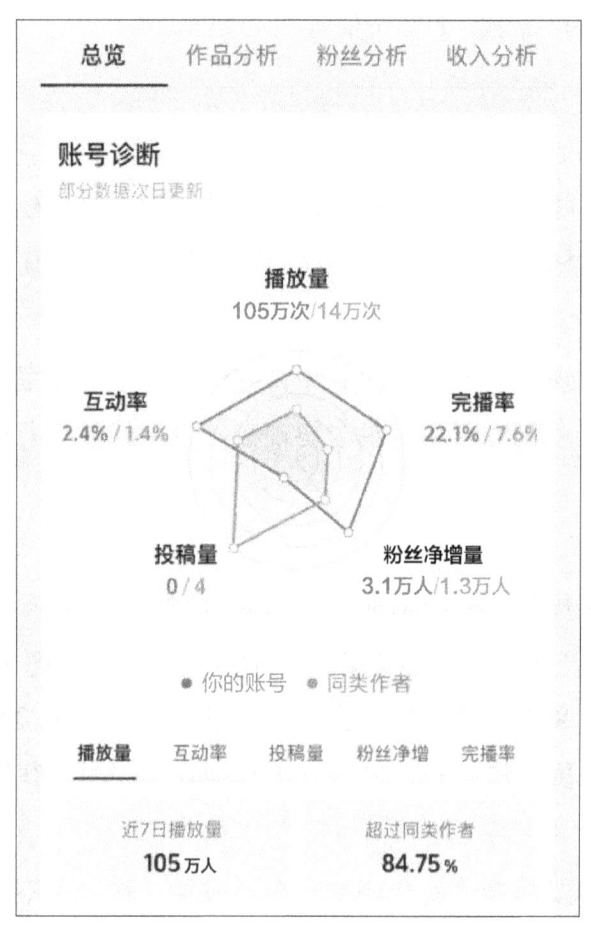

图5-18　抖音的数据中心

#### 2．通过推广页面进行数据采集

营销人员可以在店铺首页或产品详情页设置调查问卷和投票等功能，通过让用户填写各种表单和信息，采集用户数据。例如，营销人员可以设置店铺首页调查问卷，当用户访问店铺首页时，系统会弹出一个简洁的调查问卷，询问用户对店铺的整体印象、购物体验、对产品的满意度等。

#### 3．通过第三方数据分析平台进行数据采集

营销人员使用第三方数据分析平台（如百度统计、蝉妈妈等）可以追踪用户在网站上的行为，从而采集相关数据，如访问量、页面停留时间、转化率等。

**4．通过调研和问卷调查的方式进行数据采集**

营销人员通过调研和问卷调查的方式，可以采集用户对品牌和营销活动的反馈信息，了解用户满意度和用户需求。

**（二）农产品社交媒体营销数据分析与优化：数据驱动的营销进阶之道**

**1．图文营销数据分析与优化**

1）分析维度与方向

图文营销数据分析需要重点关注阅读量、点赞数、评论数、转发量等互动指标；此外，还需要分析受众的特征（如年龄、性别、地域分布等），以及图文营销内容的类型和发布时间（它们对互动效果有很大的影响）等。

2）优化建议

通过对图文营销互动指标、受众的特征、图文营销内容的类型和发布时间等进行分析，营销人员可以根据数据分析结果调整图文营销策略。例如，营销人员可以选择在受众活跃的时间段发布营销内容；策划受众更感兴趣的话题或主题内容；增加与受众的互动，及时回复评论，以提高受众的黏性；针对特定受众定制内容，以增强内容的针对性和吸引力。

**2．直播营销数据分析与优化**

1）分析维度与方向

直播营销数据分析需要重点关注直播观看人数、观看时长、互动频率等关键指标。此外，营销人员还可以通过用户留言、弹幕等反馈信息分析直播时段、直播主题与用户参与度的关系。

2）优化建议

通过对直播营销数据进行分析，营销人员可以根据数据分析结果调整直播时段，选择让主播在用户在线率高的时间进行直播。除此之外，营销人员还可以丰富直播内容和互动形式，提高用户参与度；同时，及时回应用户的反馈，以提高用户体验和用户忠诚度。

**3．短视频营销数据分析与优化**

1）分析维度与方向

短视频营销数据分析需要重点关注短视频的播放量、点赞数、评论数、分享数等关键指标。营销人员还可以通过观看时长、完播率、复播率等数据深入分析短视频的内容类型、发布策略等与用户行为的关系。

2）优化建议

营销人员可以根据数据反馈调整短视频的内容类型和发布策略，以增强短视频的吸引力；优化视频剪辑和叙事结构，以提升用户的观看体验和完播率；增加与用户的互动，利用评论区等渠道采集反馈信息，以不断优化内容创作。

# 引导训练

## 训练：掌握农产品社交媒体营销数据采集、分析与优化的方法

### （一）微信公众号营销数据采集与分析导练

小王在微信公众号上对平阳马蹄笋进行营销后，要对数据进行监控，并对关键指标进行采集、分析，以发现营销中存在的问题，从而为后续营销活动的制定提供优化建议。

步骤 1，搜索并登录微信公众平台。

步骤 2，采集过去一周微信公众号中的营销数据，包括阅读次数、分享次数、完成阅读次数。

步骤 3，整理图文信息阅读情况汇总表，如表 5-10 所示。

表 5-10　图文信息阅读情况汇总表

单位：次

| 时间 | 阅读次数 | 分享次数 | 完成阅读次数 |
|---|---|---|---|
| 2024 年 4 月 8 日 | 468 | 15 | 72 |
| 2024 年 4 月 9 日 | 537 | 27 | 30 |
| 2024 年 4 月 10 日 | 585 | 30 | 51 |
| 2024 年 4 月 11 日 | 567 | 39 | 63 |
| 2024 年 4 月 12 日 | 528 | 51 | 57 |
| 2024 年 4 月 13 日 | 588 | 36 | 63 |
| 2024 年 4 月 14 日 | 612 | 63 | 72 |

步骤 4，分析内容营销效果。通过对上述数据进行分析，小王发现微信公众号中图文信息过去一周的总阅读次数为 3885 次、总分享次数为 261 次、总完成阅读次数为 408 次。通过对这 3 个数据进行对比，小王发现微信公众号中图文信息的阅读次数明显多于分享次数和完成阅读次数，这说明图文信息的标题不错，能够吸引用户去打开它，但是内容撰写得不够好，不能吸引用户完成阅读与分享，没有实现信息的广泛传播。

步骤 5，整理粉丝情况汇总表，如表 5-11 所示。

表 5-11　粉丝情况汇总表

单位：人

| 时间 | 新增关注人数 | 取消关注人数 | 净增关注人数 | 累积关注人数 |
|---|---|---|---|---|
| 2024 年 4 月 8 日 | 75 | 0 | 75 | 834 |
| 2024 年 4 月 9 日 | 81 | 12 | 69 | 903 |
| 2024 年 4 月 10 日 | 57 | 18 | 39 | 942 |
| 2024 年 4 月 11 日 | 81 | 9 | 72 | 1014 |

续表

| 时间 | 新增关注人数 | 取消关注人数 | 净增关注人数 | 累积关注人数 |
|------|-------------|-------------|-------------|-------------|
| 2024 年 4 月 12 日 | 102 | 21 | 81 | 1095 |
| 2024 年 4 月 13 日 | 135 | 18 | 117 | 1212 |
| 2024 年 4 月 14 日 | 54 | 15 | 39 | 1251 |

步骤 6，分析粉丝新增情况。通过对过去一周的粉丝情况进行汇总，小王发现新增关注人数明显多于取消关注人数，这说明微信公众号中图文信息的选题比较受用户欢迎；但是，总的新增关注人数只有 585 人，这说明选题的覆盖面可能过窄，吸引的用户不够广泛，粉丝数量还有很大的增长空间。

步骤 7，提出优化建议。

分析过去一周微信公众号营销效果：总体上，微信公众号中图文信息的阅读次数较多，完成阅读次数和分享次数少，且新增关注人数明显多于取消关注人数，这说明图文信息的标题较好、选题较准，受用户认可，但选题覆盖面可能过窄，因此虽然粉丝数量在增加，但整体数量还是偏少。

优化建议：保持选题，扩大覆盖面；将标题根据内容变动适时进行优化，但可继续采用原有的撰写方式；进一步提升图文信息内容的质量，可从撰写方式、排版、素材应用、语言风格等方面进行优化，以提升图文信息内容的表现力、感染力。

### （二）抖音直播营销数据分析与优化导练

小王在抖音上进行了为期 3 个月的关于平阳马蹄笋的直播营销，每月进行 5 场直播，但他发现直播效果并不理想。为了找到问题所在，小王采集并整理了直播数据，以便后期调整直播策略。

步骤 1，采集与整理数据。小王采集了 2024 年 1—3 月的 15 场直播数据，包括观看人数、点赞数、评论数、分享数、销售额、购买转化率等，如表 5-12 所示。

表 5-12　2024 年 1—3 月的 15 场直播数据

| 时间 | 观看人数/人 | 点赞数/个 | 评论数/个 | 分享数/次 | 销售额/万元 | 购买转化率/% |
|------|-----------|----------|----------|----------|-----------|-------------|
| 2024 年 1 月 | 29 120 | 2804 | 350 | 269 | 8.1 | 2.3 |
| 2024 年 2 月 | 36 598 | 3520 | 459 | 352 | 12.9 | 3.1 |
| 2024 年 3 月 | 27 890 | 1878 | 339 | 188 | 6.5 | 1.5 |

步骤 2，进行数据分析。观看人数在 2024 年 2 月达到峰值，这可能与春节期间的促销活动有关。点赞数和评论数在 2024 年 2 月同样增长明显，这说明直播内容受用户喜爱。分享数在 2024 年 2 月也有所增加，这表明直播内容具有传播性。销售额在 2024 年 2 月份达到峰值。购买转化率整体偏低，需要进一步提升。

步骤 3，发现问题与瓶颈。购买转化率偏低的原因可能是产品介绍不够详细，或者产品价格不够吸引人。观看人数在 2024 年 3 月份减少了，小王需要分析原因并采取措施来提升用户的兴趣。每个月直播 5 场，次数较少，不利于提高用户黏性。

步骤 4，制定优化策略。优化策略如下：增加直播场次，调整为每月直播 10 场，并在每场直播结束前对下场直播进行预告；加强产品介绍，突出平阳马蹄笋的特色和优势，以提高购买转化率；调整价格策略，考虑推出优惠活动或组合套餐，以吸引更多用户购买；增加互动环节，以提高用户参与度和用户黏性，从而提升直播效果。

步骤 5，实施优化策略。优化策略的实施：增加直播场次；在直播中增加对平阳马蹄笋营养价值、口感特点等方面的详细介绍；推出限时优惠活动，如买一送一、满减等，以吸引用户购买；在直播中设置抽奖、答题等互动环节，以提高用户参与度。

步骤 6，监测与评估。在实施优化策略后，小王持续监测直播数据，以评估优化效果。实施优化策略一个月后的直播数据如表 5-13 所示。

表 5-13　实施优化策略一个月后的直播数据

| 时间 | 观看人数/人 | 点赞数/个 | 评论数/个 | 分享数/次 | 销售额/万元 | 购买转化率/% |
|---|---|---|---|---|---|---|
| 2024 年 4 月 | 117 589 | 10 236 | 1289 | 998 | 29.6 | 4.9 |

从优化前后的数据对比中可以看出：观看人数、点赞数、评论数、分享数均有所增加，这表明优化策略提升了用户的兴趣和参与度；销售额和购买转化率也有显著提升，这说明优化策略取得了良好的效果。

根据监测结果，小王可以进一步优化营销策略，以实现更好的营销效果。同时，小王要关注竞品的动态和市场变化，保持营销策略的灵活性和创新性。

## 自主演练

请扫描下方的二维码，获取自主演练任务，并利用从"引导训练"中学到的知识，完成自主演练任务。

## 国际视野

请扫描下方的二维码，获取本项目国际视野的相关内容。

## 重点聚焦

请扫描下方的二维码，获取本项目对标竞赛与考证需求的内容。这是学生需要重点理解与掌握的内容。

## 课后小考

请扫描下方的二维码，获取题目并作答。

# 项目六

## 农产品客户服务

### ——跨越语言鸿沟，革新服务体验

农产品客户服务的重要性不可忽视，它在国内外都扮演着关键的角色。客服应致力于为客户提供卓越的服务，通过深入了解各类农产品的特性和品质，为客户提供准确的产品信息和专业的购买建议。同时，客服应具备专业知识，如关于店铺内农产品的特色、来源、加工步骤、储存方式的知识，以确保所提供的农产品符合客户的需求和期望。此外，客服还需积极了解市场上同类产品的信息和竞争情况，以便能够提供合适的促销方案和推荐产品组合。通过客服提供的专业、细致的服务，客户将能获得优质的农产品和愉快的购物体验。

 **目标导航**

### 知识目标

1. 熟悉客户服务的类型与内容。
2. 熟悉跨文化沟通的原则与技巧。
3. 了解常见农产品客户纠纷的类型。
4. 了解不同类型农产品客户纠纷的处理方法。
5. 了解基于 RFM 模型的客户分类。
6. 了解不同类型客户的维护策略。

### 能力目标

1. 能根据客户服务的类型与内容，掌握跨文化沟通的原则与技巧，提供客户服务，包括针对我国客户及东南亚地区客户的售前服务、售中服务、售后服务等。

2．能完成不同类型农产品客户纠纷的处理，包括产品纠纷、支付纠纷、物流纠纷、服务纠纷等。

3．能根据基于 RFM 模型的客户分类，完成对不同类型客户的维护。

**素养目标**

1．具备遵守各社交媒体规则的职业操守。

2．树立以客户为中心的观念，想客户之所想，急客户之所急，满足客户之所需。

## 项目导图

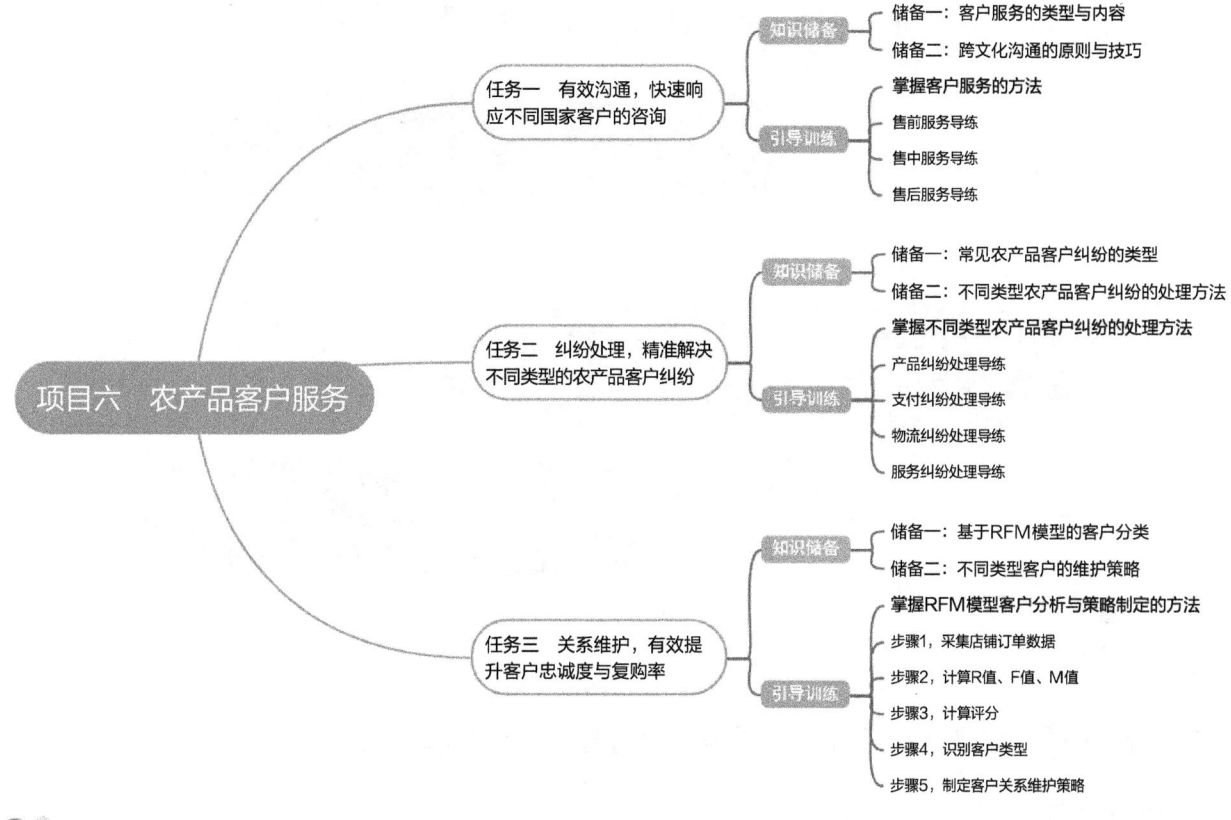

## 学习热身

农产品客户服务是指在农产品电商运营中，商家为了让客户获得满意的购物体验而提供的一系列服务。该服务覆盖了从产品信息的准确提供到售后服务的全过程，旨在满足客户的需求、解决问题，并建立牢固的客户关系。

肖肖是某农产品网店一名新入职的客服，负责该网店的客户服务工作。经过几个月的经验积累，肖肖发现在与客户沟通时经常会遇到几类问题，但是在每次进行客户服务时他都需要重新思考，效率很低，客户满意度也有所下降。于是，肖肖虚心地向客服主管请教，想知道自己哪里没做好。客服主管在获悉肖肖的问题之后便开始帮他进行分析。

你的问题我看到了，客服需要注意很多细节，我们可以提前准备一些标准答案。

对啊，我之前都是每次遇到问题时临时想答案，确实效率很低。

除了准备标准答案，你还需要学会倾听和理解客户的需求。

我明白了，我会更加注意倾听客户的声音。

很好，肖肖，只要你用心去做，一定能够做好客户服务。

谢谢主管的指导，我会努力的。

 **想一想：** 如果你是肖肖，在和领导沟通时，会询问哪些问题？

### 词组学习

**1. 客户关系维护**

在农产品电商运营中，客户关系维护（Customer Relationship Maintenance）是指在农产品销售过程中，商家采取一系列策略和行动，以建立并深化与客户之间长期、稳定且互惠的关系，从而确保客户满意度、客户忠诚度和复购率，进而提升品牌价值和市场份额。

**2. 客户反馈响应**

客户反馈响应（Customer Feedback Response）是指商家在收到客户对其产品和服务等方面提出的意见、评价、建议或投诉后，而采取的及时、恰当且具有针对性的行动，旨在解决客户问题、满足客户需求、提高服务质量、提升客户满意度，并最终巩固与客户的合作关系。

# 任务一 有效沟通，快速响应不同国家客户的咨询

## 知识储备

### 储备一：客户服务的类型与内容

**问题：** 在客户关系管理中，有效的客户服务对增进商家与客户之间的了解、满足客户需求来说至关重要。为了更好地理解客户服务的核心，我们需要深入探索其类型和具体内容。在客户关系管理中，客户服务扮演着怎样的角色？

客户服务的类型与内容如下。

### （一）售前服务：售前贴心指引

售前服务是指客服与客户进行沟通的过程。在这个过程中，客户可能会向客服咨询有关产品的各种问题，如关于价格、质量、发货时间等方面的问题。客服在提供售前服务时，应注意保持良好的服务态度，以吸引客户并促使交易达成。下面是常见的售前服务的内容。

#### 1. 提供产品咨询服务

客服需要回答客户关于产品的基本问题，如产品的种类、产地、规格、功能、用途、食用方法等。由于农产品的特殊性，客服可能还需要回答关于农产品的生长环境、种植方式、是否有农药残留等客户关心的问题。例如，客服可以为客户主动提供大米的产地图，展示其独特的地理环境和生长条件。通过产地图，客户可以直观地了解到大米产自优质稻米产区。这种服务不仅能够吸引客户的注意力，还能增强产品的说服力，提高客户的购买意愿。

#### 2. 提供技术支持

对于一些需要特殊保存或处理的产品，售前服务应提供相关的技术支持和指导，确保客户能够正确地保存和使用产品。

#### 3. 挖掘客户需求

客服需要与客户进行深入沟通，了解他们的具体需求，并根据他们的具体需求提供合适的产品建议。这有助于提升客户满意度，并促使交易达成。

#### 4. 提供报价与介绍优惠活动

客服需要提供客户询价产品的报价，并介绍当前的优惠活动，帮助客户了解购买成本，以便做出更明智的购买决策。

### 5. 回复售前询盘

对跨境电商来说，客服回复售前询盘十分重要。首先，客服需要查看售前询盘的来源地，以便有针对性地进行回复。其次，客服需要查看售前询盘的内容，包括标题、产品名称、订单数量、产品认证、关键功能、交货时间等。最后，客服需要查看客户的联系方式，包括联系电话、地址等，以便进行后续沟通和确认订单细节。通常情况下，在回复售前询盘时，客服可以采用以下话术。

尊敬的客户：

感谢您对我们产品的关注和询盘。经过仔细审阅您提供的信息，我们确信能为您提供进一步的帮助和服务。根据您提出的订单需求和要求，我们已经全面了解您对我们产品的需求。我们将尽快与您联系，详细讨论订单细节，并确保您得到满意的服务和产品质量。如果您有任何其他问题或需要进一步了解我们的产品和服务，请随时与我们联系。我们期待与您建立长期合作关系，实现共同发展。

再次感谢您的询盘，期待与您的进一步沟通。

祝好，

（署名）

这样的回复既展示了对客户的关注和重视，又表达了愿意为客户提供帮助和服务的诚意，有助于建立良好的客户关系和营造良好的合作氛围。

### （二）售中服务：售中细心陪伴

售中服务在交易过程中至关重要，而客服在其中发挥着举足轻重的作用。在从客户付款到签收订单这个过程中，客服需要处理众多与订单相关的问题，并通过有效沟通来确保客户满意和交易顺利进行。以下为售中服务的主要内容。

### 1. 及时响应客户的咨询

客服需要及时解答关于订单状态、发货时间、配送方式的问题。客户在付款后往往会关心订单的处理进度，客服应准确告知客户订单当前的状态，并告知客户预计的发货时间和配送方式。如果因特殊情况导致订单处理延迟，那么客服应主动向客户做出解释，并给出明确的解决方案或补偿措施。

### 2. 确保装配打包环节无误

客服需要确保产品的质量和包装符合客户的期望。如果客户对产品的规格、数量或包装有特殊要求，那么客服应与客户进行确认，并确保满足这些要求。此外，客服还需要关注产品的保质期和储存条件，确保在配送过程中产品的品质不受影响。

### 3．及时解决订单配送中的问题

客服需要与客户保持密切联系，当发生配送延误、产品被损坏等问题时，及时与客户沟通，了解具体情况，并协调相关部门解决问题。同时，客服要向客户提供有效的联系方式，方便客户随时查询订单状态或反馈问题。

### 4．更新订单配送进度

客服需要通过订单跟踪系统，实时向客户更新订单配送进度。客户可以通过客服提供的链接或信息，随时查看订单的配送进度。这种透明的服务方式有助于增强客户的信任感和提高客户的满意度。

在沟通过程中，客服应始终保持礼貌、耐心和专业的态度，用简洁明了的语言回答客户的问题，避免使用过于复杂的术语或模糊的表达方式。此外，客服还需要注意语气和语调，确保沟通能够顺利进行。

## （三）售后服务：售后无忧保障

售后服务是指商家在产品售出后为客户提供的服务，目的是解决可能出现的问题和满足客户的需求。它涵盖多个方面，旨在确保客户在购买产品后能够得到及时、有效的支持。售后服务的内容如下。

### 1．保障产品配送流畅

保障产品配送流畅是售后服务的重要组成部分。商家应确保及时为客户安排产品的配送，并在产品保持良好状态的情况下将产品送到客户手中。如果是商家的原因导致产品被损坏或存在质量问题，那么商家应对客户负责，如重新发货或向客户退款。

### 2．解答客户的问题

解答客户的问题也是售后服务的重要组成部分。客户在使用产品的过程中可能会遇到各种问题，这时，客服就需要及时地解答客户的问题、给予客户指导，以确保客户能够顺利使用产品。

### 3．提供免费退换货服务

对于存在明显质量问题或生产缺陷的产品，商家应提供免费退换货服务。当客户在购买产品后遇到这些问题并寻求客服的帮助时，客服应积极采取措施，尽快解决客户的问题。

客服在售后服务中除了进行以上方面的沟通，还应在规定的时间内对客户的服务需求给予回应，并根据实际情况进行远程诊断，确认问题的根本原因，争取在最短时间内为客户提供相应的解决方案。在整个沟通过程中，客服应具备良好的沟通能力和专业素养，能够准确理解客户的需求并提供专业的服务。

## 储备二：跨文化沟通的原则与技巧

**问题：** 在全球化趋势日益深入的今天，跨文化沟通已成为我们日常生活和工作中不可或缺的一部分。掌握跨文化沟通的原则与技巧，不仅能有效避免误解和冲突，还能促进合作与共赢。那么，如何更好地理解和尊重不同文化背景的人，从而实现更加顺畅和有效的沟通呢？

### （一）跨文化沟通的原则：尊重与融合之道

在全球化趋势日益深入的今天，商家不仅面临着国内市场的竞争，还需要积极开拓国际市场，与具有不同文化背景的客户进行沟通。在这个过程中，客服作为连接商家与客户的桥梁，其跨文化沟通能力显得尤为重要。为了确保沟通顺畅、有效，客服在进行跨文化沟通时应遵循以下原则，以增进理解、减少误解，从而为客户提供贴心、专业的服务。

#### 1．文化尊重与理解

尊重是跨文化沟通的基础。客服需要尊重不同文化背景下的价值观、习俗和宗教信仰，避免使用可能冒犯他人或产生误解的言辞。例如，在回复客户咨询时，当涉及宗教信仰等敏感话题时，客服应避免使用可能冒犯客户的言辞，而应采用能体现对客户的尊重、有包容性的言辞。

#### 2．开放倾听与反馈

开放倾听是理解客户需求的关键。客服需要保持开放的心态，耐心倾听客户的声音，理解他们的真实意图和感受，同时积极给予反馈，让客户感受到被重视和被关注。例如，当客户提出关于产品使用方法的问题时，客服应认真倾听客户的问题并详细解答，确保客户能够完全理解。

#### 3．语言清晰、准确

语言是跨文化沟通的桥梁。客服需要使用清晰、准确的语言来表达自己的观点和意图，避免产生歧义或误解。同时，客服需要考虑客户的语言习惯和理解能力，用简单易懂的方式传递信息。例如，在解释产品特点时，客服应使用通俗易懂的词汇和句式，确保客户能够轻松理解。

#### 4．情感共鸣与同理心

情感共鸣能够加强客服与客户之间的连接。客服需要具备同理心，设身处地地理解客户的情感和需求，用温暖、真诚的态度与他们交流。通过情感共鸣，客服可以赢得客户的信任和好感，从而建立长期稳定的客户关系。例如，当客户遇到产品问题时，客服应表达同情和理解，并积极协助客户解决问题，让客户感受到被关心和被支持。

## 5．灵活适应

面对具有不同文化背景的客户，客服需要具备灵活适应的能力，能够根据不同文化的特点和习惯，调整自己的沟通方式和沟通策略。例如，在与某些注重个人隐私的客户交流时，客服应尊重他们的隐私需求，避免过度询问个人信息；而在与注重集体主义的客户交流时，客服可以适当强调团队精神和合作意识。

### （二）跨文化沟通的技巧：连接心灵的艺术

#### 1．建立高效且适宜的沟通渠道

建立高效且适宜的沟通渠道是破解跨文化沟通难题的关键。客服需要了解不同沟通渠道的特性，采取有针对性的沟通方式。针对我国的客户，鉴于共同的网络环境，客服可以使用多样化的沟通渠道，如电商平台、电话、短信、电子邮件等。这些沟通渠道可以相互协作，形成全方位的服务体系。而针对东南亚地区的客户，客服需要更加细致地研究客户的需求和偏好，选择最合适的沟通渠道，如通过电子邮件进行正式沟通，或者利用消息留言功能进行便捷互动。

#### 2．注意文化差异

在与具有不同文化背景的客户交流时，客户需要注意文化差异，尽量避免将自己的文化观念强加给对方，并保持开放的态度去接受和理解其他文化的不同之处。无论是在我国还是在东南亚地区，客户的文化背景都呈现丰富多样的特点。为了增进对其他文化的了解，客服可以积极阅读相关书籍、观看纪录片，甚至参与文化交流活动。这不仅能够帮助客服理解其他文化，还可以帮助客服避免在交流过程中因为对其他文化不了解而产生误解或冲突。

#### 3．建立信任关系

在与任何客户沟通时，建立信任关系都是至关重要的。客服在与客户沟通时，不能只是简单地进行"你问我答"式的沟通，而应通过坚守承诺和展现诚信来建立信任关系，必须避免做出无法兑现的承诺，诚实地传递信息，并始终保持信息公开、透明。通过客服积极地履行承诺、坦诚地进行沟通，客户能够对客服及其所代表的商家产生信任。

#### 4．持续学习和培训

在跨文化沟通这一复杂且多变的领域中，持续学习和培训显得尤为重要。客服需要不断更新自己的知识和技能，以更好地适应不同文化背景下的交流需求。通过参加专业培训、阅读相关书籍、参与行业交流等方式，客服可以不断提升自己在跨文化沟通中的专业素养和综合能力，从而更加自信、准确地应对各种跨文化沟通的挑战，为商家赢得更多客户的信任和支持。

【想一想】

　　在跨文化沟通中，你认为哪些原则与技巧对确保沟通顺畅和有效来说至关重要？请结合具体实例说明。

【思考指引】

　　可以从理解文化差异、尊重多元文化、积极倾听与反馈、语言选择与表达技巧等角度思考这个问题。在思考过程中，可以回想自己在跨文化沟通中的经历，或者观察身边人的沟通实例，以支持自己的观点。

## 引导训练

### 训练：掌握客户服务的方法

#### （一）售前服务导练

　　平阳香榭农产品电商公司是一家专注于农产品种植与网络销售的公司，其产品主要包括水果、蔬菜和茶叶等。近期，有客户投诉客服对售前问题回答得模棱两可，严重影响购物体验。该公司在收到投诉后，决定对客服进行售前服务培训，以提升客户满意度，维护良好的客户关系。其具体步骤如下。

　　步骤1，梳理售前服务问题。该公司的人力资源部门安排专职人员进行农产品电商售前服务常见问题梳理。这些问题可能包括但不限于询问产品规格、产品包装、产品优惠信息、产品证书、配送方式等问题，如表6-1所示。通过梳理这些问题，客服可以明确在提供售前服务前需要掌握的知识点。

表6-1　常见的农产品电商售前服务问题

| 序号 | 问题类型 | 常见问题示例 |
| --- | --- | --- |
| 1 | 产品规格 | （1）每箱产品的重量是多少？<br>（2）单果的重量是多少 |
| 2 | 产品包装 | （1）包装箱中有防压泡沫吗？<br>（2）包装箱是纸箱还是泡沫箱 |
| 3 | 产品优惠信息 | （1）买两箱产品有优惠吗？<br>（2）有优惠券吗 |
| 4 | 产品证书 | （1）你们的产品经过有机认证吗？<br>（2）你们的产品有绿色食品证书吗 |
| 5 | 配送方式 | （1）包邮吗？<br>（2）支持货到付款吗 |

　　步骤2，制作售前服务话术模板。针对步骤1中梳理出的不同类型的问题，专职人员制定相应的话术。这些话术应该简洁明了、专业且易于理解，能够迅速解答客户的问题。例如，

针对询问产品规格的问题，客服可以准备一段详细介绍整箱产品重量和单果重量的话术；针对询问产品优惠信息的问题，客服可以提供不同购买数量的价格优惠信息等。此外，客服还要确保话术的灵活性和可调整性，以满足不同客户的需求。常见的农产品电商售前服务话术模板如表 6-2 所示。

表 6-2　常见的农产品电商售前服务话术模板

| 问题类型 | 常见问题示例 | 话术模板 |
| --- | --- | --- |
| 产品规格 | （1）每箱产品的重量是多少？<br>（2）单果的重量是多少 | （1）每箱产品的重量大约是××千克。<br>（2）单果的重量大约是××克 |
| 产品包装 | （1）包装箱中有防压泡沫吗？<br>（2）包装箱是纸箱还是泡沫箱 | （1）我们的产品会使用防压泡沫进行包装，以确保产品在运输过程中的安全。<br>（2）您好！您询问的这款产品使用的包装箱是泡沫箱，泡沫箱作为包装材料，能有效维持恒定的温度，减少水分流失，还能抵御运输途中的碰撞，从而更好地保护产品的完整性与新鲜度。/您询问的这款产品使用的包装箱是纸箱，里面有适量填充物，可以增强防震效果 |
| 产品优惠信息 | （1）买两箱产品有优惠吗？<br>（2）有优惠券吗 | （1）如果您购买两箱产品，我们会提供一定的优惠。<br>（2）我们会不定期开展促销活动，您可以从我们的官方渠道来获取优惠券 |
| 产品证书 | （1）你们的产品经过有机认证吗？<br>（2）你们的产品有绿色食品证书吗 | （1）是的，我们的产品已经经过有机认证，符合有机农产品的生产标准。<br>（2）我们的产品已经获得绿色食品证书，产品质量有保证 |
| 配送方式 | （1）包邮吗？<br>（2）支持货到付款吗 | （1）是的，所有产品都包邮，请放心购买。<br>（2）很抱歉，我们暂时不支持货到付款，但是我们提供了多种支付方式，以确保交易的安全和便利 |

步骤 3，操作客服售前沟通平台。售前服务主要通过客服售前沟通平台自带的聊天工具来进行。这里以 Lazada 为例，进行售前服务操作流程讲解。

步骤 3.1，进入询盘页面。在商家后台单击消息图标，进入询盘页面。

步骤 3.2，选择未读询盘。在进入询盘页面后，选择未读询盘（见图 6-1），从该询盘中获取有效信息，辨别客户的类型，尽量周到、细致地提供关键信息。如果客户询问产品价格，那么客服不妨把物流费用也介绍一下。

步骤 3.3，回复询盘。如果判定询盘为优质询盘，那么客服可以根据客户的提问，有针对性地进行回复。客服需要确定客户询问的问题属于哪一类，是颜色问题、尺寸问题还是物流问题，是价格问题还是付款方式问题等。针对客户经常询问的问题，客服可以整理出一个标准答案，以便快速地回复客户。

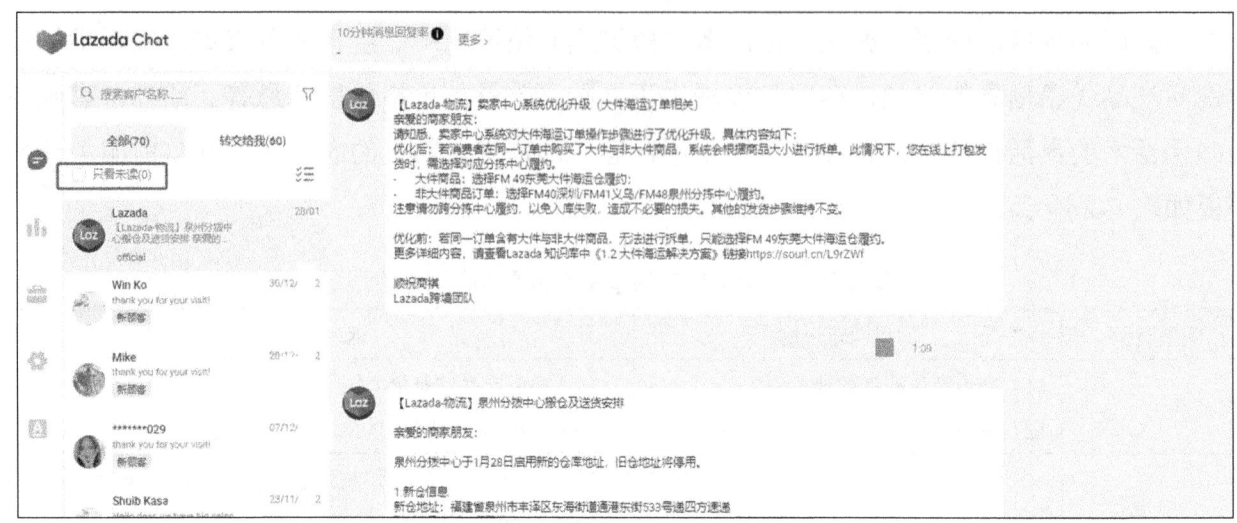

图 6-1　选择未读询盘

 **技巧提醒**

如果判定询盘为垃圾询盘，即与产品完全不相关的询盘，或者明显没有真实意向的询盘（这些询盘可能是由机器人自动发送的，或者是由某些不真实的个人或实体发送的），那么客服只需简单回复，如发送一个笑脸的表情、发送"谢谢您的光顾"等文字，保证回复率即可。

**（二）售中服务导练**

平阳香榭农产品电商公司对客服进行售前服务培训后，获得了客服的积极反馈，他们表示培训效果显著。因此，该公司决定继续开展售中服务培训。其具体步骤如下。

步骤 1，梳理售中服务问题。售中服务问题与售前服务问题有所不同，但同样重要。售中服务问题可能包括关于订单状态、发货时间、支付方式、订单修改或取消的问题。这些问题直接关系到客户的购买体验和满意度，因此客服需要清晰地了解相关知识并准备好相应的回复和解决方案。常见的农产品电商售中服务问题如表 6-3 所示。

表 6-3　常见的农产品电商售中服务问题

| 序号 | 问题类型 | 常见问题示例 |
| --- | --- | --- |
| 1 | 订单状态 | （1）我的订单现在处于什么状态？<br>（2）我的订单状态怎么还是待发货 |
| 2 | 发货时间 | （1）今天能发货吗？<br>（2）我什么时候可以收到我买的产品 |
| 3 | 支付方式 | （1）我可以使用哪些支付方式进行结算？<br>（2）可以使用信用卡支付吗 |
| 4 | 订单修改或取消 | （1）我需要修改一下订单信息，应该怎么操作呢？<br>（2）我不想要了，但是订单取消不了，怎么办呢 |

步骤 2，处理售中服务问题。针对常见的售中服务问题，客服需要准备一套专业且易于客户理解的话术。例如，针对询问订单状态的问题，客服可以提供实时的订单状态信息，并给出可能的延迟原因；针对询问发货时间的问题，客服可以提供准确的发货时间表，并说明特殊情况下的处理方式；针对询问支付方式的问题，客服可以详细介绍平台支持的支付方式及其特点，帮助客户选择最适合自己的支付方式。此外，客服还需要具备一定的应变能力和沟通技巧，以便在处理售中问题时能够灵活应对，从而提升客户满意度。常见的农产品电商售中服务话术模板如表 6-4 所示。

表 6-4　常见的农产品电商售中服务话术模板

| 问题类型 | 常见问题示例 | 话术模板 |
| --- | --- | --- |
| 订单状态 | （1）我的订单现在处于什么状态？<br>（2）我的订单状态怎么还是待发货 | （1）您好，您的订单目前处于待发货状态，预计在两个工作日内发货。<br>（2）不好意思，每天 16:00 前的订单会在当天发货，之后的订单将会在第二天发货 |
| 发货时间 | （1）今天能发货吗？<br>（2）我什么时候可以收到我买的产品 | （1）可以的，您现在下单，我们马上安排发货。<br>（2）您好，3～5 个工作日即可送达 |
| 支付方式 | （1）我可以使用哪些支付方式进行结算？<br>（2）可以使用信用卡支付吗 | （1）目前，我们支持支付宝支付、微信支付、银行转账等多种支付方式，请您根据自己的情况选择合适的支付方式。<br>（2）很抱歉，目前我们暂时不支持信用卡支付，您可以选择其他支付方式进行结算 |
| 订单修改或取消 | （1）我需要修改一下订单信息，应该怎么操作呢？<br>（2）我不想要了，但是订单取消不了，怎么办呢 | （1）如果您需要修改订单信息，请在订单确认后尽快联系客服进行处理，我们将尽力协助您进行修改。<br>（2）如果您的订单无法在线取消，请您不用担心，直接联系我们的客服热线/在线客服，我们会协助您处理取消订单的事宜。同时，请您告知我们订单号及取消原因，以便我们更快捷地为您服务 |

**（三）售后服务导练**

平阳香榭农产品电商公司的售前服务培训、售中服务培训都取得了良好的反馈和显著的效果，该公司认识到培训对于提高客服专业水平和服务质量的重要性。现在，该公司决定继续对客服进行售后服务培训，以完成一个完整的客户服务闭环训练。

步骤 1，梳理售后服务问题。售后服务是农产品电商交易中至关重要的一环，客服需要清楚了解可能遇到的各类售后服务问题。这些问题通常包括但不限于产品退换货请求、质量问题咨询、物流问题、发票或订单信息索取等，如表 6-5 所示。通过系统地梳理这些问题，客服可以明确售后服务的范围和重点，为接下来的工作做好准备。

表 6-5　常见的农产品电商售后服务问题

| 序号 | 问题类型 | 常见问题示例 |
|---|---|---|
| 1 | 产品退换货请求 | （1）我购买的新鲜水果有质量问题，我要退货。<br>（2）我收到的蔬菜与网站描述不符，怎么换货 |
| 2 | 质量问题咨询 | （1）我收到的水果有坏的，怎么办？<br>（2）如何维持水果的新鲜度 |
| 3 | 物流问题 | （1）我的订单显示已发货，但是我一直没有收到货，请问现在包裹到哪里了？<br>（2）物流显示已送达，但是我并没有收到货，你们可以帮忙追踪物流吗 |
| 4 | 发票或订单信息索取 | （1）我需要开具增值税发票，应该如何操作？<br>（2）我想查询一下之前的订单详情和发票信息 |

步骤 2，制作售后服务话术模板。针对步骤 1 中梳理出的不同类型的售后服务问题，客服需要制定一套专业、高效且易于理解的话术。这些话术不仅要能准确解答客户的问题，还要能体现商家的诚信和客服的专业性。常见的农产品电商售后服务的沟通技巧及话术模板如表 6-6 所示。需要注意的是，话术要具有灵活性，以满足不同客户的具体需求。

表 6-6　常见的农产品电商售后服务的沟通技巧及话术模板

| 问题类型 | 沟通技巧 | 话术模板 |
|---|---|---|
| 产品退换货请求 | （1）倾听客户的需求和问题，表达理解和同情。<br>（2）提供清晰明了的退换货流程，并确保客户了解下一步如何操作。<br>（3）提供积极的解决方案，如退款、换货或补寄等，并表示商家对客户满意度的重视 | （1）对于有质量问题的新鲜水果，请您拍照发给我们，我们将尽快为您安排退货和退款。<br>（2）如果您收到的蔬菜与网站描述不符，请您拍照或录制视频提供相关信息，我们会为您办理换货 |
| 质量问题咨询 | （1）要求客户提供具体的质量问题描述，如照片或详细描述，以便更好地理解问题。<br>（2）提供专业的产品知识，解释产品的质量标准和保质期等相关信息。<br>（3）表达对客户感受的关心，同时提供解决问题的方案或建议 | （1）请您提供坏果的照片和相关订单信息，我们将尽快为您处理。<br>（2）为了维持水果的新鲜度，请您将水果保存在阴凉处，并尽早食用或处理 |
| 物流问题 | （1）向客户提供客户订单的物流跟踪信息，以便客户自行查询。<br>（2）告知客户预期的送达时间，并提供物流服务商的联系方式，以便客户与物流服务商直接沟通。<br>（3）当客户需要进一步的帮助时，提供客服团队的联系方式，并表示愿意协助客户解决物流问题 | （1）订单显示已发货但您一直未收到货，是吗？请您提供订单号，我们将协助您查询物流信息。<br>（2）物流显示已送达但您未收到货，是吗？请稍等，我们将协助您联系物流服务商，进行进一步跟踪 |

续表

| 问题类型 | 沟通技巧 | 话术模板 |
|---|---|---|
| 发票或订单信息索取 | （1）要求客户提供具体的订单信息，以便能够快速地为客户提供其所需的发票或订单信息。<br>（2）可提供详细的操作指引，包括如何在线下载发票、查询订单等，以便客户自行操作。<br>（3）对客户的索取行为表示理解和支持，并提供快速、准确的解决方案，以满足客户需求 | （1）如果您需要开具增值税发票，请提供相关的发票信息和单位信息给我们，我们会尽快为您开具。<br>（2）如果您需要查询之前的订单详情和发票信息，您可以登录您的账号进行查询，查询方式是…… |

## 自主演练

请扫描下方的二维码，获取自主演练任务，并利用从"引导训练"中学到的知识，完成自主演练任务。

## 任务二　纠纷处理，精准解决不同类型的农产品客户纠纷

## 知识储备

### 储备一：常见农产品客户纠纷的类型

**问题：** 在农产品电商交易过程中，客户纠纷是难免会出现的情况。客服了解常见的农产品客户纠纷的类型，有助于自己更好地预防和处理这些纠纷。面对不同类型的农产品客户纠纷，客服应如何完善客户反馈响应机制，制定有效的预防和处理措施，以保障农产品电商交易的顺利进行并维护良好的客户关系呢？

常见的农产品客户纠纷包括产品纠纷、支付纠纷、物流纠纷、服务纠纷。

### （一）产品纠纷

#### 1. 产品存在质量问题及产品与描述不符

产品纠纷的类型多样，其中最为核心的是由产品质量及产品与描述不符引起的纠纷。客户在购买产品时，可能会遇到收到的产品外观存在瑕疵、重量不足等质量问题。此外，产品与商家的描述存在出入，如颜色、大小、品种等不符，也会引起纠纷。这类问题往往源于商家在描述产品时描述得不准确或模糊，导致客户产生误解。

### 2．产品错发或漏发

产品错发或漏发也是客户常遇到的问题。产品错发是指客户收到的产品并非其下单购买的产品，而产品漏发则是指客户购买的产品部分未发货。这两类问题都会给客户带来不便和损失，从而引起纠纷。

### 3．产品降价

产品降价也会引起纠纷。在客户购买产品后，如果短时间内产品降价，客户就可能会感到不满，认为自己受到了不公平的对待，进而产生纠纷。

引起产品纠纷的原因，除了上述 3 种，还可能有商家与客户之间的沟通不畅、售后服务不到位等。因此，商家应加强产品质量控制，确保产品描述的准确性；加强与客户的沟通，提供优质的售后服务，以减少产品纠纷的产生。

## （二）支付纠纷

支付纠纷主要涉及客户和商家在交易过程中的支付问题，通常包括以下几类。

### 1．延迟到账

由于网络延迟、银行需要时间进行处理等原因，客户支付的款项未能及时到达商家账号，从而导致交易无法及时完成。这可能会让商家和客户产生焦虑，从而引起纠纷。

### 2．扣款失败或重复扣款

当客户使用在线支付方式进行支付时，可能会遇到扣款失败的情况，导致订单未能成功支付。此外，系统错误或操作失误也可能导致客户被重复扣款，引起不必要的纠纷。

### 3．拒付或申请退款

在某些情况下，客户可能会对已支付的订单进行拒付或申请退款，原因可能是对产品不满意等。

## （三）物流纠纷

物流纠纷是电商交易中的重大问题，其中订单配送延误、产品在运输过程中被损坏或丢失等问题尤为突出。这些问题不仅直接影响客户的购物体验，还可能对商家的声誉造成不可估量的损害。

### 1．订单配送延误

订单配送延误是客户经常遇到的物流问题之一。当自己期待中的产品未能按时送达时，客户的满意度和信任度就会大打折扣。长时间的等待不仅会让客户感到焦虑，还可能让客户质疑商家的专业性和可靠性。特别是一些对时效性要求较高的产品，如生鲜食品或节日礼物，订单配送延误可能直接导致产品失去原有的价值，使客户感到失望和愤怒。

### 2. 产品在运输过程中被损坏或丢失

产品在运输过程中被损坏或丢失也是客户十分关注的问题。无论是由于包装不当、暴力运输还是其他原因，一旦产品在运输过程中受损，客户的权益就会受到侵害。如果产品丢失，那么客户不仅会损失物质财产，还可能因此错过重要的使用时机或特殊活动。这些问题的发生无疑会让客户对商家的信任度大打折扣，甚至可能引起投诉和纠纷。

### （四）服务纠纷

服务纠纷在电商交易中是一个常见且关键的问题，它直接关系到客户的购物体验和商家的商业信誉。服务纠纷主要涉及服务态度、响应速度、售后服务的质量和效率等多个方面。

### 1. 服务态度

商家的服务态度和专业性对建立客户信任至关重要。如果商家对待客户的咨询态度冷漠、给出的回复含糊不清、回答问题时缺乏耐心，就容易让客户对商家的专业性产生怀疑，进而引起服务纠纷。此外，商家未能提供准确、详尽的产品信息，导致客户在购买过程中产生误解或不满，也会提高服务纠纷的风险。

### 2. 响应速度

响应速度是衡量商家服务质量的重要标准之一。客户在购买过程中可能会产生各种需求，如需要查询订单状态、查询物流信息等。如果商家不能及时响应客户的需求，就可能导致客户产生不满情绪，进而引起服务纠纷。

### 3. 售后服务的质量和效率

售后服务的质量和效率对于维护客户关系至关重要。如果商家在处理退换货请求、质量问题时缺乏诚意，或者让客户感到被忽视或权益受损，就会引起服务纠纷。此外，商家在售后服务过程中未能提供清晰、明确的解决方案或补偿措施，也会引起客户的不满和投诉。

## 储备二：不同类型农产品客户纠纷的处理方法

**问题：**在客户服务工作中，处理农产品客户纠纷是一项关键而复杂的任务。掌握不同类型农产品客户纠纷的处理方法，对于维护客户关系、提升客户满意度至关重要。面对不同类型的农产品客户纠纷，客服应采取什么处理方法？这些处理方法各有什么特点和适用场景？

不同类型农产品客户纠纷的处理方法如下。

### （一）产品纠纷的应对策略

当客户反映收到的产品与描述不符或存在质量问题时，客服首先需要安抚客户的情绪，并详细了解问题的具体情况；然后，与客户核实订单信息，确保产品是来自客服所在平台的；

最后，与客户沟通，了解产品的实际情况，并提供解决方案。可能的解决方案包括退款、换货或补寄等。在与客户沟通时，客服需要耐心解释解决方案，并确保客户满意。若客户仍不满意或问题无法得到解决，则客服应引导客户向平台投诉，并请平台协助处理问题。

### （二）支付纠纷的解决之道

客户在遇到支付问题时，往往会产生焦虑、不满和疑虑，因此客服在处理支付纠纷时，需要采取专业、迅速且有效的处理方法。常见的处理方法如下。

#### 1. 迅速响应

支付纠纷往往伴随着客户的急迫需求，因此客服需要尽快回复客户的问题，并详细了解具体情况。通过及时沟通，客服可以安抚客户的情绪，并向客户展示自己解决问题的决心和能力。

#### 2. 准确判断引起支付纠纷的原因

引起支付纠纷的原因有多种，如支付失败、支付金额错误、重复支付等。客服需要根据客户的描述和支付记录等信息，准确判断引起支付纠纷的原因，以便采取有针对性的措施。

#### 3. 提供专业的解决方案

针对不同的支付纠纷，客服需要提供相应的解决方案。例如，对于由支付失败引起的支付纠纷，客服可以指导客户检查支付账号的余额、网络连接等，或者尝试重新支付；对于由支付金额错误引起的支付纠纷，客服可以协助客户核实订单金额，并进行退款或补款操作；对于由重复支付引起的支付纠纷，客服需要核实支付记录，确保客户的权益不受侵害。

此外，客服在处理支付纠纷时，还需要注重与客户沟通的技巧。客服要耐心倾听客户的诉求和疑虑，用通俗易懂的语言解释问题产生的原因和对应的解决方案；同时，保持礼貌和友好的态度，让客户感受到被关怀和被尊重。

#### 4. 确认处理结果

在解决支付纠纷后，客服需要向客户确认处理结果，并询问客户是否还有其他问题或疑虑。此外，客服还需要将处理结果记录在案，以便后续跟进和进行数据分析。

### （三）物流纠纷的调解秘籍

当客户反映产品在运输过程中受损时，客服首先需要与客户确认受损产品的信息，并与物流服务商核实产品的实际状况。通过与物流服务商进行沟通，客服可以了解产品在运输过程中的具体情况，包括是否存在暴力运输、包装不当等问题，这些信息对于判定责任方和制订赔偿方案具有重要意义。

在掌握了受损产品的详细信息和物流服务商的反馈后，客服需要与客户协商，寻求合理的赔偿方案。可能的赔偿方案包括退款、补寄或部分赔偿等。客服需要根据产品受损程度、客户购买时的价格及商家的相关政策，提出一个公平、合理的赔偿建议。同时，客服要与物流服务商进行进一步的沟通，就赔偿问题达成一致。如果损失确实是物流服务商造成的，客服就应要求物流服务商承担相应的责任，确保客户得到应有的赔偿。

在整个处理过程中，客服需要保持与客户的密切沟通，及时告知客户物流纠纷的处理进展和处理结果。同时，客服需要向客户表达歉意，并承诺将采取措施改进服务，避免类似问题再次发生。

### （四）服务纠纷的解决方案

#### 1．专业、热情的服务态度

商家应以专业、热情的服务态度，对客户的咨询保持耐心和细心，确保提供准确、详尽的产品信息；定期对客服团队进行培训和考核，提高客服团队的专业性和服务水平；进行客户满意度调查，及时收集客户的反馈信息，对服务态度不佳的客服进行培训或替换。

#### 2．快速的响应速度

商家应确保客服团队的在线时间充足，能及时回复客户的咨询和处理客户投诉；设定明确的响应时间标准，对超出时间未回复的情况进行跟进和处理；利用智能客服系统或自动回复功能，提高响应速度和处理效率。

#### 3．良好的问题解决能力

商家应建立完善的售后服务体系，明确退换货问题、质量问题的处理流程和处理标准；对客户投诉进行及时、公正的处理，确保客户的权益得到保障；在处理服务纠纷时，积极与客户沟通，提供清晰、明确的解决方案或补偿措施，争取得到客户的理解并让客户满意。

此外，商家还可以采取以下措施来预防和减少服务纠纷：在产品详情页中提供详尽的产品信息和使用说明，以减少由客户误解或操作不当引起的服务纠纷；在交易过程中及时告知客户订单状态和物流信息，以提升客户的购物体验；定期收集和分析服务纠纷案例，总结经验和教训，以不断完善服务流程和标准。

【想一想】

当遇到农产品客户纠纷时，你会如何制订有效的解决方案？请结合客户服务的关键环节给出建议。

【思考指引】

可以思考引起农产品客户纠纷的根本原因，如服务态度差、产品存在质量问题、服务流程混乱、沟通不畅等；考虑如何快速响应客户诉求，积极与客户沟通，建立信任关系；思考如何通过合理的补偿措施、优化服务流程等方式，从根本上解决农产品客户纠纷，以提升客户满意度。

# 引导训练

## 训练：掌握不同类型农产品客户纠纷的处理方法

平阳香榭农产品电商公司近期遇到不少客户纠纷，客服需要对这些客户纠纷进行处理。

### （一）产品纠纷处理导练

步骤1，梳理引起产品纠纷的问题。常见的引起产品纠纷的问题包括产品存在质量问题、产品与描述不符、产品错发或漏发、产品降价等，如表6-7所示。通过梳理这些问题，客服可以明确处理产品纠纷需要掌握的知识点。

表6-7 常见的引起产品纠纷的问题

| 序号 | 问题 | 常见问题示例 |
|---|---|---|
| 1 | 产品存在质量问题 | 产品存在瑕疵、产品被损坏或性能不稳定等 |
| 2 | 产品与描述不符 | 产品描述中的尺寸、颜色、功能等与实际收到的产品不一致 |
| 3 | 产品错发或漏发 | 客户收到的产品与订单不符，或者订单中的部分产品未发货 |
| 4 | 产品降价 | 在客户购买后短时间内产品降价，客户要求补偿或退货 |

步骤2，制订引起产品纠纷的问题的解决方案。针对步骤1中梳理出的问题，客服可以按照其性质和处理方法对其进行分类，以便有针对性地制定处理方法和话术模板。分类可包括质量问题类（包括产品存在质量问题）、描述与实物差异类（包括产品与描述不符的问题）、发货与订单不符类（包括产品错发或漏发问题）、价格变动类（包括产品降价问题）。常见的引起产品纠纷的问题的解决方案如表6-8所示。

表6-8 常见的引起产品纠纷的问题的解决方案

| 问题类型 | 处理方法 | 话术模板 |
|---|---|---|
| 质量问题类 | （1）客服应要求客户提供详细的对质量问题的描述和证明。<br>（2）客服应根据问题严重程度，提出退货、换货或维修等解决方案 | 亲爱的客户，我们非常重视您反馈的产品质量问题。请您详细描述问题情况，并附上相关照片或视频，我们将尽快为您处理并给出满意的解决方案 |
| 描述与实物差异类 | （1）客服应要求客户提供详细的对不符情况的描述和证明。<br>（2）客服应在核实情况后，提出合理的解决方案，如退货、换货或给予补偿 | 尊敬的客户，非常抱歉您收到的产品与描述不符。请您详细描述不符的情况，并附上相关照片或视频，以便我们尽快核实并为您解决问题 |
| 发货与订单不符类 | （1）客服要向客户道歉，表示对客户体验的重视。<br>（2）客服要核实客户提供的订单和产品信息，根据核实结果，进行补发、换货或退款等处理 | 尊敬的客户，我们对您收到的产品与订单不符的情况深感抱歉。请您提供订单信息和收到的产品信息，我们将立即核实并为您处理此问题 |

续表

| 问题类型 | 处理方法 | 话术模板 |
|---|---|---|
| 价格变动类 | （1）客服要向客户表达歉意，并感谢客户对产品的持续关注。<br>（2）客服要核实客户提供的订单信息和产品降价证据。<br>（3）客服要根据商家的政策，提出价格保护、退还差价或提供优惠券等补偿方案 | 亲爱的客户，感谢您对我们产品的关注。产品降价给您带来了困扰，我们深感抱歉。请您提供订单信息和产品降价证据，我们将尽快为您处理并给出合理的补偿方案 |

### （二）支付纠纷处理导练

步骤 1，梳理引起支付纠纷的问题。在处理支付纠纷之前，客服需要先了解常见的引起支付纠纷的问题。这些问题包括支付失败、重复支付、退款问题等，如表 6-9 所示。通过梳理这些问题，客服可以明确支付纠纷的产生原因，为后续的有效处理支付纠纷提供方向。

表 6-9　常见的引起支付纠纷的问题

| 序号 | 问题 | 问题分析 |
|---|---|---|
| 1 | 支付失败 | 客户在支付时遇到系统错误或网络问题，导致支付不成功 |
| 2 | 重复支付 | 客户因操作失误或系统问题，导致同一笔订单被多次支付 |
| 3 | 退款问题 | 客户在申请退款后，款项未能及时退回或退款金额有误 |

步骤 2，制订引起支付纠纷的问题的解决方案。为了更好地处理支付纠纷，客服需要对步骤 1 中梳理出的问题进行分类，以便针对不同类型的问题制定相应的处理方法和话术模板。常见的引起支付纠纷的问题的解决方案如表 6-10 所示。

表 6-10　常见的引起支付纠纷的问题的解决方案

| 问题类型 | 处理方法 | 话术模板 |
|---|---|---|
| 支付技术问题 | （1）客服安抚客户的情绪，并了解支付失败的具体情况。<br>（2）客服检查客户账号的余额、银行卡的状态等，排除客户端的问题。<br>（3）客服与支付平台或银行联系，了解支付失败的原因，并尝试重新发起支付 | 非常抱歉您的支付遇到了问题，请您详细描述一下支付失败的情况。我们会尽快与支付平台或银行联系，了解具体原因，并为您重新发起支付或提供其他解决方案 |
| 支付金额问题 | （1）客服核实客户支付的金额与订单金额是否一致。<br>（2）若为系统问题导致的支付金额错误，则客服要及时与支付平台或银行沟通，寻求解决方案 | 很抱歉打扰您，我们注意到您的支付金额与订单金额不符，是否为重复支付呢？麻烦您提供支付凭证，方便我们核查并尽快为您解决问题 |
| 退款处理 | （1）客服了解客户的退款申请情况，包括退款原因、退款金额等。<br>（2）客服核实退款申请的真实性，与财务部门或支付平台沟通，确认退款状态。<br>（3）客服将退款进度及时告知客户，并解决客户在退款过程中遇到的问题 | 我们非常重视您的退款申请，请您提供相关信息，我们会尽快核实并为您退款。同时，我们会密切关注退款进度，并及时与您沟通 |

### （三）物流纠纷处理导练

步骤 1，梳理引起物流纠纷的问题。在处理物流纠纷之前，客服需要深入了解常见的引起物流纠纷的问题。这些问题包括产品丢失或被损坏、延迟交货、错误的收货人或地址、物流费用争议，如表 6-11 所示。通过梳理这些问题，客服可以明确物流纠纷的产生原因，为后续的物流纠纷解决提供支持。

表 6-11　常见的引起物流纠纷的问题

| 序号 | 问题 | 解释 |
|---|---|---|
| 1 | 产品丢失或被损坏 | 订单显示已签收但客户未收到产品；客户收到的包裹破损，产品被损坏 |
| 2 | 延迟交货 | 商家在客户下单后没有按照预估的时间交货 |
| 3 | 错误的收货人或地址 | 收货人、地址、订单信息错误等导致的物流纠纷 |
| 4 | 物流费用争议 | 客户对物流费用的计算、支付等产生争议 |

步骤 2，制订引起物流纠纷的问题的解决方案。为了更好地处理物流纠纷，客服需要针对步骤 1 中梳理出的问题进行分析，以便规范处理方法，制定话术模板。常见的引起物流纠纷的问题的解决方案如表 6-12 所示。

表 6-12　常见的引起物流纠纷的问题的解决方案

| 问题 | 处理方法 | 话术模板 |
|---|---|---|
| 产品丢失或被损坏 | （1）客服确认产品的丢失或损坏情况，收集相关证据。<br>（2）客服与物流服务商沟通，了解具体原因和责任方。<br>（3）客服根据物流服务商的回复和相关政策，提出赔偿或解决方案，并与客户协商达成一致 | 非常抱歉让您的产品在运输过程中出现了问题，请您提供相关证据和信息，我们会尽快与物流服务商沟通并为您提供解决方案 |
| 延迟交货 | （1）客服核实订单信息和物流记录，确认延迟交货的事实。<br>（2）客服与物流服务商联系，了解延迟原因和预计送达时间。<br>（3）客服根据实际情况，为客户提供补偿方案或向客户解释原因，并安抚客户的情绪 | 我们了解到您的产品未能按时送达，对此我们深表歉意。我们正在与物流服务商沟通，以了解具体原因，并会尽快为您提供解决方案或补偿措施 |
| 错误的收货人或地址 | （1）客服核查订单中的收货人信息或地址，与客户进行沟通，确认收货人信息或地址是否存在错误。<br>（2）若确认存在错误，则客服要提出解决方案。<br>（3）客服进行跟进与反馈，确保问题得到妥善解决，并及时向客户反馈处理结果 | 您好，我注意到您的订单中收货人信息/地址似乎有误，能否请您再次确认一下呢？经过核实，我们发现收货人信息/地址确实存在错误。为了尽快解决问题，我们建议您可以这样操作……您看可以吗？ |

| 问题 | 处理方法 | 话术模板 |
|---|---|---|
| 物流费用争议 | （1）核查费用：客服与客户共同确认是否存在争议。<br>（2）对物流费用进行解释与调整：若存在争议，则客服要向客户解释物流费用的计算依据，并根据实际情况调整物流费用或提出其他解决方案。<br>（3）沟通与记录：客服要确保双方对处理结果满意，并将处理过程和结果详细记录下来，以备后续查阅 | 关于物流费用的问题，我们需要核实一下物流费用的计算方式和标准，请您稍等片刻。<br>物流费用的计算方式是这样的……您明白了吗？这样，为了感谢您对我们产品长久以来的支持，我给您申请一个××免费体验装，您看可以吗？ |

### （四）服务纠纷处理导练

步骤1，梳理引起服务纠纷的问题。客服需要整理出常见的引起服务纠纷的问题。这些问题包括服务态度问题、响应速度问题、售后服务的质量和效率问题，如表6-13所示。通过梳理这些问题，客服可以明确处理服务纠纷需要掌握的知识点。

#### 表6-13　常见的引起服务纠纷的问题

| 序号 | 问题 | 问题分析 | 常见问题示例 |
|---|---|---|---|
| 1 | 服务态度问题 | 客服对客户的咨询态度冷漠、给出的回复含糊不清、回答问题时缺乏耐心，甚至存在侮辱或嘲讽客户的行为 | 客户询问发货时间，客服态度冷淡，甚至指责客户过于急躁 |
| 2 | 响应速度问题 | 客服对客户的咨询、投诉或售后请求长时间不回复或回应迟缓，导致客户等待时间过长 | 客户在下单后发现地址填写错误，立即联系客服进行修改，但客服在数小时后才回复，导致订单已发货到错误的地址 |
| 3 | 售后服务的质量和效率问题 | 客服在处理客户的问题时，缺乏有效的方法或策略，不能提供满意的解决方案，或者解决问题的效率低下 | 客户收到的产品存在质量问题，向客服申请退换货，但客服多次推诿，不给出明确的处理方案 |

步骤2，制订引起服务纠纷的问题的解决方案。客服针对步骤1中梳理出的问题，制定处理方法和话术模板，如表6-14所示。

#### 表6-14　常见的引起服务纠纷的问题的解决方案

| 问题 | 处理方法 | 话术模板 |
|---|---|---|
| 服务态度问题 | （1）商家对涉事客服进行内部处理，如警告、再培训或调整岗位。<br>（2）商家向客户道歉，提供优惠券、小礼品等作为补偿 | 非常抱歉，我们对您在购物过程中遇到的问题深感遗憾。我们始终坚持以客户为中心，对于这次的不愉快体验，我们会严肃处理并加强培训。为了弥补您的损失，我们愿意为您提供相应的补偿…… |
| 响应速度问题 | （1）商家优化客服工作流程，确保快速响应客户需求。<br>（2）商家为客户提供折扣或优惠券作为补偿 | 我们非常理解您因为等待回复而感到不满的情绪。我们会加强对客服团队的管理，确保未来能够快速响应客户需求。对于此次给您带来的不便，我们深感歉意，并愿意提供适当的补偿…… |

续表

| 问题 | 处理方法 | 话术模板 |
|---|---|---|
| 售后服务的质量和效率问题 | （1）商家立即处理客户的售后问题，提供明确的退换货流程或维修方案。<br>（2）对于由自身原因造成的问题，商家要主动承担运费等额外成本 | 非常抱歉，我们在处理您的问题时未能提供让您满意的解决方案。我们会重新审视并优化售后服务流程，确保类似问题不再发生。对于您的退换货请求，我们会立即处理并为您提供明确的解决方案，您看这样处理可以吗 |

## 自主演练

请扫描下方的二维码，获取自主演练任务，并利用从"引导训练"中学到知识，完成自主演练任务。

# 任务三　关系维护，有效提升客户忠诚度与复购率

## 知识储备

### 储备一：基于 RFM 模型的客户分类

**问题：** 在客户关系管理中，基于 RFM 模型的客户分类方法被广泛采用，它有助于商家精准地识别不同价值的客户群体，并制定相应的营销策略。在利用 RFM 模型进行客户分类时，我们应该如何理解和应用这个模型呢？

### （一）RFM 模型：深度解析客户价值

RFM 模型是一种用于衡量客户价值和利润能力的重要工具。该模型通过客户在一定时期内的最近一次购买时间、购买频率和购买金额这 3 个指标来描述客户的价值，如图 6-2 所示。

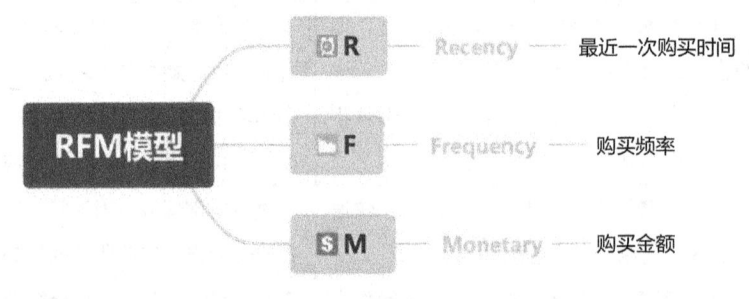

图 6-2　RFM 模型

R 代表客户在一定时期内的最近一次购买时间，通常以天为单位。R 值越大，表示客户与商家的交易周期越长，客户的活跃度较低，越容易流失。反之，R 值越小，表示客户与商家的交易周期越短，客户的活跃度越高。

F 代表客户在一定时期内的购买频率，即交易的累计次数。F 值越大，表示客户与商家的交易频率越高，客户的忠诚度和黏性越高。反之，F 值越小，表示客户的忠诚度和黏性越低。

M 代表客户在一定时期内的购买金额，即交易的累计金额。购买金额高的客户不仅为商家带来了更高的收入，还可能成为商家的忠实拥趸和口碑传播者。因此，M 值较大的客户通常被视为商家的核心客户。

通过综合这 3 个指标，商家可以对客户进行细分，识别出不同类型的客户，如高价值客户、忠诚客户、潜在客户等。之后，商家可以针对不同类型的客户制定个性化的营销策略和服务方案，以提高客户满意度和客户忠诚度，进而提升商家的市场竞争力和盈利能力。

### （二）RFM 模型分类：精准描绘客户画像的利器

#### 1．了解客户需求与客户行为

通过 RFM 模型，商家能够清晰地了解客户在最近一次购买时间、购买频率和购买金额 3 个维度上的表现，进而深入挖掘客户的消费习惯、需求和偏好，这有助于商家为客户提供更精准的产品和服务，从而提升客户满意度。

#### 2．优化资源配置

客户分类使得商家能够将有限的资源合理地分配给不同类型的客户。例如，对于高价值客户，商家可以投入更多资源，以维持和深化关系；对于潜在价值客户，商家可以制定有针对性的营销策略，以激发其消费潜力。这种资源配置方式有助于商家实现资源的最大化利用。

#### 3．提高销售业绩

通过对客户进行分类管理，商家可以准确地拓展客户资源，提高客户购买率和客户留存率；针对不同类型的客户，制定个性化的营销策略，从而提高销售转化率、销售额和利润。

#### 4．促进商家发展

客户分层管理有助于商家建立稳固的客户基础，提高市场竞争力。通过对高价值客户的深度挖掘和维护，商家可以形成稳定的客户群体，为自身的持续发展提供有力支持。同时，通过对潜在价值客户的开发和培育，商家可以不断提高市场份额，从而实现业务的持续增长。

## 储备二：不同类型客户的维护策略

**问题：** 在客户关系管理中，了解并应用针对不同类型客户的维护策略，对于提升客户满意度和客户忠诚度、推动业务增长具有重要意义。商家应如何利用 RFM 模型更好地满足不同类型客户的需求，制定有针对性的营销策略呢？

### （一）RFM 模型下的 8 类客户：把握市场脉搏的关键

根据 R、F、M 这 3 个维度的变量，对客户过往的行为进行评分。在 R 维度上，最近一次购买时间越近的客户，其 R 值评分越高；在 F 维度上，购买频率越高的客户，其 F 值评分越高；在 M 维度上，购买金额越高的客户，其 M 值评分越高。将这些评分置于三维坐标系中，进而把数据评分转化为名义评价，最终可以把客户分为 8 类：重要价值客户、重要发展客户、重要保持客户、重要挽留客户、一般价值客户、一般发展客户、一般保持客户和一般挽留客户，如图 6-3 所示。

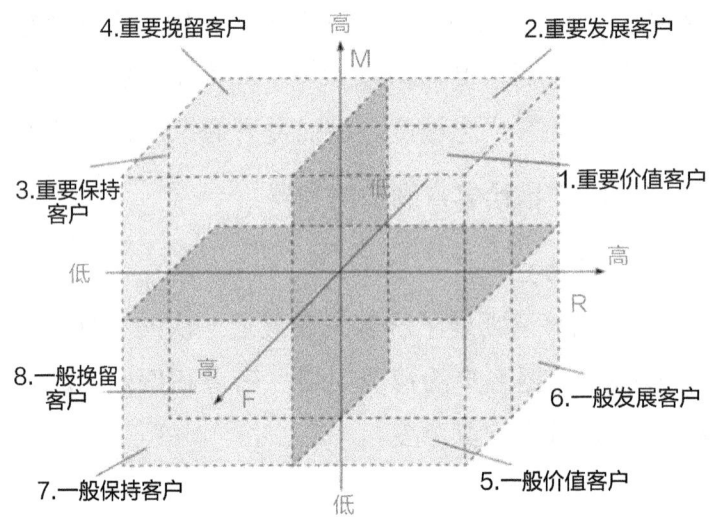

图 6-3 RFM 模型下的 8 类客户

#### 1. 重要价值客户

这类客户的 R 值评分、F 值评分和 M 值评分均高，即最近购买过企业的产品、购买频率高且购买金额大。重要价值客户是商家的核心客户，对商家的贡献最大。例如，一个经常购买商家的产品并且每次购买金额都较大的客户可以被归类为重要价值客户。商家应重点关注这类客户，为其提供优质的服务，以维持其忠诚度。

#### 2. 重要发展客户

这类客户的 R 值评分较高、F 值评分较低，但 M 值评分高于多数客户。他们虽然最近一次购买时间较近、购买频率较低，但购买金额较大。商家可以针对这类客户制定一些促销策略，以提高其购买频率。

#### 3. 重要保持客户

这类客户的 F 值评分和 M 值评分都较高，但 R 值评分较低。虽然其购买频率高、购买金额大，但最近一次购买时间较远。商家应保持与这类客户的联系，定期向其推送新产品或优惠信息，以激发其购买欲望。

### 4．重要挽留客户

这类客户的 R 值评分和 F 值评分较低，但 M 值评分高。他们虽然最近一次购买时间较远、购买频率较低，但购买金额较大。这意味着他们可能正在考虑购买其他商家的产品或即将流失。商家应及时采取措施来挽留这类客户，了解其需求变化，以便为其提供个性化的服务。

### 5．一般价值客户

这类的客户 R 值评分高、F 值评分高、M 值评分低，没有明显的优势或劣势，可能是商家的稳定客户，但贡献度不大。对于这类客户，商家可以维持现有的服务水平，同时关注其需求变化，以寻找提升其价值的机会。

### 6．一般发展客户

这类客户的 R 值评分高，但 F 值评分和 M 值评分都不高，可能是新客户或潜在客户。商家需要关注这类客户的购买行为，通过优质的服务和产品来吸引其提高购买频率和增大购买金额。

### 7．一般保持客户

这类客户的 R 值评分低、F 值评分高，但 M 值评分较低，可能是之前经常购买但购买金额不大的客户。商家需要分析这类客户的购买习惯和原因，制定个性化的挽留策略。

### 8．一般挽留客户

这类客户的 R 值评分、F 值评分、M 值评分均较低，可能是对商家的产品不感兴趣或需求不高的客户。对于这类客户，商家可以维持基本的客户服务，同时探索新的市场或产品，以吸引更多有价值的客户。

## （二）客户关系维护宝典：策略制胜，留住客户的心

### 1．重要价值客户

这类客户的数量较少，但其购买力强，其购买金额在商家销售额中占比最大。他们对商家的商业贡献最大，位于客户金字塔的顶端。商家应对这类客户进行重点管理，与其维持良好的关系。重要价值客户应得到重点关注和保护，他们是商家的竞争对手努力争夺的对象。商家应采取特殊的服务策略，使他们享受到最优质的服务。

### 2．重要发展客户

这类客户购买频率较低，商家可以通过深入挖掘他们的喜好，优化产品推荐，以提高其购买频率。重要发展客户也是商家的竞争对手努力争夺的对象。商家应准备好向这类客户提供适度的折扣和激励，或者采用特殊服务的方式来提升他们的满意度，确保在竞争对手出现时，这类客户能保持对商家的忠诚。

### 3．重要保持客户

这类客户的购买频率较高、购买金额也较大，但已有一段时间没有购买商家的产品。商

家应主动向他们推送产品或消费券，吸引他们回购。重要保持客户在商家的客户中的占比较大，能为商家带来一定的利润。商家应精心研究和培养这些客户，努力提高他们的满意度，以期在不久的将来将其转变为具有更高商业价值的客户。

### 4. 重要挽留客户

这类客户的购买金额大，但购买频率较低。商家应找出原因，并采取措施来挽回这类客户。

### 5. 一般价值客户

这类客户的购买频率高，但购买金额不大。商家可以采取措施来刺激他们进行消费。

### 6. 一般发展客户

这类客户最近购买过商家的产品，但购买频率不高且购买金额较小。商家应挖掘他们的需求，了解他们的实际需求是什么。

### 7. 一般保持客户

这类客户以前经常购买商家的产品，但购买金额不大且已有一段时间没有购买过商家的产品。商家需要采取措施来召回这类客户，防止他们流失。

### 8. 一般挽留客户

这类客户的数量众多，但对商家的盈利贡献很小。对于这类客户，商家没有必要花费过多精力，只需进行简单的维护。

【想一想】

在客户分类管理中，RFM 模型如何帮助商家识别并区分不同类型的客户？请结合实际案例谈谈你的看法。

【思考指引】

首先，需要理解 RFM 模型中的 3 个指标（R、F 和 M）的含义和计算方法；其次，思考这 3 个指标如何综合反映客户的价值；最后，结合实际案例，分析如何利用 RFM 模型进行客户分类，并针对不同类型的客户制定个性化的营销策略。

## 引导训练

### 训练：掌握 RFM 模型客户分析与策略制定的方法

步骤 1，采集店铺订单数据。采集店铺近 4 个月的订单数据，需包含"订单编号""订单付款时间""客户 ID""买家实际支付金额"等数据，如图 6-4 所示。

步骤 2，计算 R 值、F 值、M 值。根据情境，R 值用客户最后成交时间数据和采集点时间数据的差值表示；F 值根据客户近 4 个月的购买频率计算；M 值根据客户的实际支付金额进行计算。方法是选中数据区域，单击"数据透视表"按钮，插入数据透视表，在字段列表中将"客户 ID"字段拖动到"行"区域中，将"订单付款时间""买家实际支付金额""订单编号"字段拖动到"值"区域中，最终生成如图 6-5 所示的数据透视表。

| | 订单编号 | 订单付款时间 | 客户ID | 买家实际支付金额/元 |
|---|---|---|---|---|
| 2 | 57382910465 | 2024/3/1 | 8727 | 65 |
| 3 | 20938476502 | 2024/1/24 | 8725 | 160 |
| 4 | 81936502749 | 2024/1/7 | 8712 | 32 |
| 5 | 46291803750 | 2024/1/21 | 8722 | 107 |
| 6 | 13847290576 | 2024/2/10 | 8726 | 69 |
| 7 | 50492837610 | 2024/2/20 | 8724 | 77 |
| 8 | 29384761028 | 2024/1/22 | 8723 | 90 |
| 9 | 76502394857 | 2024/3/17 | 8718 | 49 |
| 10 | 10239485761 | 2024/3/16 | 8717 | 157 |
| 11 | 92837465102 | 2024/3/5 | 8716 | 59 |
| 12 | 38476510928 | 2024/1/7 | 8721 | 165 |
| 13 | 27610928374 | 2024/4/8 | 8722 | 102 |
| 14 | 19283746510 | 2024/3/6 | 8722 | 95 |
| 15 | 65710928374 | 2024/2/9 | 8725 | 154 |
| 16 | 51092837465 | 2024/3/5 | 8721 | 142 |
| 17 | 28374650092 | 2024/3/6 | 8720 | 32 |
| 18 | 19485721038 | 2024/2/3 | 8734 | 150 |
| 19 | 76510928347 | 2024/2/2 | 8733 | 32 |
| 20 | 10928374651 | 2024/1/29 | 8730 | 106 |
| 21 | 92837465109 | 2024/3/10 | 8732 | 107 |
| 22 | 28374651092 | 2024/2/12 | 8722 | 160 |
| 23 | 76510928374 | 2024/1/15 | 8726 | 47 |
| 24 | 10928374651 | 2024/2/8 | 878 | 37 |
| 25 | 28374651092 | 2024/2/1 | 8732 | 126 |
| 26 | 10928304651 | 2024/1/18 | 8729 | 107 |
| 27 | 28374651092 | 2024/3/9 | 8721 | 128 |
| 28 | 10928374651 | 2024/1/26 | 8727 | 83 |
| 29 | 28374651092 | 2024/1/17 | 8729 | 47 |
| 30 | 10928373651 | 2024/3/17 | 877 | 106 |
| 31 | 28374651092 | 2024/1/30 | 8731 | 37 |
| 32 | 30928374651 | 2024/3/14 | 8730 | 83 |
| 33 | 28374651092 | 2024/1/27 | 8728 | 128 |
| 34 | 10928374651 | 2024/3/8 | 879 | 126 |
| 35 | 28374651092 | 2024/3/18 | 8719 | 120 |
| 36 | 10928374651 | 2024/3/6 | 8711 | 90 |
| 37 | 28374651092 | 2024/2/20 | 8721 | 164 |
| 38 | 10928374351 | 2024/2/14 | 8720 | 51 |
| 39 | 28374651092 | 2024/3/15 | 8710 | 32 |
| 40 | 10928374651 | 2024/4/6 | 8710 | 90 |
| 41 | 28374651092 | 2024/4/17 | 8710 | 74 |

图 6-4 店铺近 4 个月的订单数据

| 客户ID | 求和项:买家实际支付金额/元 | 计数项:订单付款时间 | 求和项:订单编号 |
|---|---|---|---|
| C8710 | 196 | 3 | 6.76777E+14 |
| C8711 | 90 | 1 | 1.09284E+14 |
| C8712 | 32 | 1 | 8.19365E+14 |
| C8716 | 59 | 1 | 9.28375E+14 |
| C8717 | 157 | 1 | 1.02395E+14 |
| C8718 | 49 | 1 | 7.65024E+14 |
| C8719 | 120 | 1 | 2.83747E+14 |
| C8720 | 83 | 2 | 3.9303E+14 |
| C8721 | 599 | 4 | 1.46319E+15 |
| C8722 | 464 | 4 | 1.21561E+15 |
| C8723 | 90 | 1 | 2.93848E+14 |
| C8724 | 77 | 1 | 5.04928E+14 |
| C8725 | 314 | 2 | 8.66494E+14 |
| C8726 | 116 | 2 | 9.03582E+14 |
| C8727 | 148 | 2 | 6.83113E+14 |
| C8728 | 128 | 1 | 2.83747E+14 |
| C8729 | 154 | 2 | 3.9303E+14 |
| C8730 | 189 | 2 | 4.18567E+14 |
| C8731 | 37 | 1 | 2.83747E+14 |
| C8732 | 233 | 2 | 1.21212E+15 |
| C8733 | 32 | 1 | 7.65109E+14 |
| C8734 | 150 | 1 | 1.94857E+14 |
| C877 | 106 | 1 | 1.09284E+14 |
| C878 | 37 | 1 | 1.09284E+14 |
| C879 | 126 | 1 | 1.09284E+14 |
| 总计 | 3786 | 40 | 1.38878E+16 |

图 6-5 数据透视表

将“买家实际支付金额”的值字段设置为“平均值”；将“订单付款时间”的值字段设置为“最大值”，且为“日期”格式；将“订单编号”的值字段设置为“计数”。以最终采集日期 4 月 30 日为准，在 Excel 中插入该列时间，用 DATEDIF 函数得到 R 值，如图 6-6 所示。

SUM　=DATEDIF(C2,E2,"d")

| | A | B | C | D | E | F |
|---|---|---|---|---|---|---|
| 1 | 客户ID | 平均值项:买家实际支付金额/元 | 最大值项:订单付款时间 | 计数项:订单编号 | | R |
| 2 | C[illegible]8710 | 65.33333333 | 2024/4/17 | 3 | 2024/4/30 | 13 |
| 3 | C[illegible]8711 | 90 | 2024/3/6 | 1 | 2024/4/30 | 55 |
| 4 | C[illegible]8712 | 32 | 2024/1/7 | 1 | 2024/4/30 | 114 |
| 5 | C[illegible]8716 | 59 | 2024/3/5 | 1 | 2024/4/30 | 56 |
| 6 | C[illegible]8717 | 157 | 2024/3/16 | 1 | 2024/4/30 | 45 |
| 7 | C[illegible]8718 | 49 | 2024/3/17 | 1 | 2024/4/30 | 44 |
| 8 | C[illegible]8719 | 120 | 2024/3/18 | 1 | 2024/4/30 | 43 |
| 9 | C[illegible]8720 | 41.5 | 2024/3/6 | 2 | 2024/4/30 | 55 |
| 10 | C[illegible]8721 | 149.75 | 2024/3/9 | 4 | 2024/4/30 | 52 |
| 11 | C[illegible]8722 | 116 | 2024/4/8 | 4 | 2024/4/30 | 22 |
| 12 | C[illegible]8723 | 90 | 2024/1/22 | 1 | 2024/4/30 | 99 |
| 13 | C[illegible]8724 | 77 | 2024/2/20 | 1 | 2024/4/30 | 70 |
| 14 | C[illegible]8725 | 157 | 2024/2/9 | 2 | 2024/4/30 | 81 |
| 15 | C[illegible]8726 | 58 | 2024/2/10 | 2 | 2024/4/30 | 80 |
| 16 | C[illegible]8727 | 74 | 2024/3/1 | 2 | 2024/4/30 | 60 |
| 17 | C[illegible]8728 | 128 | 2024/1/27 | 1 | 2024/4/30 | 94 |
| 18 | C[illegible]8729 | 77 | 2024/1/18 | 2 | 2024/4/30 | 103 |
| 19 | C[illegible]8730 | 94.5 | 2024/3/14 | 2 | 2024/4/30 | 47 |
| 20 | C[illegible]8731 | 37 | 2024/1/30 | 1 | 2024/4/30 | 91 |
| 21 | C[illegible]8732 | 116.5 | 2024/3/10 | 2 | 2024/4/30 | 51 |
| 22 | C[illegible]8733 | 32 | 2024/2/2 | 1 | 2024/4/30 | 88 |
| 23 | C[illegible]8734 | 150 | 2024/2/3 | 1 | 2024/4/30 | 87 |
| 24 | C[illegible]877 | 106 | 2024/3/17 | 1 | 2024/4/30 | 44 |
| 25 | C[illegible]878 | 37 | 2024/2/8 | 1 | 2024/4/30 | 82 |
| 26 | C[illegible]879 | 126 | 2024/3/8 | 1 | 2024/4/30 | 53 |
| 27 | 总计 | 94.65 | 45399 | 40 | 2024/4/30 | 13 |

图 6-6　R 值数据

最终计算的 R 值、F 值、M 值如图 6-7 所示。

| 客户ID | 平均值项:买家实际支付金额/元 | 最大值项:订单付款时间 | 计数项:订单编号 | | R | F | M |
|---|---|---|---|---|---|---|---|
| C[illegible]8710 | 65.33333333 | 2024/4/17 | 3 | 2024/4/30 | 13 | 3 | 65.33333333 |
| C[illegible]8711 | 90 | 2024/3/6 | 1 | 2024/4/30 | 55 | 1 | 90 |
| C[illegible]8712 | 32 | 2024/1/7 | 1 | 2024/4/30 | 114 | 1 | 32 |
| C[illegible]8716 | 59 | 2024/3/5 | 1 | 2024/4/30 | 56 | 1 | 59 |
| C[illegible]8717 | 157 | 2024/3/16 | 1 | 2024/4/30 | 45 | 1 | 157 |
| C[illegible]8718 | 49 | 2024/3/17 | 1 | 2024/4/30 | 44 | 1 | 49 |
| C[illegible]8719 | 120 | 2024/3/18 | 1 | 2024/4/30 | 43 | 1 | 120 |
| C[illegible]8720 | 41.5 | 2024/3/6 | 2 | 2024/4/30 | 55 | 2 | 41.5 |
| C[illegible]8721 | 149.75 | 2024/3/9 | 4 | 2024/4/30 | 52 | 4 | 149.75 |
| C[illegible]8722 | 116 | 2024/4/8 | 4 | 2024/4/30 | 22 | 4 | 116 |
| C[illegible]8723 | 90 | 2024/1/22 | 1 | 2024/4/30 | 99 | 1 | 90 |
| C[illegible]8724 | 77 | 2024/2/20 | 1 | 2024/4/30 | 70 | 1 | 77 |
| C[illegible]8725 | 157 | 2024/2/9 | 2 | 2024/4/30 | 81 | 2 | 157 |
| C[illegible]8726 | 58 | 2024/2/10 | 2 | 2024/4/30 | 80 | 2 | 58 |
| C[illegible]8727 | 74 | 2024/3/1 | 2 | 2024/4/30 | 60 | 2 | 74 |
| C[illegible]8728 | 128 | 2024/1/27 | 1 | 2024/4/30 | 94 | 1 | 128 |
| C[illegible]8729 | 77 | 2024/1/18 | 2 | 2024/4/30 | 103 | 2 | 77 |
| C[illegible]8730 | 94.5 | 2024/3/14 | 2 | 2024/4/30 | 47 | 2 | 94.5 |
| C[illegible]8731 | 37 | 2024/1/30 | 1 | 2024/4/30 | 91 | 1 | 37 |
| C[illegible]8732 | 116.5 | 2024/3/10 | 2 | 2024/4/30 | 51 | 2 | 116.5 |
| C[illegible]8733 | 32 | 2024/2/2 | 1 | 2024/4/30 | 88 | 1 | 32 |
| C[illegible]8734 | 150 | 2024/2/3 | 1 | 2024/4/30 | 87 | 1 | 150 |
| C[illegible]877 | 106 | 2024/3/17 | 1 | 2024/4/30 | 44 | 1 | 106 |
| C[illegible]878 | 37 | 2024/2/8 | 1 | 2024/4/30 | 82 | 1 | 37 |
| C[illegible]879 | 126 | 2024/3/8 | 1 | 2024/4/30 | 53 | 1 | 126 |
| 总计 | 94.65 | 45399 | 40 | | | | |

图 6-7　最终计算的 R 值、F 值、M 值

步骤 3，计算评分。在完成 R 值、F 值、M 值的计算后，要针对 R 值、F 值、M 值进行指标分段。将 R 值、F 值、M 值分为 3 段，对应的得分分别为 1 分、3 分、5 分。通过函数分组分析，判断各客户的 R 值评分、F 值评分、M 值评分，如图 6-8 所示。

| 客户ID | 平均值项:买家实际支付金额/元 | 最大值项:订单付款时间 | 计数项:订单编号 | | R | F | M | R分 | F分 | M分 | 客户细分 |
|---|---|---|---|---|---|---|---|---|---|---|---|
| C[illegible]8710 | 65.33333333 | 2024/4/17 | 3 | 2024/4/30 | 13 | 3 | 65.33 | 5 | 5 | 3 | |
| C[illegible]8711 | 90 | 2024/3/6 | 1 | 2024/4/30 | 55 | 1 | 90 | 3 | 1 | 3 | |
| C[illegible]8712 | 32 | 2024/1/7 | 1 | 2024/4/30 | 114 | 1 | 32 | 1 | 1 | 1 | |
| C[illegible]8716 | 59 | 2024/3/5 | 1 | 2024/4/30 | 56 | 1 | 59 | 3 | 1 | 3 | |
| C[illegible]8717 | 157 | 2024/3/16 | 1 | 2024/4/30 | 45 | 1 | 157 | 5 | 1 | 5 | |
| C[illegible]8718 | 49 | 2024/3/17 | 1 | 2024/4/30 | 44 | 1 | 49 | 5 | 1 | 1 | |
| C[illegible]8719 | 120 | 2024/3/18 | 1 | 2024/4/30 | 43 | 1 | 120 | 5 | 1 | 5 | |
| C[illegible]8720 | 41.5 | 2024/3/6 | 2 | 2024/4/30 | 55 | 2 | 41.5 | 3 | 3 | 1 | |
| C[illegible]8721 | 149.75 | 2024/3/9 | 4 | 2024/4/30 | 52 | 4 | 149.8 | 3 | 5 | 5 | |
| C[illegible]8722 | 116 | 2024/4/8 | 4 | 2024/4/30 | 22 | 4 | 116 | 5 | 5 | 5 | |
| C[illegible]8723 | 90 | 2024/1/22 | 1 | 2024/4/30 | 99 | 1 | 90 | 3 | 1 | 3 | |
| C[illegible]8724 | 77 | 2024/2/20 | 1 | 2024/4/30 | 70 | 1 | 77 | 3 | 1 | 3 | |
| C[illegible]8725 | 157 | 2024/2/9 | 2 | 2024/4/30 | 81 | 2 | 157 | 3 | 3 | 5 | |
| C[illegible]8726 | 58 | 2024/2/10 | 2 | 2024/4/30 | 80 | 2 | 58 | 3 | 3 | 3 | |
| C[illegible]8727 | 74 | 2024/3/1 | 2 | 2024/4/30 | 60 | 2 | 74 | 3 | 3 | 3 | |
| C[illegible]8728 | 128 | 2024/1/27 | 1 | 2024/4/30 | 94 | 2 | 128 | 3 | 3 | 5 | |
| C[illegible]8729 | 77 | 2024/1/18 | 2 | 2024/4/30 | 103 | 2 | 77 | 1 | 3 | 3 | |
| C[illegible]8730 | 94.5 | 2024/3/14 | 2 | 2024/4/30 | 47 | 2 | 94.5 | 5 | 3 | 3 | |
| C[illegible]8731 | 37 | 2024/1/30 | 1 | 2024/4/30 | 91 | 2 | 37 | 3 | 3 | 1 | |
| C[illegible]8732 | 116.5 | 2024/3/10 | 2 | 2024/4/30 | 51 | 2 | 116.5 | 3 | 3 | 5 | |
| C[illegible]8733 | 32 | 2024/2/2 | 1 | 2024/4/30 | 88 | 2 | 32 | 3 | 3 | 1 | |
| C[illegible]8734 | 150 | 2024/2/3 | 1 | 2024/4/30 | 87 | 2 | 150 | 3 | 3 | 5 | |
| C[illegible]877 | 106 | 2024/3/17 | 1 | 2024/4/30 | 44 | 2 | 106 | 5 | 3 | 5 | |
| C[illegible]878 | 37 | 2024/2/8 | 1 | 2024/4/30 | 82 | 2 | 37 | 3 | 3 | 1 | |
| C[illegible]879 | 126 | 2024/3/8 | 1 | 2024/4/30 | 53 | 2 | 126 | 3 | 3 | 5 | |

| 分组值 | R分段指标 | R值评分 |
|---|---|---|
| 0 | [0-51) | 5 |
| 51 | [51-100] | 3 |
| 101 | [101-150) | 1 |
| 分组值 | F分段指标 | F值评分 |
| 1 | 1 | 1 |
| 2 | 2 | 3 |
| 3 | 3+ | 5 |
| 分组值 | M分段指标 | M值评分 |
| 1 | [1-51) | 1 |
| 51 | [51-100) | 3 |
| 101 | [100+) | 5 |

图 6-8　各客户的 R 值评分、F 值评分、M 值评分

步骤 4，识别客户类型。根据客户的 R 值评分、F 值评分和 M 值评分，将客户细分为 8 类，如图 6-9 所示。

| 客户细分 | 指标特征 | | |
|---|---|---|---|
| | R 值评分 | F 值评分 | M 值评分 |
| 重要价值客户 | 大于4 | 大于4 | 大于4 |
| 重要发展客户 | 大于4 | 小于4 | 大于4 |
| 重要保持客户 | 小于4 | 大于4 | 大于4 |
| 重要挽留客户 | 小于4 | 小于4 | 大于4 |
| 一般价值客户 | 大于4 | 大于4 | 小于4 |
| 一般发展客户 | 大于4 | 小于4 | 小于4 |
| 一般保持客户 | 小于4 | 大于4 | 小于4 |
| 一般挽留客户 | 小于4 | 小于4 | 小于4 |

图 6-9　客户类型

依据公式“=IF(I2>4,"重要","一般")&IF(AND(J2>4,K2>4),"价值客户",IF(AND(J2>4,K2<4),"发展客户",IF(AND(J2<4,K2>4),"保持客户","挽留客户")))”对客户进行分类，分类结果如图 6-10 所示，从图中可以清楚地看到店铺近 4 个月的客户价值情况。

| 客户ID | 平均值项:买家实际支付金 | 最大值项:订单付款 | 计数项:订单编号 | R | F | M | R分 | F分 | M分 | 客户细分 |
|---|---|---|---|---|---|---|---|---|---|---|
| C[illegible]871 | 65.33333333 | 2024/4/17 | 3 | 13 | 3 | 65.33 | 5 | 5 | 3 | 一般价值客户 |
| C[illegible]871 | 90 | 2024/3/6 | 1 | 55 | 1 | 90 | 3 | 1 | 3 | 一般挽留客户 |
| C[illegible]871 | 32 | 2024/1/7 | 1 | 114 | 1 | 32 | 1 | 1 | 1 | 一般挽留客户 |
| C[illegible]871 | 59 | 2024/3/5 | 1 | 56 | 1 | 59 | 3 | 1 | 3 | 一般挽留客户 |
| C[illegible]871 | 157 | 2024/3/16 | 1 | 45 | 1 | 157 | 5 | 1 | 5 | 重要保持客户 |
| C[illegible]871 | 49 | 2024/3/17 | 1 | 44 | 1 | 49 | 5 | 1 | 1 | 重要挽留客户 |
| C[illegible]871 | 120 | 2024/3/18 | 1 | 43 | 1 | 120 | 5 | 1 | 5 | 重要保持客户 |
| C[illegible]872 | 41.5 | 2024/3/6 | 2 | 55 | 2 | 41.5 | 3 | 3 | 1 | 一般挽留客户 |
| C[illegible]872 | 149.75 | 2024/3/9 | 4 | 52 | 4 | 149.8 | 3 | 5 | 5 | 一般价值客户 |
| C[illegible]872 | 116 | 2024/4/8 | 4 | 22 | 4 | 116 | 5 | 5 | 5 | 重要价值客户 |
| C[illegible]872 | 90 | 2024/1/22 | 1 | 99 | 1 | 90 | 3 | 1 | 3 | 一般挽留客户 |
| C[illegible]872 | 77 | 2024/2/20 | 1 | 70 | 1 | 77 | 3 | 1 | 3 | 一般挽留客户 |
| C[illegible]872 | 157 | 2024/2/9 | 2 | 81 | 2 | 157 | 3 | 3 | 5 | 一般保持客户 |
| C[illegible]872 | 58 | 2024/2/10 | 2 | 80 | 2 | 58 | 3 | 3 | 3 | 一般挽留客户 |
| C[illegible]872 | 74 | 2024/3/1 | 2 | 60 | 2 | 74 | 3 | 3 | 3 | 一般挽留客户 |
| C[illegible]872 | 128 | 2024/1/27 | 1 | 94 | 2 | 128 | 3 | 3 | 5 | 一般保持客户 |
| C[illegible]872 | 77 | 2024/1/18 | 2 | 103 | 2 | 77 | 1 | 3 | 3 | 一般挽留客户 |
| C[illegible]873 | 94.5 | 2024/3/14 | 2 | 47 | 2 | 94.5 | 5 | 3 | 3 | 重要挽留客户 |
| C[illegible]873 | 37 | 2024/1/30 | 1 | 91 | 2 | 37 | 3 | 3 | 1 | 一般挽留客户 |
| C[illegible]873 | 116.5 | 2024/3/10 | 2 | 51 | 2 | 116.5 | 3 | 3 | 5 | 一般保持客户 |
| C[illegible]873 | 32 | 2024/2/2 | 1 | 88 | 2 | 32 | 3 | 3 | 1 | 一般挽留客户 |
| C[illegible]873 | 150 | 2024/2/3 | 1 | 87 | 2 | 150 | 3 | 3 | 5 | 一般保持客户 |
| C[illegible]877 | 106 | 2024/3/17 | 1 | 44 | 2 | 106 | 5 | 3 | 5 | 重要保持客户 |
| C[illegible]878 | 37 | 2024/2/8 | 1 | 82 | 2 | 37 | 3 | 3 | 1 | 一般挽留客户 |
| C[illegible]879 | 126 | 2024/3/8 | 1 | 53 | 2 | 126 | 3 | 3 | 5 | 一般保持客户 |
| 总计 | 94.65 | 2024/4/17 | 40 | | | | | | | |

| 分组值 | R分段指标 | R 值评分 |
|---|---|---|
| 0 | [0-51) | 5 |
| 51 | [51-100] | 3 |
| 101 | [101-150) | 1 |
| 分组值 | F分段指标 | F 值评分 |
| 1 | 1 | 1 |
| 2 | 2 | 3 |
| 3 | 3+ | 5 |
| 分组值 | M分段指标 | M 值评分 |
| 1 | [1-51) | 1 |
| 51 | [51-100) | 3 |
| 101 | [100+) | 5 |

| 客户细分 | 指标特征 | | |
|---|---|---|---|
| | R 值评分 | F 值评分 | M 值评 |
| 重要价值客户 | 大于4 | 大于4 | 大于4 |
| 重要发展客户 | 大于4 | 小于4 | 大于4 |
| 重要保持客户 | 小于4 | 大于4 | 大于4 |
| 重要挽留客户 | 小于4 | 小于4 | 大于4 |
| 一般价值客户 | 大于4 | 大于4 | 小于4 |
| 一般发展客户 | 大于4 | 小于4 | 小于4 |
| 一般保持客户 | 小于4 | 大于4 | 小于4 |
| 一般挽留客户 | 小于4 | 小于4 | 小于4 |

图 6-10　客户分类结果

步骤 5，制定客户关系维护策略。根据上述客户分类结果，商家可以针对不同类型的客户制定个性化的营销策略，以提升店铺的运营效率并挖掘客户价值。例如，对于重要价值客户，商家可以实施重点客户关怀措施，如向其提供店铺优惠券、礼品等，并定期向其推送品牌活动、优质产品信息及会员权益信息，以提高客户忠诚度；对于重要发展客户，商家需要激发其购买热情，可向其发送促销信息、品牌活动及优质产品信息，以加强其对品牌的认同和提高其忠诚度；对于重要保持客户，商家除了需要向其传达会员权益信息、品牌活动和优质产品信息，还需要通过广告手段确保促销信息的传达率，从而提高其回购率；对于重要挽留客户，商家不应忽视，需通过电话沟通、调研等方式了解他们可能流失的原因，并制定相应的营销策略，有针对性地对其进行挽留。

## 技巧提醒

### 1. 数据清洗与预处理

在应用 RFM 模型之前，商家需要确保数据的准确性和完整性，即清洗掉重复、错误或无关的数据，并进行必要的预处理，如缺失值填充、异常值处理等。

### 2. 时间段的选择

RFM 模型中的时间参数（R）需要根据商家的业务特性和市场环境来确定。例如，对于快速消费品，商家可能选择较短的时间段（如一个月）；而对于耐用消费品，商家可能需要选择较长的时间段（如一年）。

### 3. 评分计算

在对 R 值、F 值、M 值进行评分时，商家可以根据自己的实际情况对 R 值、F 值、M 值对应的评分进行分组。例如，某农产品电商企业针对 R 值评分进行分组：最近一次购买时间在 1 周内的客户，其 R 值评分为 5 分；最近一次购买时间为 1~2 周（含）的客户，其 R 值评分为 4 分；最近一次购买时间在 2~4 周（含）的客户，其 R 值评分为 3 分；最近一次购买时间在 1~2 个月（含）的客户，其 R 值评分为 2 分；最近一次购买时间在 2~3 个月（含）的客户，其 R 值评分为 1 分。

## 自主演练

请扫描下方的二维码，获取自主演练任务，并利用从"引导训练"中学到的知识，完成自主演练任务。

## 国际视野

请扫描下方的二维码，获取本项目国际视野的相关内容。

## 重点聚焦

请扫描下方的二维码，获取本项目对标竞赛与考证需求的内容。这是学生需要重点理解与掌握的内容。

## 课后小考

请扫描下方的二维码，获取题目并作答。

# 项目七

# 农产品物流与运输

## ——解决农产品国内外运输与保鲜难题

随着全球化的发展和客户对农产品品质要求的提高，农产品的运输和保鲜成了一个关键问题。通过完善的物流网络，物流服务商能将农产品快速、安全地运输到全球各地，满足不同地区消费者的需求。同时，物流服务商通过选择合适的包装材料和技术，如保鲜膜、冷藏设备等，可以延长农产品的保鲜期，减少营养损失和品质下降，这为农产品的市场供应和国际贸易提供了有力的支持，推动了农产品产业的发展和繁荣。

 **目标导航**

### 知识目标

1. 熟悉农产品电商物流的分类。
2. 了解影响物流服务商选择的关键要素。
3. 了解常见的农产品物流包装方式与材料。
4. 熟悉农产品物流包装选择的要点。
5. 熟悉运费的计算方式。
6. 了解运费模板的设置方法。

### 能力目标

1. 理解影响物流服务商选择的关键要素，根据物流服务商评估结果选择合适的物流服务商。
2. 能根据农产品物流包装方式与材料，完成农产品物流包装的选择。
3. 能根据运费的计算方式与运费模板所涵盖的内容，完成农产品运费的计算与运费模板的填写。

**素养目标**

1. 具备强烈的安全意识，遵守安全操作规程，确保农产品在运输过程中不被损坏、不发生安全事故。

2. 具备良好的团队协作和沟通能力，与供应商、经销商、物流服务商等各方保持密切沟通，协调解决运输过程中的问题，确保农产品物流的顺畅进行。

## 项目导图

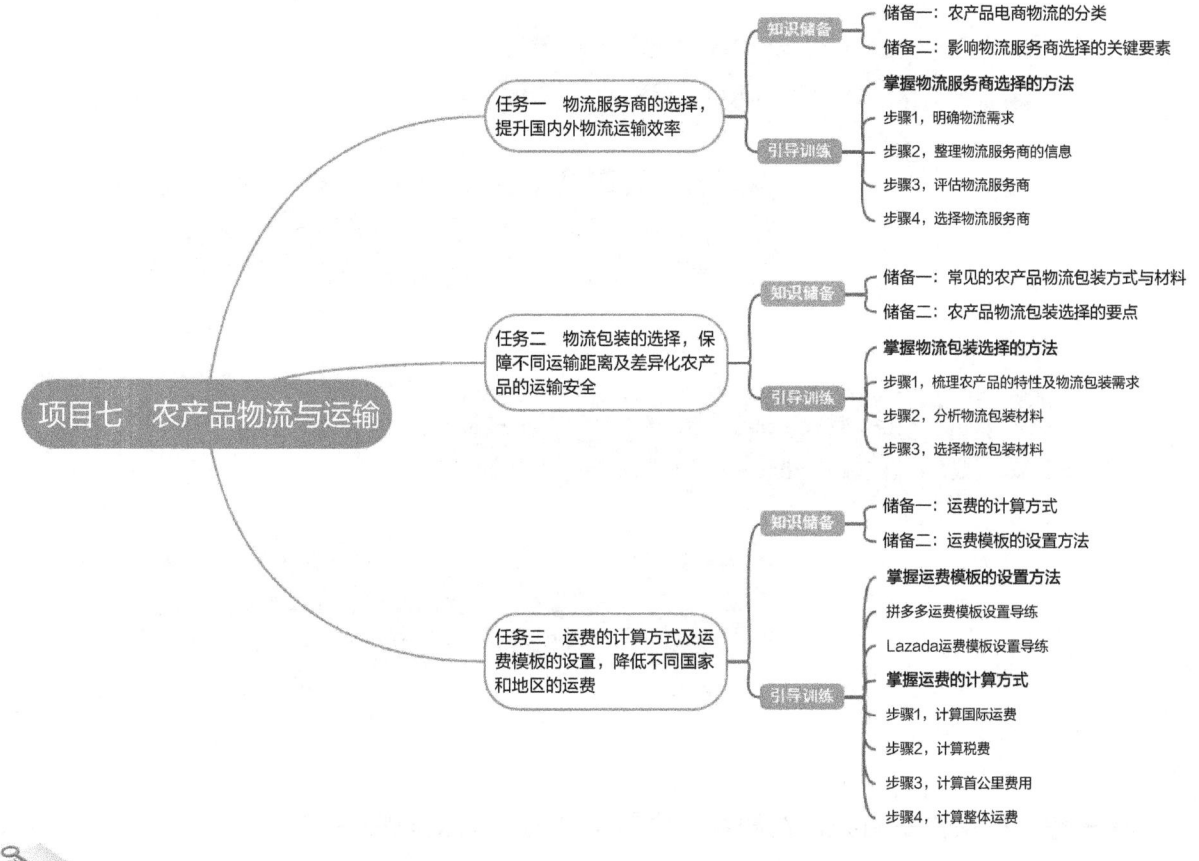

## 学习热身

　　农产品物流与运输是指将农产品从生产地运送到销售地或客户手中的过程。从农产品电商角度来说，农产品物流与运输包括物流服务商的选择、物流包装的选择、运费的计算及运费模板的设置。

　　阿亮是某农产品基地的一名网店运营人员，他一直负责该基地农产品的物流与运输工作。阿亮发现最近几个月网店的物流费用有些高，影响了网店的整体利润，于是决定向物流主管请教，想知道自己哪里没做好导致产生了额外的费用。物流主管在获悉阿亮的问题之后开始帮他进行分析。

物流包装是一个潜在的成本来源，我们需要确保物流包装能够有效地保护农产品，同时要尽量节约物流包装材料。

明白了，我会审视我们目前的物流包装方式，看看是否可以优化，以便做到既保护农产品，又节约物流包装材料。

此外，运费也是影响物流成本的重要因素。我们需要审视我们选择的运输方式和运输路线是不是最优的。

好的，我会仔细评估我们的运输方式和运输路线，看看是否有更经济高效的方案。

通过优化物流包装、选择更经济的运输方式和运输路线，我们可以降低物流费用，从而增加网店的利润。

好的，我会从这两个方面入手，找到降低物流费用的方法。

 **想一想：** 如果你是阿亮，在和物流主管沟通时，会询问哪些问题？

### 词组学习

**1. 海外仓物流**

海外仓物流是指国内企业先将产品通过大宗运输的形式运往目标市场国家或地区，在当地建立仓库并储存产品，然后根据当地的销售订单，及时从当地仓库直接进行分拣、包装和配送的一种物流模式。

**2. 蓝海**

蓝海（Blue Ocean）是一个经济学名词，通常是指尚未存在的产业或未知的市场空间。它是相对于红海（已知的市场空间）而言的，代表着尚未开发的新的市场空间，其中的竞争不激烈、机会较多、利润增长潜力较大。

# 任务一　物流服务商的选择，提升国内外物流运输效率

## 知识储备

### 储备一：农产品电商物流的分类

**问题：** 农产品电商的物流体系在农产品从农田到餐桌的流通过程中起着关键性的作用。不同的物流模式对应着不同的运输需求和服务特点。如何根据农产品的特性和市场需求，选择合适的物流模式，以确保农产品被高效、安全、及时地送到客户手中？

在农产品电商物流领域，多种物流模式并存，其中包括自建物流体系、第三方物流、农产品电商企业物流联盟等，这些物流模式在我国农产品电商物流中发挥着重要作用。而在东南亚地区，农产品电商物流同样呈现蓬勃发展的态势。例如，东南亚地区的电商巨头 Lazada，其全球物流方案独具特色，主要分为 LGS 物流和海外仓物流两种。这两种物流方案不仅提升了东南亚地区农产品的流通效率，还为当地电商物流的发展注入了新的活力。

### （一）我国农产品电商物流的分类：多元物流模式助力乡村振兴

#### 1．自建物流体系

自建物流体系是指农产品电商企业自主建立配送系统，以实现从仓库到客户的全程掌控的物流模式。这种物流模式的优势在于农产品电商企业可以灵活调整物流服务，根据自身需求和要求进行定制化物流体系建设。但是，这种物流模式需要投入较多的资金，用于建设仓储设施和购买配送车辆等设备。农产品电商企业需要权衡投资成本和控制权优势，以确保物流系统的可持续发展和竞争力。

#### 2．第三方物流

第三方物流是指农产品电商企业与专业的物流服务商合作，将农产品的配送任务委托给物流服务商去完成的物流模式。这种物流模式具有灵活、成本效益高的优势。采用这种物流模式，农产品电商企业可以根据自身需求选择合适的物流服务商，无须投资建设自己的物流体系。但是，相对于企业自建物流体系，农产品电商企业对第三方物流的控制力较弱，农产品电商企业需要与物流服务商进行紧密合作和沟通，以确保配送过程的顺畅和高效。

#### 3．农产品电商企业物流联盟

农产品电商企业物流联盟是指多个农产品电商企业共同出资建立物流系统，以共享物流资源和服务的物流模式。通过成立农产品电商企业物流联盟，农产品电商企业可以在平衡成本和效益的基础上实现资源的共享与互惠互利。这种物流模式的优势在于降低了单个农产品

电商企业建设物流系统的成本，提高了物流效率和服务质量。同时，农产品电商企业可以共同投资建设仓储设施、购买配送车辆等物流设备，共享物流人员和技术资源，从而减轻成本压力。此外，农产品电商企业物流联盟还可以通过合理的规划和协调，实现物流网络的优化和整合，从而提高配送效率和扩大覆盖范围。

### （二）东南亚地区农产品电商物流分类：蓝海探索与模式创新

#### 1．平台物流

农产品电商企业在面向东南亚地区销售农产品时，大多选择使用平台物流，如 Lazada 的 LGS 物流。Lazada 提供两种主要物流服务：LGS 物流和 LGF 物流。

LGS 物流可以帮助卖家把产品从中国等地运往东南亚目标市场。使用该服务的产品，其详情页会显示"Ship from Overseas"标识。卖家只需把订单产品发至 Lazada 在中国的分拣中心，后续国际运输、清关及"最后一公里"配送都由 Lazada 负责。Lazada 通常在 10 天内就能把产品送达买家手中。

LGF（Lazada Global Fulfillment）物流为 Lazada 的海外仓物流，能提升配送时效和买家体验。目前，Lazada 在马来西亚设有两个海外仓，分别是服务于马来西亚市场的马来本地仓，以及覆盖马来西亚、新加坡和印度尼西亚市场的电子自由贸易区保税仓。卖家将产品批量运至海外仓后，在买家下单可即可从当地仓库发货，1～3 天就能把产品送到买家手中。

#### 2．第三方物流

##### 1）新加坡邮政

新加坡邮政主要负责新加坡国家邮政服务，也针对个人和企业提供货物运输、仓储、递送和退换货等服务，已经拥有 100 多年的历史。

##### 2）泰宇达国际物流

泰宇达国际物流是泰国最大的国际物流服务商之一。泰宇达国际物流位于泰国曼谷，已开展泰中物流服务。良好的信誉使得泰宇达物流成为曼谷经营时间最久的店面零担物流服务商。

##### 3）顺丰国际

顺丰国际于 2010 年进入东南亚市场，目前已经覆盖新加坡、马来西亚、印度、泰国、越南、缅甸、印尼、柬埔寨、文莱等国家。

##### 4）JNE Express

JNE Express 是印度尼西亚物流行业的领军企业，在印度尼西亚有着强大的派送网络，也提供国际快递服务。

## 储备二：影响物流服务商选择的关键要素

**问题：** 在寻求合作伙伴的过程中，物流服务商的选择是一项至关重要的决策。为了确保合作顺利进行，达到预期效果，农产品电商企业需要深入了解并选择优质的物流服务商。在选择物流服务商时，农产品电商企业需要考虑哪些关键要素？这些关键要素有何意义呢？

影响物流服务商选择的关键要素如下。

### （一）影响我国物流服务商选择的关键要素：质量、效率与成本的平衡艺术

#### 1. 自建物流体系需要考虑的关键要素

1）物流成本

农产品电商企业在自建物流体系时需要全面考虑物流成本，包括人力、设备、仓储等方面的投入。通过评估物流成本与业务规模、收益等之间的关系，农产品电商企业应确保自建物流体系在经济上可行和可持续。

2）物流设备

农产品物流需要使用各种设备，如冷藏车辆等。在自建物流体系时，农产品电商企业需要考虑如何选择、维护和更新这些设备，以确保其能满足业务需求。

3）物流技术

农产品具有易腐性、季节性等特点，因此其新鲜度和品质需要先进的物流技术来保证。在自建物流体系时，农产品电商企业需要考虑如何应用合适的物流技术，如冷链物流技术、智能化仓储管理技术等。

4）物流网络

完善的物流网络是提高物流效率和服务质量的关键。农产品电商企业在自建物流体系时需要考虑如何构建合理的运输线路、配送中心，以及形成信息共享等能力，以形成高效的物流网络。

5）风险管理

农产品物流过程中存在各种风险，如产品被损坏、配送延误等。在自建物流体系时，农产品电商企业需要考虑如何应对和管理这些风险，以确保农产品物流的稳定性和安全性。这涉及建立风险评估机制、采取保险措施、制订紧急应对计划等。

6）客户服务

优质的客户服务是提高客户满意度和保证业务持续发展的重要因素。在自建物流体系时，农产品电商企业需要考虑如何提供及时配送、产品质量保障等优质的客户服务，以满足客户需求、达到客户的期望。

7）政策支持

政府可能对农产品物流提供一定的政策支持，如给予税收优惠、财政补贴等。在自建物流体系时，农产品电商企业需要考虑这些政策对自身的影响，并合理利用这些政策来降低运营成本、提高市场竞争力。

通过综合考虑以上关键要素，农产品电商企业可以制定出适合自身资源情况、能满足自身要求的自建物流策略，以提升竞争力、满足客户需求，并实现可持续发展。

**2. 选择第三方物流服务商时需要考虑的关键要素**

1）企业资质

在选择具备良好资质的第三方物流服务商时，农产品电商企业需要考虑其注册资金、财务稳定性、业务范围、服务经验、设备状况等关键要素，特别是针对冷链物流服务提供的设备的状况。

2）作业能力

作业能力是衡量第三方物流服务商服务质量和响应速度的关键指标，主要涉及准时率、准确率、作业速度、保质率等维度。此外，作业能力还包括紧急情况下的应对能力，如在面对紧急订单时能否实现快速配送；当设备或流程出现故障时，能否及时进行排查与修复，以保证物流服务的稳定性和可靠性。

3）软件水平

在选择第三方物流服务商时，软件水平是农产品电商企业需要考虑的关键要素。软件水平的核心在于第三方物流服务商的信息化程度，主要体现在信息系统建设、人力资源水平与管理能力等方面。完善的信息系统能实现物流流程的实时监控、订单管理的高效执行及库存数据的精准把控，专业的物流人才是确保物流服务质量的关键。

4）硬件水平

在选择第三方物流服务商时，农产品电商企业需要考量硬件水平，包括第三方物流服务商的注册资本、财务稳定性、技术水平、盈利能力及设备状况（特别是对与冷链物流相关的设备，需要考量其齐全性和先进性）等。

5）客户评价

客户评价直观反映了第三方物流服务商过往的服务表现，是衡量其实际服务质量的重要依据。农产品电商企业可以从服务态度、配送时效、产品完整度等方面对第三方物流服务商进行考量，以便对第三方物流服务商的优势和不足形成清晰的认知。

6）发展潜力

农产品电商企业需要考虑第三方物流服务商的员工素质、企业文化等方面的关键要素，这些关键要素决定了第三方物流服务商未来的发展前景。

通过综合考虑以上关键要素，农产品电商企业可以选择合适的第三方物流服务商，以满足其物流需求，并确保物流运作的高效性和可靠性。

### 3. 成立农产品电商企业物流联盟时需要考虑的关键要素

#### 1）联盟成员的选择

选择具备互补优势和资源的农产品电商企业作为联盟成员，可以确保彼此之间具有共同的目标和利益（如提高物流效率、降低成本、提高市场份额等），从而确保实现联盟成员之间的合作和共赢。

#### 2）信息共享与沟通机制的建立

农产品电商企业应建立有效的信息共享和沟通机制，及时了解农产品物流动态信息，提高响应速度和准确性。通过共享信息，联盟成员可以更好地协调物流活动，从而提高整体效率。

#### 3）整合物流资源

农产品电商企业应整合各方的物流资源，包括运输、仓储、包装、配送等方面的资源，实现资源的优化配置和共享。不同的农产品电商企业可能拥有不同的资源和能力，如拥有不同的仓储设施、运输车队、生产能力等。农产品电商企业物流联盟应该通过互补资源和能力，实现资源共享和优势互补，从而提高整体物流效能。

#### 4）技术创新与提升

农产品电商企业应推动农产品物流技术和信息技术的升级与改进，利用先进的技术手段提高物流操作的效率和精确度。例如，利用物联网技术实现物流信息的实时监控和追踪，从而提高物流的可视化和管理水平。

#### 5）风险管理

农产品电商企业应建立完善的风险管理机制，对物流过程中可能出现的风险进行评估和预防，确保物流运作的稳定性和安全性。风险管理机制包括制定应急预案、进行投保等措施，以应对突发情况和降低潜在风险。

#### 6）客户服务与满意度

农产品电商企业应注重提供优质的客户服务，以满足客户需求、达到客户的期望。农产品电商企业还应通过建立良好的客户关系管理机制，及时回应客户反馈和投诉，以提高客户满意度。

#### 7）建立稳定的合作机制

农产品电商企业应建立稳定的合作机制，包括合作协议、合作期限、利益分配等方面的规定，以保持良好的沟通，确保合作的稳定性和持久性。这有助于提高联盟成员之间的合作效率和信任度。

通过综合考虑以上关键要素，农产品电商企业可以构建一个有效的农产品电商企业物流联盟，共同提升物流效率、降低成本，从而提升市场竞争力和实现可持续发展。

### （二）影响东南亚地区物流服务商选择的关键要素：聚焦本地化、可靠性与服务能力

#### 1. 选择平台自带的物流服务时需要考虑的关键要素

以 Lazada 为例，农产品电商企业在选择平台自带的物流服务商时需要考虑以下几个关键要素。

1）产品属性

农产品电商企业可以提前梳理自己的产品类别，根据所售产品的特点（如尺寸、重量、安全性等），选择适合自己的物流服务商。例如，商业快递公司不能寄运任何航空禁运品，一旦查到寄运违禁品，农产品电商企业将会面临巨额罚款。

2）客户需求

如果客户对配送时效要求高，那么农产品电商企业可以使用海外仓物流；如果客户对配送时效没有要求，那么农产品电商企业可以使用 LGS 物流。

#### 2. 选择第三方物流服务商时需要考虑的关键要素

1）物流覆盖范围

物流覆盖范围是农产品电商企业在选择第三方物流服务商时首先需要考虑的关键要素。东南亚地区包括多个国家，每个国家的地理特点、经济发展水平和市场需求都不尽相同。因此，选择一个具有广泛覆盖网络的第三方物流服务商是至关重要的。

2）服务质量

优质的服务能够确保农产品被安全、准时地送达目的地，从而提升客户体验。为了评估第三方物流服务商的服务质量，农产品电商企业可以查看客户评价和服务案例。客户评价能够直接反映第三方物流服务商的服务水平和客户满意度，而服务案例则能展示第三方物流服务商在不同行业和场景中的实际操作能力及提供的解决方案。

3）运费及费用结构

农产品电商企业需要确保第三方物流服务商的价格透明且合理，以避免产生不必要的支

出。在选择第三方物流服务商时，农产品电商企业可以比较不同第三方物流服务商的报价和费用结构，并结合自身的业务需求进行综合考虑。同时，农产品电商企业需要注意是否存在隐藏费用，以免给后续运营带来困扰。

4）清关流程

清关流程也是农产品电商企业在选择第三方物流服务商时需要考虑的关键要素。不同国家的海关规定和流程有所不同，选择具有丰富清关经验的第三方物流服务商可以减少农产品电商企业在清关过程中可能遇到的风险和困难。具有专业清关能力的第三方物流服务商能够熟练掌握各国海关的规定和流程，为农产品电商企业提供专业的清关咨询和代理服务，确保其农产品能够顺利通关。

# 引导训练

## 训练：掌握物流服务商选择的方法

平阳县拥有丰富的农特产品，如平阳橄榄、马屿花菜、平阳黄汤、平阳马蹄笋、平阳鸽蛋等。这些农产品的品质上乘、口感独特，深受消费者的喜爱与认可。浙农惠民电商公司为了将这些优质的农产品更好地推向市场、提高消费者的满意度，计划寻找一个专业的物流服务商。

步骤 1，明确物流需求。由于地理位置和交通条件的限制，这些优质的农产品在运输过程中往往面临着诸多挑战，如运输时间长、损耗率高等。这极大地影响了农产品的销售和市场竞争力。因此，浙农惠民电商公司对物流服务商有以下要求。

（1）能提供免费的送货上门服务。

（2）运输成本相对较低。

（3）能在 48 小时内将农产品送达。

（4）能迅速响应需求，提供及时、高效的服务。

步骤 2，整理物流服务商的信息。浙农惠民电商公司利用网络搜索相关资料，对一些物流服务商的信息进行了整理，如表 7-1 所示。

表 7-1 物流服务商的信息

| 物流服务商的名称 | 配送费用 | 服务响应时间 | 配送时效 |
| --- | --- | --- | --- |
| 顺丰速运 | 省内首重为 13 元/千克，续重为 2 元/千克。<br>省外首重为 20～28 元/千克，续重为 12～27 元/千克 | 24 小时 | ≤3 天 |
| 申通快递 | 省内首重为 5 元/千克，续重为 2 元/千克。<br>省外首重为 7 元/千克，续重为 4～6 元/千克 | 2 个工作日 | 2～3 天 |
| 德邦物流 | 精准汽运：重货为 1.65 元/千克，轻货为 347 元/米³。<br>精准卡航：轻货为 441 元/米³，重货为 2.1 元/千克，运输起价为 40 元，接货起价为 60 元 | 3 个工作日 | 2～3 天 |

续表

| 物流服务商的名称 | 配送费用 | 服务响应时间 | 配送时效 |
|---|---|---|---|
| 安能物流 | 首重为 8 元/千克，续重为 2.3 元/千克 | 24 小时 | 1～2 天 |
| 中国邮政速递物流 | 首重为 4 元/500 克，续重为 1.2 元/500 克 | 48 小时 | 1～2 天 |

步骤 3，评估物流服务商。结合步骤 1 中的物流需求与步骤 2 中的物流服务商的信息来看，满足配送时效小于或等于 48 小时的物流服务商有安能物流和中国邮政速递物流。经过对比配送费用发现，二者首重的配送费用一致，续重的配送费用差异不大，可以忽略不计。因此，浙农惠民电商公司根据自身的物流服务商考核办法，对这两个物流服务商的可靠性、成本效益、技术实力、客户服务体验进行评分，以计算其综合得分。

步骤 3.1，可靠性评估。

安能物流：历史记录和客户评价整体较好，运输事故率相对较低，因此得分为 8.5 分。

中国邮政速递物流：在可靠性方面表现优秀，运输事故率极低，客户评价普遍较高，因此得分为 9.0 分。

步骤 3.2，成本效益分析。

安能物流：提供的服务费用相对合理，但包装费用和保险费用可能稍高，因此得分为 7.5 分。

中国邮政速递物流：价格透明，整体成本效益较好，但可能在特定服务上稍高于市场平均水平，因此得分为 8.0 分。

步骤 3.3，技术实力考察。

安能物流：拥有较为先进的物流管理系统和订单跟踪系统，但数据分析工具可能尚需完善，因此得分为 8.0 分。

中国邮政速递物流：技术实力强大，物流管理系统、订单跟踪系统和数据分析工具均较为先进，因此得分为 8.5 分。

步骤 3.4，客户服务体验。

安能物流：客服响应速度较快，问题解决能力较强，服务态度积极，因此得分为 8.0 分。

中国邮政速递物流：客户服务体验优秀，客服响应迅速，问题解决能力强，服务态度积极且专业，因此得分为 8.5 分。

根据各个考核维度的权重配比，计算物流服务商的综合得分，结果如表 7-2 所示。

表 7-2　物流服务商的综合得分

| 物流名称 | 可靠性评估/分（20%） | 成本效益分析/分（30%） | 技术实力考察/分（30%） | 客户服务体验/分（20%） | 综合得分/分 |
|---|---|---|---|---|---|
| 安能物流 | 8.5 | 7.5 | 8.0 | 8.0 | 7.95 |
| 中国邮政速递物流 | 9.0 | 8.0 | 8.5 | 8.5 | 8.45 |

步骤4，选择物流服务商。由于中国邮政速递物流的综合得分最高，因此中国邮政速递物流是最符合需求的物流服务商。

## 自主演练

请扫描下方的二维码，获取自主演练任务，并利用从"引导训练"中学到的知识，完成自主演练任务。

## 任务二　物流包装的选择，保障不同运输距离及差异化农产品的运输安全

## 知识储备

### 储备一：常见的农产品物流包装方式与材料

**问题：** 农产品物流包装在农产品流通中扮演着举足轻重的角色，它不仅关乎农产品的安全运输，还直接影响着客户的购买体验。不同的农产品需要不同的物流包装方式与材料来确保其在运输过程中的新鲜度和完整性。这些物流包装方式与材料在保护农产品和提升物流效率方面各有哪些优势？

常见的农产品物流包装方式与材料多种多样，农产品电商企业需要根据农产品的类型、运输距离、保存需求、成本等因素选择农产品物流包装方式与材料。

#### （一）物流包装方式：多样选择，保障货物安全

**1．单一包装**

单一包装是指对农产品进行单一层次的外包装，通常不涉及内包装或仅包裹单个农产品的物流包装方式，是最简单的物流包装方式。

**2．集合包装**

集合包装是一种将多个农产品或包装件组合在一起，形成一个更大、更便于运输和处理的单元的物流包装方式。集合包装的目的是提高物流效率，便于机械化操作，如采用集装包、集装袋、托盘和集装箱等进行的包装。

**3．真空包装**

真空包装是一种将包装容器内的空气抽出，使其内部达到预定的真空状态并进行密封的

物流包装方式。真空包装的核心是大幅度降低包装内氧气的含量，减缓细菌、霉菌等微生物的繁殖速度，降低农产品氧化变质的风险，从而延长农产品的保质期。真空包装还能减少包装内水分的自然蒸发，保持农产品的湿度和新鲜度。另外，真空包装节省存储空间，在运输过程中更加稳定，降低了因碰撞或晃动导致的破损风险。对需要长时间保存或避免氧化的农产品来说，真空包装是一种不错的选择。

### （二）物流包装材料：环保性与实用性并重，打造优质包装

#### 1. 纸箱

纸箱（见图 7-1）是常见的物流包装材料，它具有成本低、可回收、环保等优点。同时，纸箱的结构可以根据农产品的大小和形状进行定制，确保农产品在运输过程中的安全。纸箱适合包装硬度较大、不易变形的农产品，如苹果、梨、柑橘等水果，以及土豆、胡萝卜等蔬菜。

纸箱需要具备一定的抗压性，以承受运输过程中因纸箱堆叠和相互挤压而产生的压力。同时，纸箱的透气性要好，能够满足农产品在运输过程中的通风需求。

#### 2. 塑料箱

塑料箱（见图 7-2）具有较高的耐用性和防水性，适用于长时间、远距离的农产品运输。此外，一些高质量的塑料箱还具有保温功能，可以满足特定农产品的保存需求。塑料箱适合包装体积小、易碎的农产品，如樱桃、葡萄等水果，以及蘑菇、豆芽等蔬菜。

图 7-1　纸箱　　　　　　　　　　　　　　图 7-2　塑料箱

#### 3. 泡沫箱

泡沫箱（见图 7-3）具有优良的保温性能，常用于包装需要冷藏或冷冻的农产品，如蔬菜、海鲜等。同时，泡沫箱具有缓冲作用，可以减少农产品在运输过程中的碰撞和挤压。

#### 4. 木箱

木箱（见图 7-4）是以木材为主要材料制成的包装容器，通常用于包装水果、蔬菜、坚果等农产品。在农产品物流中，它扮演着不可或缺的角色，特别是在东南亚地区。东南亚地区气候湿润，木材资源丰富，使得木箱成为当地首选的农产品物流包装材料。木箱不仅结构坚固，能够承受运输途中的颠簸与碰撞，保护农产品完好无损；还具有良好的透气性，有利于农产品在运输过程中的通风与保鲜。

图 7-3 泡沫箱

图 7-4 木箱

除了以上几种主要的农产品物流包装材料，在农产品物流与运输中，农产品电商企业还需要根据农产品的特性及安全性等需求，采用一些必要的辅助包装材料，如泡沫网袋、冰袋、气柱袋、塑料 PET 盒、塑料密封罐、纸箱隔板、编织袋、防震泡沫垫、防震气泡袋、气泡膜等。这些辅助包装材料通常具有隔热、缓冲、防水、抗菌、抑菌、稳固等作用。

在选择物流包装方式与材料时，农产品电商企业需要考虑包装成本、环保性、包装的标识和说明等因素。合理的物流包装方式与材料不仅可以确保农产品的安全性和新鲜度，还可以降低运输成本、提高物流效率。

## 储备二：农产品物流包装选择的要点

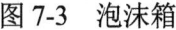

**问题：** 农产品物流包装的选择是一个需要综合考虑多方面因素的决策过程。正确的农产品物流包装选择不仅能够保证农产品的品质，还能提高物流效率、减少损耗。农产品电商企业应如何根据农产品的特性和市场需求，结合包装成本、环保性等因素，制订出一套科学、实用的农产品物流包装选择方案，以最大限度地保证农产品的品质呢？

农产品物流包装选择的要点如下。

### 1. 农产品物流包装应能有效地保证农产品的质量和安全性

农产品物流包装应能有效地保证农产品的质量和安全性，防止农产品在运输和储存过程中被损坏或被污染。合适的物流包装材料与技术可以防止农产品受到外界环境的影响，延长农产品的保鲜期和货架寿命。

### 2. 农产品物流包装应方便运输和储存

农产品物流包装应符合运输和储存的便利性要求，选择合适的包装尺寸、包装结构和包装材料。合理的农产品物流包装可以降低运输成本，减少农产品在运输过程中的挤压、碰撞和损坏。同时，农产品物流包装应具备易于堆放、储存和搬运的特点，方便农产品在仓储环节的管理和操作。

### 3．农产品物流包装应环保且可持续利用

农产品物流包装的选择应考虑环保和可持续利用等因素，宜选择可回收、可降解的物流包装材料，以减小对环境的影响；同时，避免过度包装和浪费，减少资源消耗和废弃物产生，以符合可持续发展的原则。

### 4．农产品物流包装应经济且实用

除了上述要点，农产品物流包装的选择还需考虑经济性和实用性。包装成本应控制在合理范围内，农产品物流包装的设计应便于运输、储存和展示，以提高物流效率。

农产品物流包装的选择是一个涉及多方面因素的复杂过程。在实际操作中，农产品电商企业应根据自身需求和条件，综合考虑以上要点，选择合适的包装方案，以确保农产品在物流过程中的质量、安全和环保要求得到满足。

---

【想一想】

在选择农产品物流包装时，农产品电商企业应如何权衡包装的保护性、成本及环保性，以确保农产品被安全、高效地运输？

【思考指引】

可以思考物流包装材料对农产品保鲜、防震、防压等保护效果的影响；考虑包装成本对整体物流成本及农产品价格竞争力的影响；同时，评估物流包装材料的可回收性、可降解性等环保特性，以及其对环境的影响。

---

## 引导训练

### 训练：掌握物流包装选择的方法

阳平农产品电商公司主营平阳的特色农产品，如平阳鸽蛋、平阳马蹄笋和平阳黄汤等。2025年，为了确保这些农产品被安全、完整地送到客户手中，该公司计划进行农产品物流包装全线升级。

步骤1，梳理农产品的特性及物流包装需求。对农产品（平阳鸽蛋、平阳马蹄笋和平阳黄汤）的特性及物流包装需求进行梳理，如表7-3所示。

表7-3　农产品的特性及物流包装需求

| 农产品 | 特性 | 物流包装需求 |
| --- | --- | --- |
| 平阳鸽蛋 | 体积小、易碎 | 防震、抗压、透气、防潮 |
| 平阳马蹄笋 | 体积大、形状不规则、表面脆弱 | 防挤压、防碰撞、透气、保鲜 |
| 平阳黄汤 | 干燥、易碎、需保持香气 | 防潮、防湿、密封、防氧化 |

步骤2，分析物流包装材料。分析各种物流包装材料的特性与适用范围，以便为农产品选择合适的物流包装材料，如表7-4所示。

表7-4　物流包装材料的特性与适用范围

| 物流包装材料 | 特性 | 适用范围 |
| --- | --- | --- |
| 纸箱 | 轻便、易折叠、成本低 | 适合包装平阳鸽蛋和平阳黄汤，但需加强防震和密封性能 |
| 塑料托盘与薄膜 | 耐用、防水、防潮 | 适合短距离的平阳马蹄笋配送包装，可确保平阳马蹄笋不受潮湿环境的影响 |
| 泡沫或气泡膜 | 防震、抗压、保护性强 | 可用于填充纸箱内部，增强防震性能，适合包装平阳鸽蛋和平阳黄汤 |
| 真空袋 | 密封性好、防潮、防湿 | 适合包装平阳黄汤，可保持平阳黄汤的干燥和香气；也适合包装平阳马蹄笋，可减少平阳马蹄笋与氧气的接触，延缓平阳马蹄笋的氧化过程 |
| 木箱 | 牢固、抗震、成本高 | 适合包装特别贵重的农产品或作为外包装来加强对农产品的保护 |
| 泡沫箱 | 质轻、防震、保温性好 | 广泛应用于包装各类需要冷藏或冷冻运输的食品，如水果、蔬菜、肉类、奶制品、冰激凌、蛋糕等，通常会在内部装上冰袋，以增强保温作用 |

步骤3，选择物流包装材料。综合农产品的特性及物流包装需求、物流包装材料的特性与适用范围，为每种农产品选择合适的物流包装材料（包括外包装材料及内包装材料），如表7-5所示。

表7-5　物流包装材料选择

| 农产品 | 物流包装材料选择及说明 |
| --- | --- |
| 平阳鸽蛋 | 采用纸箱作为外包装，在内部加入泡沫或气泡膜进行防震处理，确保鸽蛋在运输过程中不会受到挤压和被震动；同时，使用密封性较好的胶带对纸箱进行封口，以防潮和防湿 |
| 平阳马蹄笋 | 选择真空袋作为内包装，确保袋内环境稳定；选择纸箱作为外包装，确保马蹄笋在运输过程中不会受到挤压和碰撞，同时保持良好的透气性 |
| 平阳黄汤 | 选择真空袋作为内包装，将茶叶密封保存，防止潮湿和氧化；将真空袋放入纸箱中，确保茶叶在运输过程中不会受到外界环境的影响；同时，在纸箱外部贴上防潮标签，提醒物流人员注意防潮 |

 **技巧提醒**

在进行农产品物流包装选择时，农产品电商企业还需要考虑以下要点。

第一，耐摔性：注意防震，减少摩擦。例如，工作人员要先用网套隔开各农产品，再用泡沫箱进行包装，尽可能地减少物流人员的暴力分拣给农产品造成的损伤。

第二，透气性：大部分水果都需要透气，空气不流通很容易造成水果腐烂，所以其物流包装要具有透气性，让水果可以正常呼吸。

## 自主演练

请扫描下方的二维码，获取自主演练任务，并利用从"引导训练"中学到的知识，完成自主演练任务。

## 任务三　运费的计算方式及运费模板的设置，降低不同国家和地区的运费

## 知识储备

### 储备一：运费的计算方式

**问题：** 在物流行业中，运费的计算是一个至关重要的环节，它直接关系到农产品电商企业的成本控制和盈利状况。不同的运输方式、货物类型、运输距离等都可能导致运费的计算有差异。不同的运费计算方式（如按重量、按体积、按件数、按运输距离等计算）各自有何特点？

#### （一）运费解密：涵盖内容与成本细节全解析

**1. 运输费用**

运输费用是运费的核心部分，涵盖了农产品从发货地到目的地的运输成本。运输费用通常根据农产品的重量、体积、运输距离和运输方式等因素进行计算。

**2. 包装费用**

农产品在运输过程中需要被适当地包装，以保证其安全性和新鲜度。包装费用包括包装材料、包装工时和包装设计等方面的成本。

**3. 保险费用**

农产品在运输过程中可能面临意外损失或损坏的风险。为了保护农产品的价值，农产品电商企业有时需要购买货物运输保险，因此保险费用就成为运费的一部分。

**4. 仓储费用**

如果农产品需要在物流中心或仓库中暂存，就可能会产生仓储费用。仓储费用通常与农产品的存放时间和仓储空间的使用量相关。

### 5．清关费用

如果农产品需要跨越国家或地区的边境，就需要办理海关清关手续，从而产生清关费用。清关费用包括报关费、关税和其他相关费用，这些费用通常由物流服务商代为支付。

### 6．其他附加费用

农产品在运输过程中可能会产生其他附加费用，如燃油附加费、货物追踪费、特殊处理费等。这些费用根据物流服务商的规定和实际情况而定。

### （二）运费的计算方式大揭秘：方法与技巧"一网打尽"

运费的计算方式取决于多个因素，包括货物的重量、体积、件数、运输距离等。以下是几种常见的运费的计算方式。

### 1．按重量计费

按重量计费是指根据货物的实际重量来计算运费。这种运费的计算方式通常适用于较轻的小件货物。运费等于货物的重量乘以单位运费，单位运费可能会因货物的种类、货物所处的区域、采用的运输方式等不同而有所不同。

### 2．按体积计费

按体积计费是指根据货物的体积来计算运费。这种运费的计算方式通常适用于轻抛货、大型家电等体积较大但不太重的货物。运费等于货物的体积乘以单位运费，货物的体积可以通过长、宽、高来计算，单位运费的计量单位通常是元/米$^3$。

### 3．按件数计费

按件数计费是指根据货物的件数来计算运费。这种运费的计算方式通常适用于贵重物品、易碎物品等需要单独计件的货物。

### 4．按运输距离计费

按距离计费是指根据货物的运输距离来计算运费。这种运费的计算方式通常适用于长途运输，如货车运输、航空运输等。

## 储备二：运费模板的设置方法

**问题：** 运费模板的设置是农产品电商物流中的重要环节，它决定了农产品在运输过程中的费用结构，对于提升买家体验和降低运营成本具有关键作用。商家应如何根据产品类型、运输距离和物流策略等因素，科学合理地设置运费模板，以平衡客户需求和自身的利润？

### （一）运费模板设置指南：核心内容与操作要点

运费模板的设置内容包括包裹的重量、尺寸，是否包含危险品（如电池、易燃物品、液体等）。在信息填写完成之后，平台会自动生成运费。拼多多默认的运费模板如图7-5所示，

Lazada 的物流设置页面如图 7-6 所示。

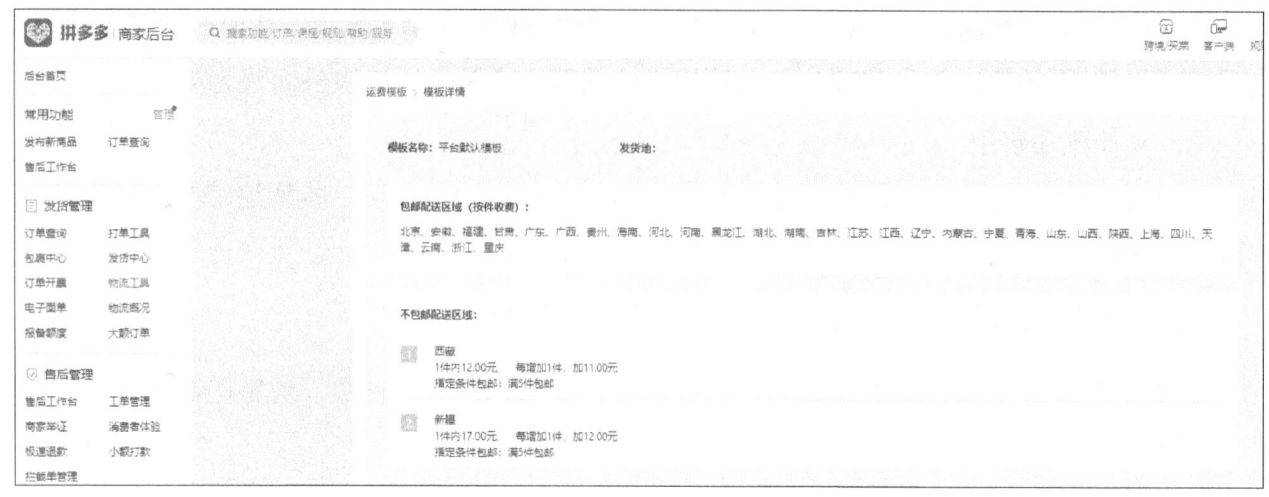

图 7-5 拼多多默认的运费模板

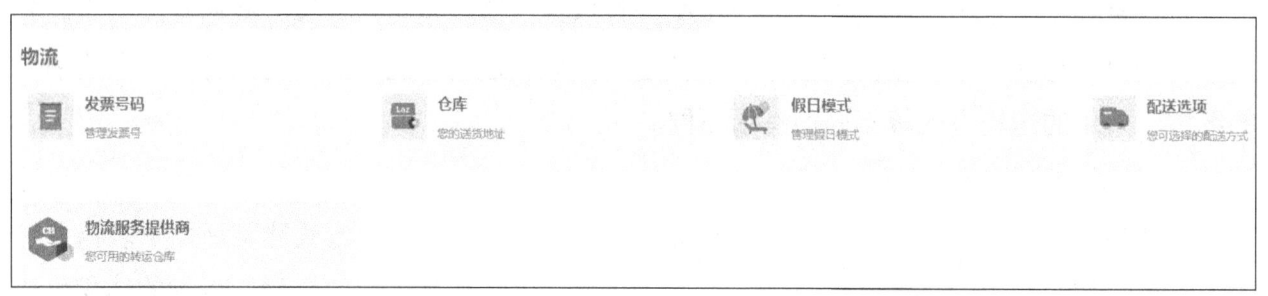

图 7-6 Lazada 的物流设置页面

对于包裹的重量，商家一定要填写精准的数据。因为如果商家填写的重量比实际重量大，运费就会升高，这样一来，产品价格会整体提高，导致产品在价格方面失去竞争力。如果商家填写的重量比实际重量小，那么平台会按照实际重量收费，这时商家需支付更多运费，难以核算准确的成本。

### （二）运费模板设置需谨慎：注意事项助你避开陷阱

#### 1. 产品分类

商家应根据农产品的特性和尺寸，合理地对农产品进行分类。例如，商家可以根据农产品的重量、体积、价值等因素对其进行分类，以便为不同类型的农产品设置不同的运费模板。

#### 2. 运输方式

商家应考虑使用的运输方式，如空运、陆运、海运等。不同的运输方式可能有不同的计费方式和运费规则，商家需要根据实际情况设置运费模板。

#### 3. 运费的计算方式

商家应根据实际情况选择合适的运费计算方式，如按重量计费、按体积计费、按件数计费等，确保运费的计算方式与农产品的特性相匹配，以避免运费的计算不准确。

#### 4．区域划分

商家应根据不同区域的运费差异，合理划分区域。例如，商家可以根据国家、省份、城市等级等因素进行区域划分，以便为不同区域设置不同的运费模板。

#### 5．特殊情况处理

考虑到一些特殊情况，如地区偏远、特殊农产品等，商家需要单独设置对应的运费模板。这些情况可能涉及额外的费用或限制，需要商家在运费模板中单独进行设置。

#### 6．运费优惠和促销活动

如果有特定的运费优惠和促销活动，如满减、包邮等，商家就需要在运费模板中进行设置，确保运费模板与运费优惠和促销活动相匹配，以便为买家提供良好的购物体验。

#### 7．定期检查和更新

商家应定期检查运费模板的设置是否与实际情况相符，并根据需要对运费模板进行更新。同时，随着业务发展和市场变化，商家需要对运费模板进行调整。

总之，在设置运费模板时，商家需要综合考虑上述因素，确保设置的运费模板合理、准确，以便为买家提供良好的购物体验，满足买家的需求。

## 引导训练

### 训练一：掌握运费模板的设置方法

#### （一）拼多多运费模板设置导练

步骤 1，进行发货管理。登录拼多多商家后台，选择"发货管理"→"物流工具"选项，如图 7-7 所示。

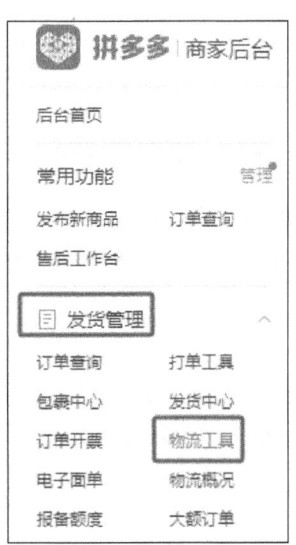

图 7-7　进行发货管理

步骤 2，新建运费模板。在"运费模板"选项卡中，单击"新建运费模板"按钮，如图 7-8 所示。

图 7-8 单击"新建运费模板"按钮

步骤 3，设置运费模板的内容。

步骤 3.1，设置模板基础信息，包括模板名称及发货地，如图 7-9 所示。

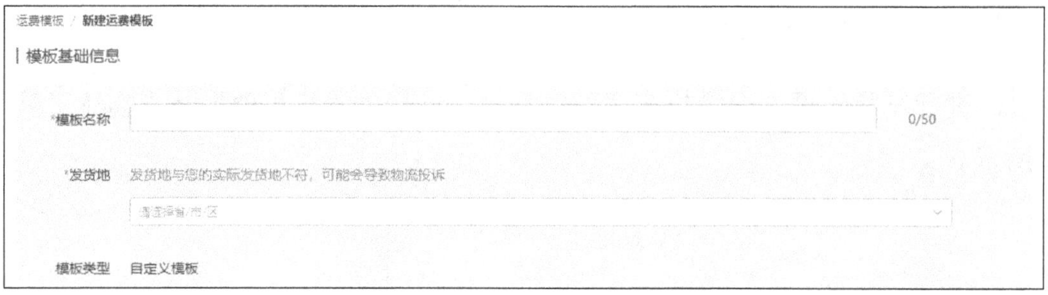

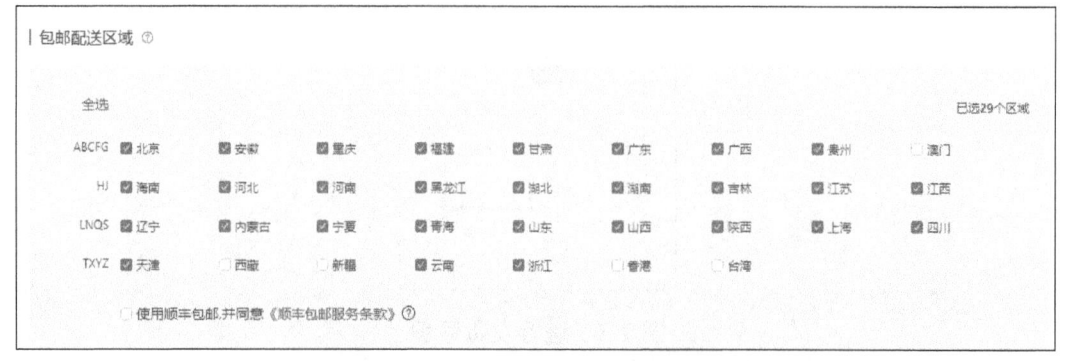

图 7-9 设置模板基础信息

步骤 3.2，选择包邮配送区域，如图 7-10 所示。

图 7-10 选择包邮配送区域

步骤 3.3，设置买家付邮区域。单击"设置指定区域运费"按钮（见图 7-11），设置买家付邮区域。

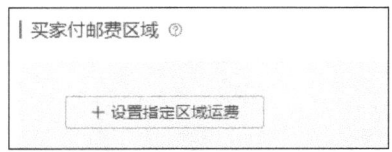

图 7-11　单击"设置指定区域运费"按钮

步骤 3.4，设置不配送区域。在不配送区域中选出不配送的原因，如图 7-12 所示。

图 7-12　在不配送区域中选出不配送的原因

步骤 4，提交模板。在设置完成后，单击"提交"按钮即可提交模板。

**（二）Lazada 运费模板设置导练**

步骤 1，进入店铺设置页面。进入 Lazada 商家后台首页，选择"我的账户"→"设置"选项，进入店铺设置页面，如图 7-13 所示。

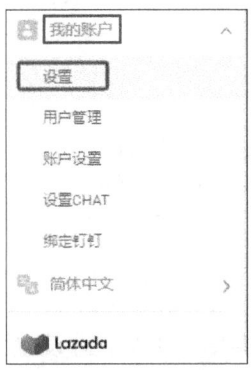

图 7-13　进入店铺设置页面的路径

步骤 2，设置物流基本信息。进入店铺设置页面后，会看到物流基本信息，包括发票号码、仓库、假日模式、配送选项和物流服务提供商等，如图 7-14 所示。在此可以设置物流基本信息。

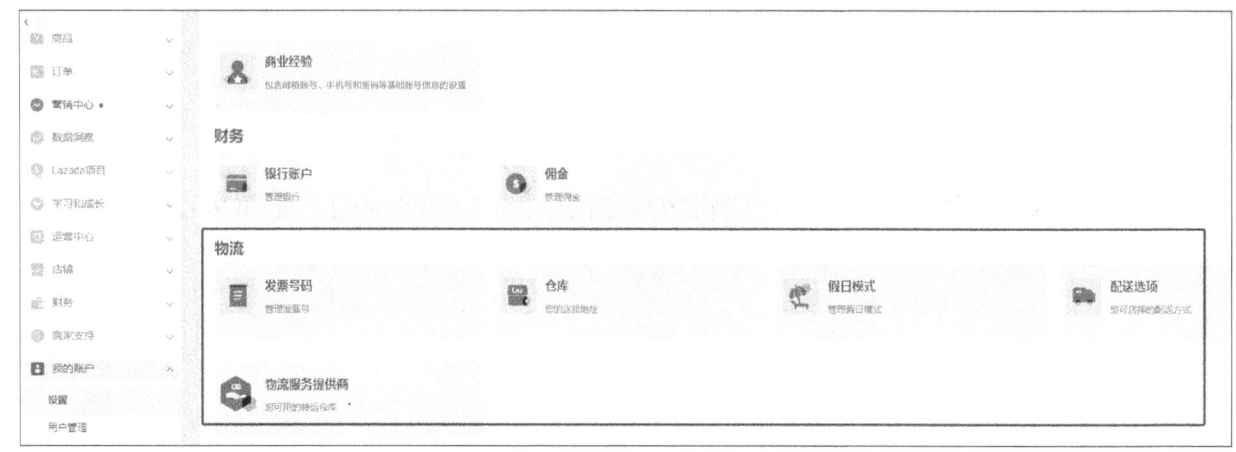

图 7-14　物流基本信息

步骤 3，设置发票号码。进入发票号码设置页面，根据自身情况，从"使用自动增量号""使用订单号""手动提供编号"3 个选项中选择一个，单击"提交"按钮，如图 7-15 所示。

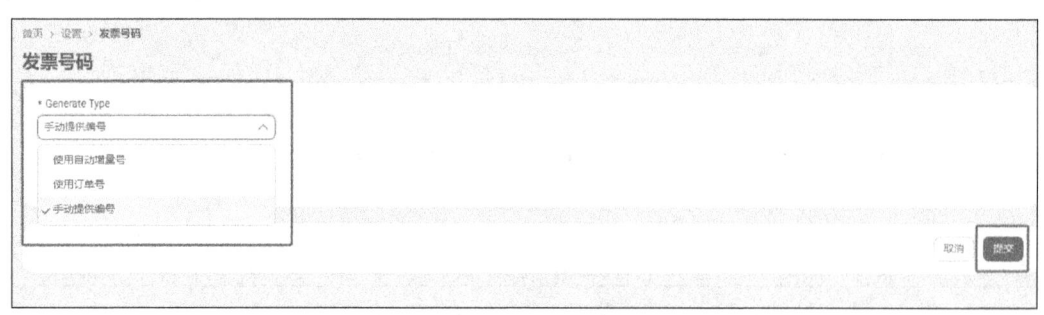

图 7-15　设置发票号码

步骤 4，填写仓库信息。进入仓库信息设置页面（见图 7-16），填写仓库信息。其中，"退货地址"为海外退货要退回的地址，"仓库地址"为发货仓库的地址，即配送失败的退回地址。

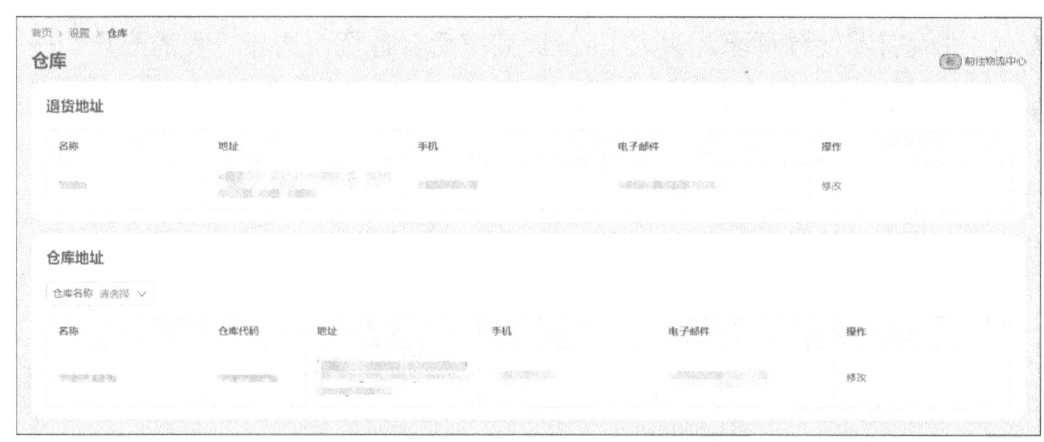

图 7-16　仓库信息设置页面

"退货地址"和"仓库地址"应一致。如果要修改仓库信息，就单击"修改"按钮，进入仓库信息修改页面（见图 7-17）。其中，"仓库名称""姓名""手机号""国家区域""地址""邮政编码"为必填内容，"电子邮件"为选填内容。在填写好后单击"提交"按钮即可。

图 7-17　仓库信息修改页面

步骤 5，设置假日模式。商家可以开启假日模式，即让店铺在设定的一段时间内离线（暂时关闭店铺），如图 7-18 所示。

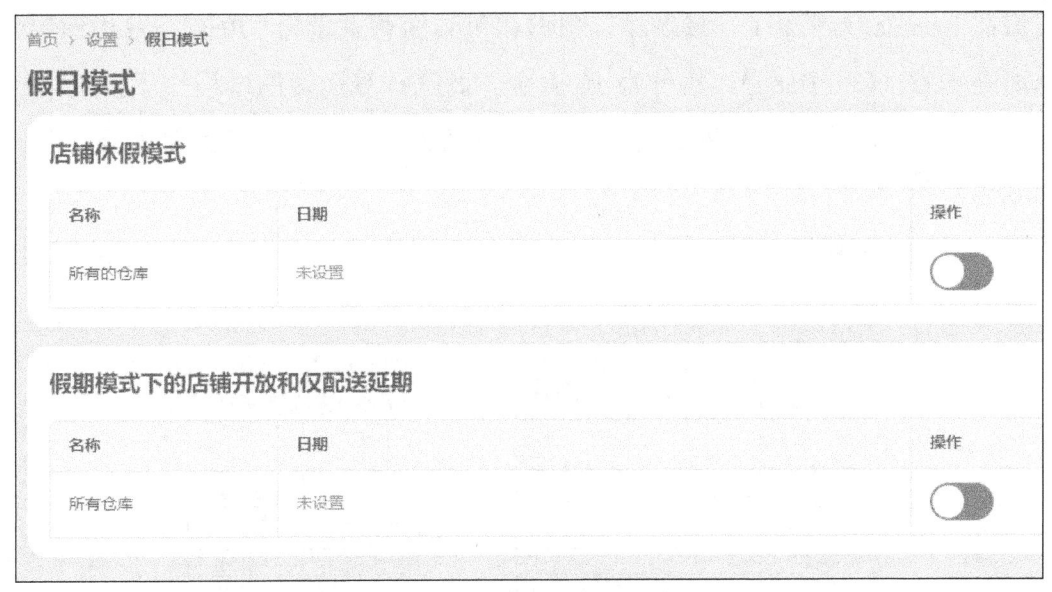

图 7-18　设置假日模式

步骤 6，设置配送选项。进入配送选项设置页面，商家可以根据实际情况联系客服设置配送选项，如图 7-19 所示。

步骤 7，设置物流服务提供商。进入物流服务提供商设置页面，如图 7-20 所示。这里显示了物流服务提供商的信息，商家可联系客服进行处理，并根据现有物流服务提供商的情况进行信息设置。

图 7-19　设置配送选项

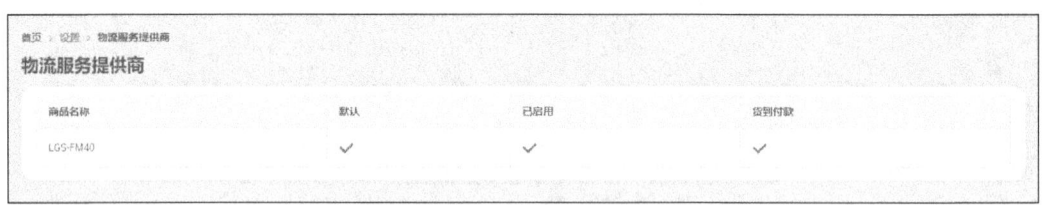

图 7-20　物流服务提供商设置页面

## 训练二：掌握运费的计算方式

某买家在 Lazada 上下单了一罐咖啡，咖啡和包装的总重量为 170 克，发货地为温州，收货地为越南高平省（Cao Bang），售价为 10 美金。商家计算运费的过程如下。

步骤 1，计算国际运费。由越南费率卡（见图 7-21）可知，发货到越南高平省，国际运费为 15300 越南盾。

| **LGS VN** | | | | |
|---|---|---|---|---|
| 生效日期以Order Created的包裹为准： | | | | |
| **Currency:** | **VND** | | **Destination: Vietnam** | |
| | 商家只以此列费率为准 | | | |
| | **International Rates** | | **Vietnam Domestic** | |
| **Weight (kg)** | **China LGS** | | **Weight (kg)** | **Cao Bang** |
| 0.01 | | 900 | 0.01 | 17400 |
| 0.02 | | 1,800 | 0.02 | 17400 |
| 0.03 | | 2,700 | 0.03 | 17400 |
| 0.04 | | 3,600 | 0.04 | 17400 |
| 0.05 | | 4,500 | 0.05 | 17400 |
| 0.06 | | 5,400 | 0.06 | 17400 |
| 0.07 | | 6,300 | 0.07 | 17400 |
| 0.08 | | 7,200 | 0.08 | 17400 |
| 0.09 | | 8,100 | 0.09 | 17400 |
| 0.1 | | 9,000 | 0.1 | 17400 |
| 0.11 | | 9,900 | 0.11 | 17400 |
| 0.12 | | 10,800 | 0.12 | 17400 |
| 0.13 | | 11,700 | 0.13 | 17400 |
| 0.14 | | 12,600 | 0.14 | 17400 |
| 0.15 | | 13,500 | 0.15 | 17400 |
| 0.16 | | 14,400 | 0.16 | 17400 |
| 0.17 | | 15,300 | 0.17 | 17400 |
| 0.18 | | 16,200 | 0.18 | 17400 |

图 7-21　越南费率卡

步骤 2，计算税费。由于越南末端运费不分运输方式，因此商家只需衡量收货地及产品重量即可。末端运费为 17400 越南盾。由于该咖啡的价值较低，因此税费为 0。税费须知如图 7-22 所示。

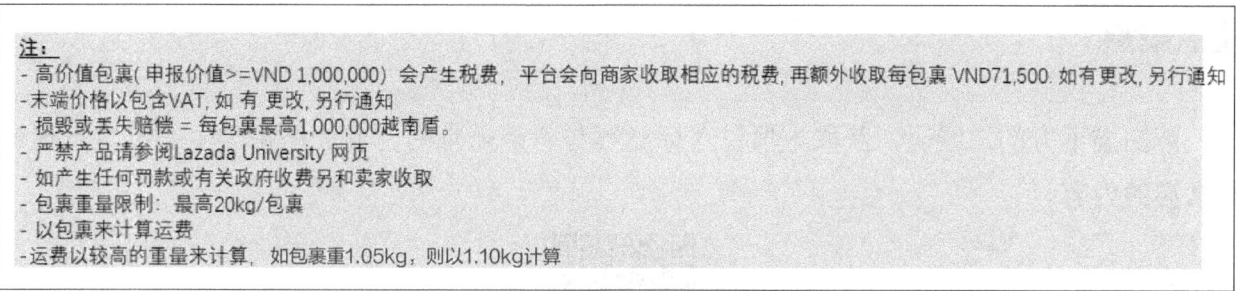

注：
- 高价值包裹（申报价值>=VND 1,000,000）会产生税费，平台会向商家收取相应的税费，再额外收取每包裹 VND71,500. 如有更改，另行通知
- 末端价格以包含VAT, 如 有 更改，另行通知
- 损毁或丢失赔偿 = 每包裹最高1,000,000越南盾。
- 严禁产品请参阅Lazada University 网页
- 如产生任何罚款或有关政府收费另和卖家收取
- 包裹重量限制：最高20kg/包裹
- 以包裹来计算运费
- 运费以较高的重量来计算，如包裹重1.05kg，则以1.10kg计算

图 7-22　税费须知

步骤 3，计算首公里费用。由于该咖啡直接从 1688 采购直发到平台仓库，因此商家采取商家直接交货的方式来计算首公里费用。首公里费用为 5 元。

步骤 4，计算整体运费。由越南盾和人民币的实时汇率（见图 7-23）得出：

运费=首公里费用+国际运费+末端运费+税费=5+（15300+17400+0）/3417.68≈14.6（元）。所以该产品的运费折合成人民币为 14.6 元。

汇率换算

1 越南盾 ≈ 0.0003 人民币
1 人民币 ≈ 3417.6800 越南盾

| VND 越南盾 ⌄ | 1 | ⇌ | CNY 人民币 ⌄ | 0.0003 |

更新时间：2023-03-16 10:46 数据仅供参考

图 7-23　越南盾和人民币的实时汇率

## 自主演练

请扫描下方的二维码，获取自主演练任务，并利用从"引导训练"中学到的知识，完成自主演练任务。

## 国际视野

请扫描下方的二维码，获取本项目国际视野的相关内容。

## 重点聚焦

请扫描下方的二维码，获取本项目对标竞赛与考证需求的内容。这是学生需要重点理解与掌握的内容。

## 课后小考

请扫描下方的二维码，获取题目并作答。

# 参考文献

[1] 北京博导前程信息技术股份有限公司. 农产品电商运营（中级）[M]. 北京：高等教育出版社，2022.

[2] 李文渊，李志超，张绿明，等. Lazada 官方跨境电商运营全书[M]. 北京：电子工业出版社，2021.

[3] 徐鹏飞，王金歌. Shopee 跨境电商运营实战[M]. 北京：电子工业出版社，2020.

[4] 郑舒文，吴海端，柳枝. 农村电商运营实战：农产品上行+电商下行+人才培训+产业园打造+资源配置[M]. 北京：人民邮电出版社，2019.